子どもと青年の精神分析的
心理療法のアセスメント

平井正三・脇谷順子 編

認定NPO法人子どもの心理療法支援会（サポチル） 著

誠信書房

はじめに

　さまざまな子どもと青年の心理的な問題や困難に取り組む心理臨床への
ニーズは高まりこそすれ減ってはいない。たとえば，半世紀前と比べてみれ
ば，我が国で子どもや青年が心のことで困っている場合，相談に行く専門的
な機関は格段に増えていることに気づく。以前は，おそらく小児科，教育相
談などに限定されていたのではないかと思われるが，現在では，児童精神科
も増えただけでなく，スクールカウンセラーが多くの学校に派遣されている
し，大学相談室は普及し，児童養護施設，母子自立支援施設などにも心理士
が常駐するようになっている。また一部であるが，私設相談機関も開業され
るようになっている。

　このように心理学的援助を求める子どもや家族は増え，またそうした援助
を提供する専門家や相談機関も増えているとともに，提供する心理学的援助
の方法も多様になってきている。半世紀前には心理士が提供する子どもや青
年の心理学的援助といえば，おそらく大半が来談者中心療法を基盤としたプ
レイセラピーとそうした考えに基づく親面接であった。プレイセラピーは共
感や受容が重視され，子どもと歩みをともにすることが強調された。それに
よって，子どもが自己治癒力を発揮することができると考えられていたので
ある。親面接では，同じく子どもを「母性的」に受容できるように親を援助
することがその主眼であったように思われる。これら来談者中心療法を基盤
とする心理支援のアプローチにおいてはアセスメントという考えはあまり発
展してこなかった。このような流れのなかで，一部の精神分析的なオリエン
テーションを掲げている心理士以外は，大半の心理士にとってアセスメント
は心理検査を意味し，心理療法を行う際に必ず実施するものであるという認
識はなかったように思われる。

　こうしたやり方は，現在から見るととても素朴に見えるが，当時急増して
いた不登校の子どもやその親を援助するにあたり，それなりに有効であるよ
うに見える場合も多々あったと思われる。しかし，その後，このような考え

では十分に対処できない，複雑でかつ深刻なケースが増えていった。そこにどのような要因が働いていたのかについてここで詳しく論じることは本書の範囲を超えている。社会が複雑になり，家族の養育機能が衰え，コミュニティとのつながりが希薄になったことを挙げることもできるだろう。自閉スペクトラム症（ASD）という診断概念が用いられるようになり，これまでもたくさんの ASD を持つ子どもや親がいたのだが見過ごされていた可能性もあるだろう。また，トラウマや虐待の問題，特に性的虐待や被害の問題の多くは気づかれずにいた場合も多々あったかもしれない。ましてやトラウマの世代間伝達という現象はまったく想定されていなかったことも指摘できよう。要は，おそらく社会が複雑になり問題も複雑化しているように思われる一方で，心理臨床や精神科臨床の研究の発展を通じて，私たち専門家が心理学的問題を見る眼が変わっていき，それまで見えなかった問題が見えるようになってきたことが挙げられる。面前 DV などが良い例であろう。以前は，それが虐待であり，子どもの将来のメンタルヘルスに重大な悪影響を与えうるという認識を持つ心理士がどれほどいたであろうか。また，DV や虐待などに苦しむ家族や子どもの多くは，以前は私たち心理士のもとに辿り着かなかったし，そもそも社会から問題であるとみなされていなかったかもしれない。それは，軽度の ASD や発達障害を持つ子どもについてもいえるだろう。

　さて，こうして私たち心理臨床家が対応する問題が拡大し複雑になってくると，浮かび上がってきたのは，「共感と受容により自己治癒を促す」という単純な図式では問題は解決しないという事実である。私たち専門家には，問題の性質を捉えその解決のための方策を持つ力が少なくとも一定程度必要とされる。そもそもあらゆる問題はまずそれがどのような性質を持っているか見立てていくことから始めないとその解決もおぼつかないという単純な真理が改めて確認されたのである。すなわち，アセスメントが必要なのである。このようにして来談者中心療法以外のアプローチが必要になってきているわけであり，そのうちのひとつが精神分析である。精神分析は，心理学的問題について，クライエントとの関わりをよく観察することを基盤として，クライエントの生育歴や家族背景を詳しく見ていくことからそれがどのような問題であるのか見立てていく実践である。こうしたアプローチは，複雑な家族関係によって生じた複雑な問題を持つ子ども一人ひとりを深く理解し，そし

て必要な援助を行っていくのに適した方法である。

　精神分析的なオリエンテーションにおける子どもと家族の心理臨床そのものについては，我が国では，アナ・フロイトの流れをくむ自我心理学によるものが，実践され試みられてはきている。これに対して，本書でこれから述べていくアプローチは主に英国のタヴィストック・クリニックで実践され，英国の児童青年心理療法士の間でほぼ共有されているアセスメントの考えに基づいている。その詳細は，ラスティンとカグリアータが共同で編集した『こどものこころのアセスメント』（Rustin & Quagliata, 2000）に書かれているとおりであるが，基本的には，我が国で実践されてきた自我心理学のアセスメントでは，心理検査も含まれており，文字通り子どもを心理学的（精神分析的）に評価し，定式化（見立て）をすることが主眼であるのに対して，英国のアプローチでは，数回の心理療法のセッションを提供するなかで，子どもや家族の心理学的問題を見立てるだけでなく，短期の介入の含みもある，コンサルテーション的なニュアンスも持つ実践が行われている。ラスティンたちは，このアプローチはアセスメントいうよりコンサルテーション（治療相談）であり，短期の介入であると述べるとともに，心理療法士が一方的に「診断」や「見立て」をするのではなく，子どもと親との話し合いのなかから理解と合意を立ち上げていくという点で相互的互恵的な実践であるとしている。

　英国でその後に刊行された，ホーンとラニャードが共同で編集した *Through Assessment to Consultation*（『アセスメントを通じてコンサルテーションへ』）（Horne & Lanyado, 2009）では，多様な臨床現場に対応することを求められるなかで，心理療法という枠組みの外側での精神分析的なアプローチによる短期の介入が児童青年心理療法士の重要な仕事になっていることがみてとれる。つまり，狭い意味での心理療法アセスメントの枠を超えて，精神分析的な観察と見立ての技量を，心理療法ではない形でさまざまな臨床現場のニーズに応えていく形で活かす実践である。

　本書は，このような英国発の精神分析的アプローチによるアセスメント実践の考えが，どのようにして我が国の子どもと青年のさまざまな心理臨床のなかで実践されうるのかを示す試みである。第1章では，脇谷順子が，子どもと青年のアセスメントについて概説する。こののちに続く章においては，

個別の臨床現場におけるアセスメントについての概説が述べられる。先に述べたタヴィストック型のアセスメントがより純粋に実践できる臨床現場もあれば，それが困難であるしまた望ましくなく，その応用形態かあるいはまったく別の枠組みが必要な臨床現場もあることは，概説とその後に続く事例提示，そしてそれへのコメントを通じて明らかになっていくであろう。コメントは，概説執筆者だけでなく，比較的若手の心理士が別の角度から執筆しており，読者がより多角的に各章のテーマと事例とを考えていくことを手助けすることが期待される。アセスメントはその方法も含めて常に問い続ける実践であり，絶対的な答えなどはないのである。

　第1章で，脇谷は，本書で扱う「アセスメントは，心理的な困難さを抱えていたり，なんらかの症状を呈したり，行動化したりしている子ども，青年，親子，家族と私たち専門家との対話を基盤としたものである」とし，「心理的支援を求めている人たち，あるいは心理的支援が助けになると思われる人たちとセラピストが，誰に対するどのような支援が助けになりそうかを一緒に考えていく取り組みだと捉える立場」であると述べる。そして，「子どもや青年，親子，家族との心理療法のための地ならしや土台作り」としてのアセスメントの意義が指摘されたのちに，まずは，家族や親子を包括的に捉えていく包括的アセスメントについて述べられる。その後に，子どもの個別の心理療法アセスメントについてセッティングや目的，フィードバック面接について概説している。結論として，子どもと家族のアセスメントはケースによって，また職場によって具体的なやり方を変えていく「オーダーメイド」であることが強調されている。

　第2章では，精神分析学会認定精神療法医であり，かつ児童精神科医でもある生地新が医療機関でのアセスメントについて概説する。生地は，医療においては，保険制度などにより自己負担が少ない形で子どもや青年が心理療法を受けうるが，心理療法に詳しい児童精神科医は少なく，薬物療法に頼りがちな現状があると指摘している。子どものケースの場合，家族背景や生育歴からケースをしっかり見立てることが重要であるが，多忙な医師だけではそれは不可能であり，心理士もアセスメント過程に参画することが肝要であると生地は述べている。また初回面接は医師が行うとしても，個別心理療法

を行うことになった場合も，「お試し」として数回のアセスメント過程を設けたほうがよいとされている。さらに，生物学的な視点に偏りがちな医療現場のなかで子どもの家族背景や心を見ていくことの必要性が論じられており，そこに医療現場で心理士の果たす役割があることが示唆されている。

　第2章にはサポチル認定子どもの精神分析的心理療法士の河邉眞千子による病院での個人心理療法のアセスメントの事例記述が続くが，それはまさしく生地が述べているような「お試し」に当たるものであろう。この事例報告に対しては，生地によるコメントに加えて，サポチル認定子どもの精神分析的心理療法士であり，児童精神科クリニックで働く吉沢伸一が別の角度からコメントする。

　第3章では，スクールカウンセリングにおけるアセスメントを精神分析学会認定心理療法士でありスクールカウンセリングの経験豊富な鈴木誠が論じる。鈴木は，スクールカウンセリングにおいては，個人心理療法を中心にしていくのは難しいとし，授業観察やそれに基づくコンサルテーション，教職員へのワークディスカッションや会議での介入など，グループの見立てと介入が重要になると論じている。そのために役立つ理論としてメルツアーとハリスの家族の定式化やビオンの集団理論などの精神分析理論が紹介されている。

　この章には，廣内雄一郎の中学校における，そして藤森旭人の小学校における個別心理療法のアセスメントの事例報告が続く。これは鈴木が述べるように，こうした実践が難しいとされるスクールカウンセリングの現状を考えれば，比較的少数派に属する実践報告といえるかもしれないが，鈴木が家族分類や学校組織の理解の視点を加えながらコメントし，豊富なスクールカウンセリングの経験のある人見健太郎とガヴィニオ重利子が異なった視点で論評を加える。この領域は，特に議論を呼ぶ領域であり，読者はこれらの実践報告とコメントに触発されてさらに考えていくことになるだろう。

　第4章では，英国の児童青年心理療法士の資格を持つ鵜飼奈津子が地方自治体の教育センターなど，教育相談におけるアセスメントについて述べる。教育相談は，比較的心理士が存分に専門性を発揮し，アセスメントや心理療法についてもより理想的な形で実施しうる現場であるはずであるが，実際にはそうはなっていない面がある。鵜飼はその一因として「公的機関としての

公平性」の呪縛を指摘する。さまざまなケースの違いを無視して，どのケースにも一律に同じサービスを提供しなければならないという，公平性という硬直した考えに公的機関は囚われてしまっていると論じられる。鵜飼は，必要なことはそれぞれの子どもと家族のニーズと準備性をアセスメントして，それに応じたサービスを提供するという公正性であると論じ，包括的なアセスメントについて具体的に述べている。

　第4章には，教育センターでの事例についての松本拓磨の報告が続く。この実践では，鵜飼が述べているような包括的なアセスメントは行われておらず，最初から母子分離の個別心理療法が実施されている。こうした実践は我が国の教育センターでは，いまだにごく普通に行われているという点で，典型的な事例といえる。この報告に対しては，鵜飼の他に，サポチル認定子どもの精神分析的心理療法士であり，クリニックと私設相談機関の経験を積んでいる小笠原貴史がコメントする。

　第5章は学生相談におけるアセスメントについて，精神分析学会精神療法医であり，精神科医として学生相談の経験が豊富な飛谷渉が概説する。飛谷は，学生相談では実際的な支援が中心になりがちであるとしながらも，精神分析が果たす役割が大きいと論じる。また，どんなケースでも心理療法を行うという姿勢ではなく，まずは学生の多面的ニーズを踏まえて，包括的マネージメントを行う面接を実施するべきであるとしている。その際に，「精神分析的観察のモード」を内的に維持し，マネージメントを方向づけることに使用するというかたちで精神分析は活用できると論じる。

　第5章には，精神分析学会認定心理療法士の上田順一が，初回面接でのスクリーニングから個人心理療法のアセスメントへと進んでいった学生相談の事例を提示し，飛谷に加えて，サポチル認定子どもの精神分析的心理療法士であり，学生相談の経験豊かな松本拓真がコメントする。

　第6章では，平井が，児童養護施設での子どもの心理療法アセスメントについて概説する。この領域では，虐待などにより非常に大きなダメージを受けた子どもと遭遇するため，見立てが特に重要になる。本章では，境界例系と発達障害系，そして混合系といった見立てについて述べられるとともに，それぞれの見立てが意味することについても概説されている。

　児童養護施設においては，このように心理療法アセスメントはとても重要

であるが，さまざまな理由で，こうした実践が我が国ではまだまだ普及していないのは，第4章の教育相談と事情が似通っている。本章では，児童養護施設に勤務する中島良二が，アセスメントなしで隔週で始めた心理療法の最初の回をアセスメントとして再検討するために提示し，平井と，英国児童精神心理療法士であり精神分析家である西村理晃がコメントする。

　第7章は，母子自立支援施設でのアセスメントについて，この領域での長年の経験がある代裕子が概説する。大学の相談室と同じく，あるいはそれ以上に母子生活支援施設における心理支援は，包括的なマネージメントが重要になり，アセスメントも，心理面だけでなく，環境や経済的状況も含めた総合的なものである必要があると代は述べている。それでも，心理の視点，とりわけ精神分析的オリエンテーションによる力動理解はその屋台骨を支えるものとして役立つとし，具体例を挙げてそれを例証する。

　第7章には，精神分析学会認定心理療法士の小野和海による母子自立支援施設に入所する子どもの事例提示が続く。この事例も，先の中島による児童養護施設の事例と同じく，特にアセスメントして設定されたものではなく，継続心理療法の最初の3回を再検討するために提示されている。大変重篤な問題を扱わなければならない状況で，専門性を存分に発揮することが難しい職場環境という，この領域での心理士の苦闘が見てとれるこの事例には，代のほか，精神分析家の津田真知子がコメントする。

　本書はこのように，「子どもと青年のアセスメントはこうする」という見本を示すような教科書的な本ではない。多くの臨床現場では，それは難しいし，場合によっては望ましくもない。それ以上に，我が国の臨床現場の多くは，精神分析的なアセスメントを実践するような環境になく，それを行うには心理士の多大な努力を必要とする場合も多い。さらにいうなら，そうした心理士の苦闘を支える心理士自身の専門的技量や自信も，また社会的サポートも十分ではない場合も多いという現実もある。これに加えて，私見では，本邦で訓練をうけた臨床心理士の多くは，受身的にクライアントと関わる姿勢が身についてしまっているようにみえる。本書の各章で示されているように，アセスメントは，受身的な実践ではなく，言うなれば「攻め」の姿勢なのである。つまり，じっくり観察し，そこから仮説的定式化を立ち上げ，さ

らにそれを検証し，修正していくというかたちで能動的にケースと関わっていく姿勢である。そしてそうした過程を協働して行う営みにクライエントを誘うことである。この意味で，それは精神分析的心理療法の基本的な姿勢なのである。そして，おそらく，多くの臨床心理士は，そうした協働に向けた努力をクライエントとの間だけでなく，それぞれが働く臨床現場との間でも行う必要があるだろう。つまり，アセスメント実践には，その臨床現場に互恵的な意義があると認めてもらうように努めていかなければならないだろう。

　本書は，「完成品」というよりも，このように発展途上の我が国の子どもと青年の心理療法アセスメントの実践と理論の現状を反映している。このようなわけで，本書は，読者がクライエントによりよい支援をするために必要なアセスメント実践を，それぞれのやり方で，それぞれの臨床現場で発展させていくために模索して考えていく手掛かりとなることが望まれる。

　アセスメントとはつまるところ，模索して考え続けていく専門家の主体的実践なのである。

　　2021 年 4 月

編者　平井正三

［文献］

Horne, A. & Lanyado, M. (2009). *Through assessment to consultation*. Routldge.

Rustin, M. & Quagliata, E. (Eds.) (2000). *Assessment in child psychotherapy*. Duckworth. 木部則雄（監訳）(2007). こどものこころのアセスメント——乳幼児から思春期の精神分析的アプローチ. 岩崎学術出版社.

目　次

第1章	子どもと青年の心理療法の アセスメント総論

【脇谷順子】

第1節　はじめに

　本章で述べるアセスメントは，心理的な困難さを抱えていたり，なんらかの症状を呈したり，行動化したりしている子ども，青年，親子，家族*1 と私たち専門家（以下，セラピスト）との対話を基盤としたものである。そして，アセスメントとは，心理的支援を求めている人たち，あるいは心理的支援が助けになると思われる人たちとセラピストが，誰に対するどのような支援が助けになりそうかを一緒に考えていく取り組みだと捉える立場で述べていく。

　そのような考えや立場で行うアセスメントは，次のようなステップを踏んでいくことになるだろう。

(1) 誰がどのような困難さや悩みをもっているのか，それらにはどのような関係性や事情が絡んでいるのかについておおよそを知る。

(2) 誰に対するどのような支援が必要であり，助けになりそうかを見立てていく。

(3) セラピストが心理的支援を行う場では，どのようなことができそうかを検討する。

(4) 必要，あるいは助けになりそうだと思われる支援をセラピスト自身が行うことができない場合や，セラピストが支援を行っている場では引き受けることが難しい場合は，適切な支援を行うことができる

---

*1　子どもや青年の養育者および，保護者を総称して，本章では「親」と表現する。

専門家や場を見つける。

　上記のステップを踏んだとしても，子ども，青年，親子，家族との心理療法がスタートすると，新たに分かることや，思わぬ展開が生じることも少なくない。アセスメントは心理的支援の導入時，あるいは心理療法を始める前にのみ行うものではなく，心理療法のプロセスにおいても常になされているものである。したがって，(1)～(4)は子どもや家族とセラピストが初めて会うときから始まり，心理療法のプロセスにおいても繰り返し行われていることだといえよう。そして，アセスメントは心理療法に含まれており，心理療法のプロセスは始まっているともいえるだろう。

　本章では，心理療法の導入前のアセスメントについて述べていく。最初にアセスメントの意義について，次に包括的アセスメントについて，そして個人心理療法のためのアセスメントについて書いていきたい。

第2節　アセスメントの意義

1. 協働のための土台作り

　アセスメントは，子どもや青年，親子，家族との心理療法のための地ならしや土台作りとしての意味をもつだろう。ここでいう心理療法とは，一定の頻度と日時で行われる個人心理療法に限らず，より広い意味での心理療法を想定している。アセスメントは，なんらかの悩みや困りごとを抱えている人がセラピストと出会い，心理療法という，共同ワークを始めるにあたって，どのようなことを一緒に行うことが助けになりそうか，そして，どんなことを一緒にやっていけそうか，相談者とセラピストの双方が見立てていく機会，つまり共同ワークの始まりと見なせるだろう。

2. 構造化

　アセスメントは，各回の目的を共有しながら，複数回のセッションを通して行うことになる。また，予約した日時に50分間という設定で実施されることが多い。心理療法に準じた設定でアセスメントセッションを行うことを通して，予測可能で安定した枠組みの中で自分や家族の話をすることの意義

を，相談者は経験していくことになる。

3. 心理療法の紹介

　心理療法は，セラピストがなんらかの「答え」や「解決法」を相談者に一方向的に提供するものではなく，言語内，および非言語的な対話を通して，困難さや苦悩，それらに絡んでいる事情や関係性，そして，気持ちについて知っていく取り組みである。自分や家族の気持ちや関係性に関心を向けることや対話といった，心理療法の方法について，子どもや青年，家族が知っていく機会にもなるだろう。

第3節　包括的アセスメント

　第2章以降は，さまざまな領域や機関におけるアセスメントについて述べられている。ここでは包括的アセスメントの基本的な事柄のいくつかについて書いていきたい。

　子どもや青年の心理療法のためには，子どもや青年に加えて，親や家族も含めたアセスメント，つまり包括的アセスメントを行う必要があるだろう。子どもや青年がなんらかの心理的な困難さや気になる行動を呈しているとき，本人の発達の特性，親や家族が抱えるなんらかの困難さ，学校や生活の場などの環境が抱える諸問題など，さまざまなことが絡んでいることが多い。そのため，子どもや青年の呈する困難さを取り巻く状況や人々についても知っていく必要があるだろう。そして，家族の誰に対するどのような支援が必要で助けになりそうなのか，あるいは，場や環境についてどのような調整が必要なのかを考えていく必要もあるだろう。そうしたことのおおよそを知っていくためには，自ずと複数回のセッションが必要になる。初回，誰にどのような目的で会うのか，次の回はどうするのか，その次の回はと常にセラピストは考え，子どもや青年，親，家族と目的を共有しながら，次回のセッションを提案していくことになる。そのようなアセスメントセッションは，探索的面接として位置づけることができる。

1. 機関の特徴

　私たちが心理療法を行っている場は，医療領域，教育領域，福祉領域など多岐にわたり，心理的支援が行われる場の特徴は異なる。たとえば，医療機関か非医療機関なのか，予約制なのかどうか，心理療法を行うことができる専門家の人数やその専門性，料金設定はどのようになっているのかなどはさまざまである。そして，相談者に最初に会うのはセラピストなのか，あるいは，すでに医師やケースワーカーなど他職種専門家が会ったうえでの紹介なのかも異なる。機関ごとに社会や地域での役割も，そこで可能な支援の内容も異なる。そして，スタッフの職種や専門性などの構成もさまざまである。そうした場の特徴もふまえて，セラピストはできること，できないことについて判断していくことになる。

2. セラピストは初回に誰と会うのか

　相談申し込みがあったとき，あるいは，心理療法の依頼があったとき，初回に誰と会うのか，セラピストは考える必要がある。選択肢としては，親のみ（母親のみ，父親のみ，両親），子どものみ，親子（母親と子ども，母子，父子），家族全員の三つがあるだろう*2。初回に誰と会うかは，まさにケースバイケースである。相談申し込みや紹介状の情報を基にセラピストが判断することもあるし，相談申し込み者にセラピストが連絡を取り，申込者の意向や都合も含めて判断する場合もある。

　2回目以降のアセスメントセッションに関しては，初回のセッションを踏まえて，2回目以降の目的や誰と会うのかを相談者の考えや希望も含めて検討し，判断していくことになる。初回に親のみと会う場合，子どもが両方の親と同居している場合は，両方の親に同席願いたいことを伝えるのが望ましい。また，初回は親のみ，次の回は親子で来てほしいといったように，複数回のセッションを最初に提案する方法もある。

---

*2　たとえば，児童養護施設においては生活担当職員，学校においては担任や養護教諭とどの時点でどのような形で会うのかについて検討することになるだろう。

1) 初回に親のみと会うとき

　初めて会うときにはわからないことも多く，相談者もセラピストも不安が高い状態にあるといえよう。そのような状態のなかで，親のみと会うことにはいくつかのメリットがある。子どもが同席する場合は，子どものいる場で話題にすることが適切な内容かどうかの判断をセラピストは常に行うことになるが，親のみの場では，子どものこと，親自身のこと，家族のことを比較的話題にしやすい。そして，面接室にいる人の数が少ない分，セラピストは親の話を聴くことに集中しやすく，話のなかに含まれる情動など非言語的なものに注意を向けたり，親子や家族の関係性について考えたりしやすくなる。それゆえ，親は話しやすかったとか，話を聴いてもらえたという経験をもちやすく，来談に対する親の不安も幾分か下がり，子どもを連れてきやすいと感じるかもしれない。

　先にも触れたように，子どもが両親と同居している場合は，両方の親に初回面接に来てもらうのを打診してみることは，家族の助けになると思われる。たとえば，仕事を休めないなどの理由で一方の親が来ることができない場合でも，両方の親に声をかけることによって，子どもにとってはどちらの親も大事であることを間接的に伝えるができる。そして，家族のなかで起こりがちな"父親不在"，"母子の密着"，"父性の不在"，"対話の欠如"といった家族力動を心理的支援の場で無意識的に繰り返すのを避けることにもつながりうる。

2) 初回に親のみと会うときの留意点

　初回に親のみと会うとき，その場にいない子どもや青年をセラピストが心のなかに置くことは，セラピストが親からの情報に過度に影響されないよう中立性を維持する助けになるだろう（Horne, 2000）。しかしながら，セラピストは親からさまざまな影響を受けるものである。子どもや青年，あるいは親のいずれか一方に過度に同一化することも生じうる。親子，夫婦，家族の関係性はなんらかの形で，来談した親とセラピストとの間で再演される。そのため，セラピストは，言語的，および非言語的にコミュニケートされていること，そして，自身のなかに生じる違和感やひっかかりや盲点になってい

ることについても考えることを通して，親子や家族の関係性について知って
いくことが可能になる。

3）初回に子どものみと会う場合

　子どもの年齢，相談の内容，家族の状況，機関の性質によっては，初回に
子どものみと会う場合もある。子どもの年齢に関しては，就学前など子ども
が幼い場合は特に，初めての場所で初対面の大人と会うとき，親との分離を
子どもがどのように経験するのかを考えて，それが適切なのかどうかを十分
に検討して判断する必要がある。

　子どもや青年にとっては，セッションやセラピストを直接経験する機会と
なる。初対面時，子どもや青年もセラピストも分からなさゆえに不安が高い
状態にあるといえる。そうした不安のなかで，子どもや青年がセッションや
セラピストをどのように体験しているのか，セラピストはダイレクトに体験
できる。

4）初回に親子と会う場合

　親子と会う場合，面接室の中で自然に展開される親子の関係性の一端をセ
ラピストは直接見ることができる。親子の直接のやりとりに加えて非言語的
にコミュニケートされるものもあり，情報量も内容も豊かになる。セラピス
トは，子どもや青年と親の両方に，できるだけ平等に注意を向けるような立
ち位置で，困っている状況や，親子それぞれの思いや気持ちを理解しようと
努める。子どもにとっては，対話を通して考えようとする親とセラピスト，
つまり協働関係にある大人モデルを見る機会になるかもしれない。親にとっ
ては，子どもを取り巻く状況や環境といった外的側面から，そして，子ども
の思いや気持ちといった内的側面からというように，多角的に子どもや青年
のことを考える機会になりうる。親子それぞれが，心理療法とはどのような
ものなのか，セラピストの役割はどのようなことなのかを知る機会になるだ
ろう。

　親子と会うと，セラピストは親子の関係性を直接体験できる。しかしなが
ら，親子の間，親子とセラピストの間，子どもとセラピストの間，親とセラ
ピストの間で言語的，および非言語的なコミュニケーションが同時的になさ

れるため，複層的なコミュニケーションに注意を払うのは非常に大変でもある。ひとりのセラピストが把握できることには自ずと限界がある。可能であれば，二名のセラピストで親子に会い，セッション後にふたりへの親子からの投影同一化も含めて検討できれば，親子の関係性についての理解はより豊かになるだろう。

　なんらかの理由や事情で親子同席のアセスメントセッションを行うことが難しい場合，あるいは，親子同席の面接中に，同席が適切ではないとセラピストが判断した場合には，子どものみとの時間，親のみとの時間と区切って，それぞれに会うという方法もある。

5）青年の場合

　青年期は親からの自立が発達テーマの一つであり，青年が自分の内面的なことを親の前では話しにくいと感じたり，話したくないと思ったりするのは自然であろう。そのため，子どもの年齢や心の発達状態を鑑（かんが）みて，セラピストは最初に誰に会うのか，親とはいつ会うのか，また，誰が親に会うのが適切なのかを検討することになる。

　最初に青年のみと会う場合，後日，親と会うことが必要だと判断する場合は，その目的を伝える。そして，セラピストが親のみと会うのか，本人も同席の形で親と会うことにするか，本人の考えも聞きながら検討していく。最初に親に会い，次に青年と会う場合は，親との面接でどのようなことが話し合われたのかについて，本人に伝えることを親に了承いただくことになるだろう。そして，親から了承を得ていることを青年に話し，共有すると助けになると思われる内容について青年に伝える。

　守秘義務の説明は，子どもの年齢にかかわらず重要かつ必要であると私は考えている。守秘義務があることを子どもや青年に伝え，親，あるいは子どもや青年から聞いた話，あるいは面接を通してセラピストが理解したことや考えたことを，子どもや青年，あるいは親に伝えることが助けになると考える場合，その了解を得る。そして，セラピストがその場にいない人から得たことを話す場合，了解を得たことも含めて伝える。

6）心理検査の位置づけ

　アセスメントの一部として心理検査が必要だと判断されることもあるだろう。その場合の心理検査は，なんらかの困難を抱えている子どもや青年が自分自身のことを知っていく，そして親が子どもや青年のことを知っていくための方法のひとつとしてみなされるだろう。どの心理検査をどのような目的でどの時点で導入するのか，誰が実施するのか，誰が誰にフィードバックするのかについて，セラピストは子どもや青年に最も助けとなると思われる方法を吟味することになる。いうまでもないが，心理検査を施行する際には，どのような目的で行うのかについて，子どもや青年，および親にも説明をし，了承を得ることは必要不可欠である。

第4節　子どもの個人心理療法のためのアセスメント

　包括的アセスメントを経て，子どもの個人心理療法が助けになるだろうとセラピストが判断した場合，そのことを親に提案する。親と話し合い，同意も得られたら，子どもの個人心理療法のためのアセスメントセッションを行うことになる。

1. セッティング

　基本的には3〜4回，子どもとのセッションを行う。セッションの設定や枠組みは心理療法に準じる。3，4回では十分ではない場合は，アセスメントセッションの回数を増やすことも検討する。アセスメントセッションの終了後は親へのフィードバックを行う。

2. 目的

　親の話す"主訴"は，親の視点から話されたことであり，子どもや青年が困っていることや抱えている苦悩，彼らの気持ちや思いについて知っていく必要がある。また，親子同席のセッションのなかでは表現されなかったこともあるかもしれない。そのために，子どものみとのセッションのなかで子どもの言語的，非言語的コミュニケーションにセラピストは着目する。そして，

その情緒的な意味や心理的な意味を想像により考えたりすることを通して，子どもの心の世界の一端を知っていこうとする。

　セラピストは，子どもや青年が，セラピーの部屋や準備されている玩具や用具をどのように使うのか，セラピストの関心や話しかけや理解にどのように反応するのかを見ていく。また，前回のセッションが彼らの心にどのような影響を与えているのかについても見ていく。心理療法を彼らがどのように体験し，使うことができそうかについて推測していく。そして，心理療法の頻度を検討するために，セッションとセッションの間に，セッションやセラピストとの関係性をどのように，そしてどの程度保持しているのかについても見ていく。

　親の協力についても見ていくことになる。心理療法が子どもや青年の助けになるためには，セッションには定時に定期的に来ることが大事である。特に子どもの場合は，定時に定期的に送り迎えできる大人がいるかどうか，心理療法の外的枠組みの維持に親が協力できるのかどうか，アセスメントを通して見ていくことになる。包括的アセスメントの段階でキャンセルや遅刻が多い場合は，子どもの個人心理療法のためのアセスメントを始める準備が整っていないと判断できるだろう。

3. 親へのフィードバック[*3]

　アセスメントセッションの初回，セラピストは子どもや青年にアセスメントセッションの目的や回数を説明する。そして，最終セッションで，アセスメントセッションを通して理解したことを子どもと共有し，今後についても話し合いたいこと，さらには，彼らの了解が得られた範囲で，セラピストが理解したことを親にフィードバックしたいことも伝える。最終セッションでは，アセスメントセッションをどのように体験したかを子どもに尋ねる。そして，セラピストの理解や今後についての提案を伝え，彼らの考えを尋ねる。さらには，セラピストから親に伝えてほしいこと，伝えてほしくないことについても訊いてみる。

　両親がいる場合は，子どもや青年のアセスメントセッションのフィード

---

*3　親へのフィードバックについては，子どもや青年の年齢，相談内容，家族の状況などに応じて，セラピストは方法を検討しアレンジする。

バック時，両方の親に来てほしいことをあらかじめ伝えておく。フィードバック面接では，彼らとのセッションを通してセラピストが理解した彼らの気持ちや，人や世界との関わり方の特徴などについて伝える。そして，心理療法を通してどのようなことが目指されうるかについて，多くの場合は，子どもや青年が彼ら自身の心について知っていく歩みであることを伝える。

　個人心理療法を始めることを親が了承する場合，親の協力が必須であることも伝え，定期的なセッションにある程度の期間来ることができるかどうか，また，定時の送り迎えが可能かどうかなどを確認する。そして，学期に一度の割合で親との振り返り面接*4 を行い，心理療法を通しての子どもの変化や成長，家庭や学校での様子を共有したい旨も伝える。また，心理療法にはセラピストの休みがあることや，予めわかっているお休みは早めに伝えてほしいことなどをお願いする。

第5節　おわりに

　包括的アセスメントと個人心理療法のためのアセスメントについて述べてきた。いずれも，子どもや青年の抱える困難さや苦悩，年齢，家族の状況，セラピストの仕事の場の性質や特徴などによって，具体的な方法は異なるだろう。また，個人心理療法は行わない場，あるいは，個人心理療法のみを行う場もあるだろう。そのうえであえて強調したいのは，子どもや青年が抱えている困難さ・悩みや，彼らが呈する症状や気になる行動は，子どもだけ，あるいは青年だけの"問題"ではないことが多いということである。そして，子どもや青年の心の発達や健康にとって親や家族や周囲の大人の役割も大きいということである。そのため，包括的アセスメントの導入，つまり，子どもや青年と密接に関わっている人たちとの協働も支援も不可欠だといえよう。

　アセスメントは，心理的支援を求めている人たちにとって必要なことや助けになりそうなことと，セラピストが仕事をしている場で，そして，セラピスト自身の専門性や力量でできることとを照らし合わせて，どのようなこと

---

*4　親へのフィードバックと同様，親との振り返り面接についても，子どもや青年の年齢，家族の状況などに応じて，セラピストは検討しアレンジしていく。

に一緒に取り組めそうかを見つけていく共同ワークといえよう。そして，アセスメントセッションを通して理解できたことや，まだ分からないことなどを共有しながら子ども，青年，親，親子に会っていくこと自体が心理的支援になるだろう。

　アセスメントはまさにオーダーメイドであり，相談者とセラピストの共同ワークの場の土台作りでもある。アセスメントの重要さ，そして，アセスメントは心理的支援のひとつの形でもあり，心理療法に内包されたものでもあることを，あらためて強調したい。

［文献］

Horne, A. (2000). Keeping the child in mind: Thoughts on work with parents of children in therapy. In J. Tsiantis, B. Boethious Siv, B. Hallerfors, A. Horne, & L. Tischler (Eds.). *Work with parents*: *Psychoanalytic psychotherapy with children and adolescents*. Kanrac Books. 村田りか（訳）子どもを心に置きとめること——セラピーの中の子どもの親とのワークについての考え．津田真知子・脇谷順子（監訳）(2019). 子どもと青年の心理療法のおける親とのワーク．金剛出版社.

第2章　医療におけるアセスメント

【生地　新】

第1節　はじめに

　現在の日本で，子どもに異常な行動が見られたときや，あるいは，子ども
の心に何か異変が起きていると子ども自身や周囲の大人が感じたときに，
いったいどこに相談に行くのがよいだろうか。そして，それぞれの相談の場
で，子どもたちはどのように見立てられて，そして，どのような対応を勧め
られるのだろうか。

　これらの問いに答えることは難しい。日本では，子どもの心の問題への対
応はシステム化されておらず，混沌としているからである。もちろん，地域
にもよるし，ケースバイケースともいえる。子どもに関わる公的相談機関に
行っても，どこに相談に行ったらよいのかを的確に助言してくれる人は少な
いと思われる。そもそも，日本では，子どもの心の問題の専門家を育成する
システムが十分に確立していないことは確かである。医療機関についても同
様な状態である。ただ，医療機関は，子どもの心の問題の相談先として選ば
れることが少なくないだろう。しかし，その医療機関で子どもの心の問題に
ついて適切なアセスメントがなされているとは限らないのである。この章で
は，医療機関において，子どもや青年の心理療法を行う際のアセスメントが
どのように行われるのか，そして，アセスメントの際に，どのような点に注
意したらよいのか，について述べていきたいと思う。ただ，その前に，この
混沌とした状況について，少し考えてみたい。

　一口に心の問題と言っても，その子によって，内容や深刻度は異なってい
るだろう。学校に行き渋るというのなら，とりあえず，担任教師に相談する
かもしれない。スクールカウンセラーの相談を申し込むという手はあるだろ

う。さらに教育相談機関（教育センター・教育相談所など）に行く親もいる
だろう。家庭内で急に切れて暴力を振るうようになったときには，教師やス
クールカウンセラーに相談するかもしれないが，児童家庭支援センターや児
童精神科医療機関への相談を考える親もいるだろう。思春期の子どもが体重
を気にして食べなくなって痩せてきているなら，内科や小児科を受診する他
に，児童精神科医療機関に行くかもしれない。

　もちろん，子どもの心に問題が起きたときに，とりあえず，親戚や友人，
近所の人などのインフォーマルな関係の人に相談することもあるだろうし，
インターネットの質問や相談を受け入れてくれるサイトにアクセスするかも
しれない。同じ機関に相談しても，対応はそのときによって異なることも少
なくない。子どもが「自分の心がなんか変だから精神科に連れて行ってほし
い」ということがあるが，その場合，親は躊躇することが多いだろう。精神
科に連れて行くのは抵抗感があるので，小児科に行くか，教育相談機関に行
くかもしれない。以上のまとまりのない記述は，筆者の主観的な印象を反映
しているに過ぎないが，混沌としているということは，分かっていただけた
だろう。どこに相談に行くのが適切かを最初に判断する機能をどこが持つの
かも決まっていない。要するに，適切な階層化されたメンタルヘルスのシス
テムが構築されていないし，分かりやすくネットワーク化されているわけで
もない。

　しかし，このような状況のなかでも，子どもの心の問題を扱う医療機関は，
一定の権威を持っていて，学校や教育相談機関や児童相談所などの地域の中
の機関とのつながりを持っているという点で，重要な存在ではある。しかし，
そうした医療機関の多くはいわゆる「発達障害」を持つ子どもがたくさん受
診していて，多くの児童精神科外来が数カ月以上待たないと受診できないと
いう現状がある。それに，それらの医療機関でも適切な心理アセスメントが
行われているとは限らない。大学病院や児童精神科のある公的病院の診療は，
比較的経験の浅い医師が担当していることも多い。児童精神科クリニックの
専門性が低く，大きな病院の児童精神科の専門性が高いとは一概にいえない
のである。

　そのような状況で，その子どもにどのような心理療法が行われるのがよい
のか，そして，心理療法をその医療機関で行うのか他の機関に紹介するのか

についての判断も適切に行われているとはいえないだろう。そもそも医療機関によっては，診療は医学的診断と薬物療法が中心で「心理療法は行っていない」と医師は言うかもしれないのである。医師は1カ月に1回診察する時間も持てなくて，押し寄せてくる「発達障害」を持つ子どもとその親への対応や診断書作成に忙殺されている。このような状況を変えていくために，医療機関に勤務する医師だけではなく，心理職もアセスメントの力を磨いていく必要があると筆者は考える。

第2節　医療機関という場の特徴

　子どもの心の問題を扱う医療機関といっても，診療科名としては，精神科・神経科，児童（思春期）精神科，小児科，小児神経科，心療内科などがある。医療機関の規模や機能で分けると，診療所（クリニック），総合病院，精神科病院，そして大学病院などの特定機能病院などがある。それぞれが少しずつ違っているので，一般論を述べることが難しいが，ここでは，大学病院の児童精神科とクリニックの児童精神科での筆者の臨床経験に基づいて，心理療法へ導入する前のアセスメントについて述べていくことにする。

　子どもの心の問題を扱う医療機関は多様ではあるが，医療機関という現場に共通した特徴はいくつかあるだろう。

　一つ目は，医療制度のなかに位置づけられていて，多くの場合，健康保険を用いて自己負担が少ないなかで診療が行われているということである。近年は，多くの地方自治体が中学生くらいまでの子どもの医療費の自己負担を非常に低い額に抑える制度を導入しているため，さらに自己負担は少ないことが多い。

　二つ目は，医師や看護師など多くのスタッフは，臓器別に生物学的因果関係で考えるという方向性を持っていることである。「診断がつけば，治療方法が決まり，原因に対する治療が行われる」というモデルが医療関係者の基本的なモデルである。精神医学の対象は，そのモデルでは対応できないものもあるのだが，医療関係者のアイデンティティは，疾患を見つけ出し，それに対する治療を行うというシンプルなモデルに沿って構築されている。

　三つ目は，子どもの心の問題といっても薬物療法が優先される傾向がある

ということである。このことは二つ目のことに密接に関係している。

　四つ目は，多くの医師が非常に忙しいということである。子どもの心の問題を扱う医療機関でも，医師がていねいに心理面もふまえてアセスメントを行う余裕がないといえる。

　五つ目は，医療機関を受診するときに，「心理療法」を明確に求めてくる患者や家族はまだ少ないという現実である。患者や家族の多くは，心の問題やその治療について曖昧な概念しか持っていないし，通常の医師の問診や助言と専門的な心理療法の区別もついてない。「カウンセリング」という言葉を使う親や患者もいるが，多くの場合，「カウンセリング」がどのようなものかについて予備知識が乏しい。神経発達症（いわゆる発達障害）については，非常に勉強している家族が増えているが，情緒発達については理論が多様である関係もあって，十分理解している家族は少ないのである。これらの特徴に加えて，日本の医療は十分に階層化されておらず，大きな病院，あるいは専門性の高い医療機関にも，プライマリーケア・レベルから高度の専門性を必要とするケースまで，さまざまのレベルの患者がやってくるということがある。

　今の日本の精神医学教育や医療の水準においては，平均的な精神科医は，世界保健機構のICD-10（近いうちにICD-11に置き換わる予定）やアメリカ精神医学会のDSM-5のような記述的で操作的な診断基準を用いて，症状や経過を中心に診断を行う傾向がある。その人の精神発達を問題にする場合も，知能の発達という視点や神経発達症の可能性があるかどうかという視点から問診を行うことが多い。精神発達の情緒的な側面や対人関係の発達への関心は乏しく，パーソナリティについての診断も記述的である。DSM-5においてはパーソナリティを複数の特性に基づいて診断する方法（いわゆるDimensionalな評価）や自己機能や対人関係機能に基づいてパーソナリティの機能水準を診断するシステムが代替診断モデルとして提示されてはいるのだが，そのような考え方を取り入れて診断する精神科医は少ない。単純化していえば，現状は，症状レベルの診断が中心で，情緒面の発達・パーソナリティ機能・家族力動などの評価がなされることが少ないということである。

　児童精神科においても，情緒面の発達としてアタッチメント・パターンや対人関係の発達や心的外傷体験（トラウマ）が評価されるようになっている

が，基本的な傾向は大人の精神医学に近いと考えたほうがよい。平均的な児童精神科医が，心理療法の選択や心理療法のプロセスについて，十分な経験と知識を持っているわけではない。そのような精神科医療の現状では，これまで述べてきたことを念頭に置きながら，心理療法を行う医師や心理職は，心理療法の依頼を受けた後に，もう一度，心理発達や子どもの内面の問題を中心に心理アセスメントを行うことが求められる。

第3節　児童精神科医療機関における見立てのプロセス

1. 最初の出会い

　その子どもや家族との出会いがどのようなものかが，その後のアセスメントや治療に影響を与えることは多い。家族が医療機関受診の必要性を感じて自発的に受診したのか，それともどこかで受診を勧められてきたのか，初めて受診したときにすぐに会うのか，それともしばらく通院していて，主治医からの依頼があって会うのかで，出会いの場で何が起きてくるかに違いがあるだろう。アセスメントを行う人が，医師なのか，心理職なのかでも，かなり違っているだろう。初めて会うまでの間に，家族や子どもが心理アセスメントや心理療法についてどの程度の説明がなされているのか，どのくらい理解しているかによっても，出会いの様相は変わるだろう。こうした出会いの時と場における変数を私たちはどこか心の片隅に置いておくとよい。

　多くの児童精神科の外来の診察では，親（保護者）と子どもを一緒に診察室に入れて同席する形で話を聞くことが多い。初診（あるいはアセスメント面接）という場は，子どもも親も緊張していることが多いのだが，実は，初めてだからこそ，多くの場合，当事者も意識しないままに，大事な情報を包括的かつ圧縮した形で医師や心理職に伝えてくるものである。言い換えると，一回の面接のなかで，子どもや親はその子の人生の流れやそこで起きてきた心理的問題についての情報を意識しないでまとめて表現することが多いのである。初めての出会いで，その子どもの多様な側面をつかむために，一定の訓練が必要である。

　したがって，最初の出会いの場においては，経験を積んだ臨床家が主導的に面接を行うことが望ましい。診察の場合は，医師の他に看護師や心理職が

同席してもよい。初診は，通常の診察や心理療法のセッションよりは，長めの時間をとることが望ましい。50分間では短いと感じることが多いだろう。大切な初診という機会を生かすためには，短時間の休憩を挟んで，80〜90分くらいの時間をとるほうがよい。心理アセスメントの場合も時間は治療的な心理面接よりは長めにとったほうがよいだろう。

　思春期（青年期）の患者では，同席を嫌うこともあり，その場合は，別々に聞くことになる。ただし，思春期の場合でも，心理療法のためのアセスメントを行う場合には，原則として最初は同席を選ぶとよいと筆者は考えている。そして，その場で，親と子どもの座り方・親子の距離・関わり方などを観察するのである。両親が来ているなら夫婦のあり方もその場で感じ取ることができるだろう。親子を観察することで，親の子どもに対する情緒応答性や子どもの親への愛着のあり方も推測できることも多い。また，子どもの視線の動き方や表情のレパートリー，子どもの体の動かし方，子どものその部屋に置かれた物への関心の示し方なども，重要な手がかりを与えてくれるものである。親の子どもへの指示のしかたや声のトーン・大きさ，親の言葉のなまり，子どもの服装・持ち物，親の服装・持ち物・アクセサリー・化粧のしかたなども，注意を払うとよい。

　なお，初回の面接で親子同席で話を聞いた後，必要に応じて，その日，もしくは後日，子どもと一対一で話す，あるいは遊ぶということになるかもしれない。小さい子どもの場合には，親子同席を続けることを選ぶこともあるだろう。子どもに対して個別の心理療法を行うことだけが治療の選択肢ではない。多忙な医療機関においては，初診後も，親子同席の設定でオンデマンド（必要に応じて面接を設定する方式）の面接を続けるという方法が選択されることもある。それも広い意味で心理療法である。

　子どもひとりを対象とする心理療法（個人心理療法）を行うことが有力な選択肢となったときには，個別の面接を通じたアセスメントも行ったほうがよい。子どもにどのような技法でどのような設定の心理療法を行うかを考えるには，予備的に心理療法に近い設定での面接を行ってアセスメントしたほうがいいのである。たとえば，個別の遊びをも用いた心理療法を週1回の設定で行う可能性があるなら，同じ設定で遊びを取り入れたアセスメント面接を何回か「お試し治療」として行うことがよいだろう。

2. 何を聞いていくのか

　個別でも大人（保護者）と同席でも，最初に子どもに会ったときには，患者としてきた子どもに挨拶をして，ていねいに自己紹介したほうがよいだろう。筆者は，病院では，こんなふうに自己紹介する。「今日は□□病院に来てもらったね。私は子どもの悩みごとや困っていること，学校でのことでも家族のなかのことでも友達のことでもいいのだけど，そういうことを聞くのが仕事の医者です。児童精神科医です。ここには，私は週1回来ていて，幼稚園から中学生くらいまでの子どもに会っています。今日は，○○君（さん）が，どういうことで困っているのか，その困っていることに対してどんなことをしたらよいかを考えるために，これから60分かけてお話を聞きます。○○君（さん）からもお父さんお母さんからも話を聞くよ」という具合である。

　そして，その医療機関（以下病院と表記する）に来ることについて，誰にどんな説明を受けたのかを尋ね，病院に連れてこられた理由について，その子自身はどう思っているかを聞く。そのうえで，自分では何か困っているのか，困っているとしたら，どんなことかを尋ねる。そして，親にもどんなことが心配なのかを聞いてみる。筆者の経験では，親から受診理由を説明されていないか，偽りの理由を伝えられていることも少なくない。親としては説明したつもりでも，「聞いていない」という子も多い。結果的に，ここに来た理由をちゃんと言える子は少ない。親の顔を見て，自分からは話さない子も多い。病院に来る子どもは，ある程度分かっていても，分からないふりをすることが多いように思う。

　「自分が困っていること」をある程度言葉で表現できる子どもでも，親子同席のアセスメント面接の中では，困っている事態についてうまく表現できないことが多い。「友だちに悪口を言われる」「勉強ができない」「学校に行きたくない」「頭やおなかが痛い」「親に怒られてばかりいる」といった内容を断片的に話すのが精一杯のことが多い。一方，親がその子について心配している内容は，さまざまである。子どもの気持ちや内面についての心配よりも，診断や学校での適応，将来の適応についての心配を最初に口にする親が多いかもしれない。具体的には，「この子は発達障害ではないか？」「一緒に遊ぶような友だちがいない」「自分から話しかけられない」「全然勉強をしな

い」「親の言うことをきかない」「将来，一人で生きていけるのか心配」といったことである。しかし，「この子が好きになれない」「この子といるといらいらしてしまう」というように，親の側の感情を訴える場合もあるし，「大きくなったら犯罪者になるのではないか」といった先々の不安について話す親もいる。

　そうした訴えを聞くことで，親の問題の捉え方が，一面的か多面的かが分かる。そして，子どもの心の問題について，親自身が自分たちの育て方や関わりが影響していると思っているのか，関係ないと思っているのか，そして，親が自分たちの関わりについて罪悪感を持っているのか，といった点も重要である。精神分析的心理療法などの心理的アプローチを進める場合には，親の側が子どもの問題を，意識的・無意識的にどのように考え，どんな感情を抱いているのかを把握しておくことが大切である。過度の罪悪感を持つ親は，子どもの心の問題に向き合うことが難しく，心理的アプローチに対して，両価的で複雑な気持ちを抱くだろう。親はアセスメントを行う専門家に対して，被害的になり，自分が非難されたり，拒絶されたりすることを怖れるかもしれない。心の問題を否認する親は，薬物療法や代替医療，あるいは祈祷などに頼ろうとするかもしれない。心の問題を扱う専門家に競争意識を持つ親もいるだろう。

　こうした親の気持ちを十分に理解して配慮することができなければ，結果として親が心理的アプローチを拒否したり，中断したりすることになりやすい。親が自分の意志で医療機関を受診したのだとしても，心理的アプローチを受ける心の準備ができているとは限らないということを心にとどめておく必要がある。

　親や子どもが何を問題にしているかを聞いたら，問題の経過・その問題にどのように対処してきたかについて子どもと親に聞いていく。なるべく子どもや親の話の流れに合わせて聞いていくが，よく分からないところは時々話を止めて質問をしてもよい。他の医療機関や相談機関を経由して受診した場合は，そこでどのように言われて，どのような対応がなされたのかを聞く必要がある。相談歴を聞きながら，親が主体的に相談先を決めているのか，周囲の言動に左右されて一貫性のない受身的で行き当たりばったりのやり方で決めているのかが分かる。そこから親の問題解決の力や支援者を探し出す力

も評価できる。また，その子どもを取り巻く関係者や専門家がどの程度連携を取っているのかも分かるものである。

　発達歴や生育歴，重大な身体疾患や慢性の身体疾患の罹患の有無などについても，時間の許す範囲で，親に聞いていく。医療機関の場合は，身体面の情報も大切なのである。心理的な問題と親が考えていても，もしかしたら身体疾患の影響があるかもしれないからである。朝，頭痛を訴えて，学校に行かないという子どもに，まれではあるが脳腫瘍による頭蓋内圧亢進症状があるかもしれない。最初の月経が始まる前の時期の女児は，内分泌学的に情緒不安定になりやすいことがある。その子どもが示す症状が心理的な要因だけでは理解しがたいと感じたら，身体疾患や身体的な要因の関与を疑うのが医療の現場の常識である。また，幼少期の慢性疾患や入院経験も重要な情報である。

　発達歴や生育歴は，医療機関でも重要な情報である。ただ，児童精神科医療機関における，医師の問診では，発達障害に関連した情報の聴取が中心になる傾向がある。発達としては，母親が妊娠した状況やその子どもが生まれたときのことはていねいに聞いたほうがよい。生まれる前の子どもについての空想や，生まれてきた子どもに対面したときの気持ちも可能なら聞いてみる。そのうえで，発育や運動面の発達（首の座り，初めての寝返り，はいはいを始めた時期や始歩の時期など）を聞き，言語や知的能力の発達（指示の理解，始語の時期，最初に発した意味のある言葉，二語文を言えた時期，文字や数字を覚えた時期など）を聞く。愛着・社会性の発達に関連した質問としては，人を認識して微笑んだ時期，人見知りの程度，一番なついている人物，ものを指さして親と一緒に見ることがあるか，親から離れるときに親を振り返って確認していたか，他の子との関わり方，親が病気で寝ているときに心配し世話をしようとするか，などを聞く。

　こうしたことを聞くときに，網羅的に質問をするのではなく，親から返ってくる言葉を聞き，親の表情を読みながら，必要なときには質問するというやりかたがよいだろう。また，聞き取った情報から，その子が，それぞれの年代に求められる課題（発達課題）をどの程度達成しているかを評価することは，治療の方法や目標を決める際に役立つだろう。

　生育歴については，生まれた土地，転居の状況，養育者との離別・交代・

死別があったかなどを聞いていく。そうした話をしながら，ネグレクトや身体的な虐待などの不適切な養育状況や怖い体験がなかったかも必要なら確認する。その子がどのような環境でどんなふうに育ってきたのかを思い浮かべることができるように話を聞くことが大切である。

　最も古い記憶がどんな記憶かを子どもに尋ねることもアセスメント面接ではよく行われている。一番古い記憶は，その人の人生で大事なテーマが反映されている。ある児童精神科医の一番古いと思われる記憶は，「祖母と東京タワーに上って，展望台から下を見たら，車がすごく小さく見えた。その後，展望台の売店で板チョコを１枚買ってもらった」というものであった。その記憶はその医師の３歳頃の記憶であった。家族の写真アルバムを見て確かめると，そのとき，実はその医師の兄が赤痢疑いで入院していて，母親はそちらに付き添っていて不在だったことがわかった。母親の不在の記憶は抑圧もしくは否認され，東京タワーに上り，チョコレートをもらうという一見楽しい記憶だけ回想されたということである。そこに兄との間の同胞葛藤や母への思いが隠されていたということである。

　家族についての情報として，家族の歴史・家族構成・生活状況・家族の健康状態なども重要な手がかりを与えてくれる。家族歴を聞くときには家系図を描きながら聞くとよい。親の原家族の家風や育て方の特徴などもそこでさりげなく聞くのである。子どもが今抱えている問題は，家族の歴史のなかに位置づけてみると新たな理解を得られることがある。現在の家庭の生活を聞くときには，家の間取り図を書いてもらうとよい。そこに家族関係が色濃く反映されることが多いからである。たとえば，夫婦が別の部屋に寝ていて，思春期の子どもと片方の親が一緒に寝ていることがわかり，夫婦間の葛藤や不適切な親子関係が明らかになることがある。ただし，さまざまな情報を聴取することに集中してしまうと，親子関係の観察や家族の葛藤のテーマなどについて直感的な理解が妨げられてしまう。細かな情報を聞き出すことよりも，親の語りに耳を傾けながら，その家族の関係性や家族内の葛藤のテーマやパターンを把握することの方が大切である。そして，そのうえで，家族の生い立ちや生まれ育った環境にも思いをはせながら，質問するとよい。

　家族が子どもに隠したい秘密を抱えている場合，話しにくそうな表情をしたり，言葉を濁したりすることもある。その場合は，後から，親子分離して

面接をして，隠したい秘密を聞く場合もある。子どもが，祖父母・両親のなかで，誰に似ていると思うかという質問をすると，家族関係のあり方や子どもについての親の側の空想が透けて見えることもある。なお，医療現場では，遺伝的要因の関与も重要な情報であり，家族のなかに精神疾患の診断を受けている人がいないかを聞くことも多い。

　子どもが自分について話さないときには，児童精神科医は，「三つの願い」など一定の質問をして反応をみるテクニックを用いることがある。「三つの願い」では，「神様があなたの願いを三つだけかなえてくださいます。あなたは何を願いますか?」と子どもに聞いて，言葉で答えてもらうか，文字で書いてもらう方法である。ある4歳の毛を抜く癖がある女児は，「1. ぴあのがほしい」「2. びょうきがなおってほしい」「3. かぞくがなかよくしてほしい」と文字で書いた。1番目の願いは素直な願望だが，2番目で自分の毛を抜く癖が直って欲しい気持ちが表現され，そして，3番目の願いは，この子が父母の不和をとても心配していることを伝えてきているといえる。

　医療現場では，以上述べてきたような内容のことを初回の面接でもおおまかに把握することが求められる。そして，1回目の親子同席の面接では，十分につかめない場合，追加の同席面接を行ったり，親と子ども別々の面接を行ったりする場合もある。

　以上のように述べてくると膨大な情報を聞き取らなければならないと感じてしまう人もいるだろう。しかし，大事なことはその子がどういうことで困っているのか，その子の問題の背景にどのような養育環境の問題があるのか，その子がどのような才能を持ち，その子が何を願っているのかを知ることである。聞き取るときに大切なのは，人の人生も人の心も入れ子構造になっているということである。つまり，同じパターンが繰り返されており，日々の生活のなかや一回の面接のなかにその子の人生の全体が埋め込まれているということである。だから，何かの情報を聞き逃しても，その子の心の問題の全体像はつかめるということが覚えておいていただきたい。ただし，全体像は最初はぼんやりしているので，分かりにくいことがある。臨床的な関わりを繰り返すなかで，その全体像は鮮明に見えてくるものである。子どものことを理解するということはどんな心理療法でもとても大切な要素である。アセスメントをていねいに行うということはそれだけでも治療的な効果を持つ

ものである。

3. 心理テストについて

　医療機関では，客観的に近い情報，数値化された情報が尊重される傾向もある。精神分析的心理療法を専門とする医師や心理職は，心理テストを用いないことが多いかもしれない。言葉を用いた面接を行うか，プレイのセッションを行うことで，その子どもの多くの側面が評価できるし，セラピスト自身に生じるイメージや感情，身体感覚などを活用して，その子の内面に迫ることができるからである。しかし，一般の児童精神科医や看護師などの専門職と連携しながら，仕事をする場合は，相手が理解しやすい評価方法も取り入れながら，仕事をしたほうがよいかもしれない。

　認知やコミュニケーションの発達を測定するテストの中で，ウェクスラー式の知能テストは，その子どもの得意な情報処理のモードや言語表現能力，作業能力，注意力，統合的にものごとを把握する力などを評価する点では，優れた点もある。日本では，子ども用のウェクスラー式の知能テストとしては，Wechsler Intelligence Scale for Children, Fourth Edition（WISC-IV）（Wechsler, 2003）の日本版が使われている。知能テストの子どもの解答も，関係性の中での自己表現の側面があることに注意を払うとよい。また，知能の発達は，家庭環境や教育環境の影響も受けるので生まれつきの要因だけで決まるわけではないことも知っておく必要がある。

　日本では知能テストの結果が一人歩きして，診断のツールのようになっていることがあり，それも気をつけないといけない。他に，その子どもが他者の視点でものを考えられるかを評価する心の理論課題や注意力や衝動性を測定する持続的集中力検査（Continuous Performance Test: CPT）（Rosvold, et al., 1956），冗談や皮肉を理解する力や対人関係の状況を認知する力を見るストーリーテスト（河内ら，2006）などもある。大切なことは，こうした心理テストを絶対視せずに，アセスメントの補助手段として位置づけることと，心理テストの結果を分かりやすい言葉で要約して他の専門家や親子と共有することである。

　投影法のなかでは，描画テストが，通常の面接室や診察室で実施可能であり，時間もあまりかからないし，視覚に訴えて直感的な理解を促すので，医

療現場に導入しやすい。描画テストは児童精神科の診療現場とは相性がよいと筆者は考えている。描画によるアセスメントの方法としては，自由画，人物画や樹木画もしくはバウムテスト，House-Tree-Person-Person Test (HTPP)（高橋，1974；高橋，2011），風景構成法（中井，1971），相互スクィグル（Winnicott, 1969）などがある。いずれの方法においても，あまり立派な道具は必要ない。少し広めのテーブルと子どもの体格に合った椅子，A4の画用紙（コピー用紙でもよい）と芯が柔らかめの鉛筆（技法によってサインペンや色鉛筆やクーピーを使うことがある）があればよいし，時間はそれほどかからない。もっとも，こだわりが強い子の場合にひどく時間がかかることはある。即興的に行えるし，面接者と子どもの間の転移・逆転移の状況（関係性）が反映される側面もある。言語的には表現されないことが表現されることも多い。描画で表現されたものを理解し，場合によっては言語的なフィードバックも行うことで，治療的な展開が起こることもある。

　一例を挙げてみよう。ある施設の中学生男子 A は，筆者がコンサルテーションの目的で面接を行ったときに，困っていることなどを聞いたが，あまり話が弾まなかった。A は，自閉スペクトラムの傾向があり，母親とは乳児期に別離している。乳幼児期は，先天性の身体疾患のために入退院が多かった。日常生活では，あるゲームのキャラクターが好きなのだが，そのキャラクターの絵が描かれた持ち物が職員のミスで捨てられてしまったことがあり，今でも諦めきれないでいる。「好きな動物の絵を描いて」と教示した。A は，黄色いネズミの絵を描いた。ネズミの毛をていねいに描いていた。その後で，筆者はなぜか最古の記憶について尋ねた。A は，小さい頃に入院していて，看護師さんが寝かしつけをしてくれていて，眠ったのだが，途中で目が覚めたときにその看護師がいなくなっていて，寂しい気持ちになってたのだという。それからネズミの絵を描いたことを語った。A にとって，絵を描くことは自分を慰める手段でもあり，愛着のあった担当看護師との思い出にもつながっているものだったのだ。そして，そのネズミは A の好きなキャラクターのモデルになった種類のネズミだったのである。彼がネズミのキャラクターにこだわる背景に，なついていた母親代わりの看護師への思慕の念があることが分かった。彼のこだわりは，単なる自閉スペクトラム症のこだわりの症状と考えられていたのだが，描画を通じて，別な理解の可能性

が開けたのである。子どものアセスメント面接を行うときに，言語中心の面接も大切であるが，それを補う意味で描画やプレイ（遊び）を使うことで，より理解が深まることは多い。

　なお，意識の障害や脳機能の低下が疑われる場合などには，心理アセスメントと並行して，ケースによっては脳波検査や磁気共鳴画像診断装置（MRI）による検査などの医学的検査が行われることがあるだろう。

4. 見立ての伝達と契約

　以上のように，最初の出会いがあって，面接のなかで聞き取った情報や観察した所見があり，そして心理テストを施行するというなかで，医師であっても心理職であっても，その子どもの抱えている心理的問題の内容とその背景について一定の理解を得ることができる。そして，子ども自身が心理療法に反応する可能性をどのくらい持っているのか，親が心理療法を受ける意義を理解し，心理療法を受け続けさせる力があるかも見定める必要がある。その理解を整理された形で伝えて，今度の治療や支援の道筋を示すのが，いわゆる見立てである。英語では，見立てのことを case formulation や clinical formulation と呼ぶ。

　見立ては，子ども自身や家族に分かるような言葉で伝えることが大切である。伝えた後は，その見立てについて子ども自身や家族からの質問を受けて，それに対して誠実に答えて，理解をできるかぎり共有できるように配慮する必要がある。また，心理職の場合は，医師にも明確で簡潔な言葉で見立てを伝えて，その見立てについて意見交換することが大切である。見立てを伝えた後は，実際にどのような心理的介入を行うかについて，同意を得て，契約を行う必要がある。担当者，頻度，機関，料金，キャンセル料，守秘の範囲などをきちんと伝えて，それについての同意も得る必要がある。このような手順を踏んではじめて健全な契約が成り立つ。以上のアセスメントの流れを図1-1に示した。

　医療のなかでのアセスメントにおいては，多忙でパターン化・画一化しやすく，生物学的な視点が優勢という医療の特徴を理解しながら行う必要がある。そのうえで，一般の医療が見落としがちな，子どもの心の問題が過去から現在までの生育歴という文脈のなかに存在していて，家族や学校などの関

```
初回の診察・面接（親子同席）
↓
個別のアセスメント面接（プレイ）／親面接
＋心理テスト／医学的検査
↓
見立て（フォーミュレーション）・報告書の作成
↓
他職種との意見交換
↓
見立ての伝達（アセスメント結果の報告）
↓
子どもや家族との意見交換
↓
心理療法・薬物療法などの提案・他機関への紹介
↓                        ↓
治療契約を結ぶ          終了・紹介
```

図 1-1　医療現場の子どもの心理アセスメントの一般的な流れ

係性の中で表現されているのだという側面を明らかにすることも求められる。そして，子どもや家族の病理だけではなくて，子どもの持つ才能と子どもの対象希求，そして子どもの成長への希望も感じ取ることが大切である。

［文献］

河内美恵・北道子・石井智子・楠田絵美・福田英子・福田智子・森田美加・庄司敦子・伊藤香苗・田中景子・藤井和子・上林靖子（2006）．広汎性発達障害児における社会状況認知，ならびに対人関係に関する障害の様相を評価する心理検査の開発．明治安田こころの健康財団研究助成論文集，41，62-71.

中井久夫（1971）．精神分裂病者の精神療法における描画の使用——とくに技法の開発によって得られた知見について．芸術療法，2，77-90.

Rosvold, H. E., Mirsky, A. F., Sarason, I., Bransome, E. D., Jr., & Beck, L. H. (1956). A continuous performance test of brain damage. *Journal of Consulting Psychology*, **20** (5), 343-350.

高橋雅春（1974）．描画テスト入門——HTP テスト．文教書院．

高橋依子（2011）．描画テスト．北大路書房．

Wechsler, D. (2003). *The Wechsler intelligence scale for children fourth edition.* Pearson.

Winnicott, D. W. (1969). *Therapeutic consultations in child psychiatry.* Hogarth Press.

変化とつながりへの希望

【河邉眞千子】

1. はじめに

　本稿では，小学校高学年の女児リン（仮名）の心理療法導入までのアセスメント過程を記述する。リンは「母親への暴力」を主訴に，当時，筆者が勤務していた入院病床を持つ総合病院の小児心療科を受診した。筆者は，主治医と共にアセスメントを行うためにリンの初診に同席したが，初診からアセスメント面接の開始までには少し時間があった。その間，外来通院，複数回の入院治療が行われ，主治医，看護師，保健師が親子に対して手厚い介入を行ったが，リンは入院生活を楽しく過ごした後，自宅に戻ると問題が再燃することの繰り返しだった。そして，四度目の入院中に主治医から心理療法の導入について筆者に相談があった。

　心理療法の導入を検討するにあたり，筆者はまず，退院後，週1回の外来通院がこの家族にできるかどうかを主治医に確認した。しかし，リンの家庭環境を考えると難しいだろうという返答だった。そのため，面接のための長期入院が可能であれば心理療法の導入を検討するが，まずはアセスメント面接を行ってから判断したい，と主治医に伝え，主治医からリンと家族に了承を得た後，週1回のアセスメント面接を開始し，合計10回行った。また，両親の外来面接もこの間に数回行っている。

　なお，事例提示については患者・家族の快諾を得ているが，内容は個人情報保護のため，本筋に影響を与えない範囲で変更している。

2. 事例の概要

1）家族背景

　リンは，両親と3人家族である。父は，仕事のため多忙で留守がちだったが，リンを本当にかわいがっていた。アセスメント面接開始当初，父は，母

がリンにもう少し優しくなれば問題は解決するとして、通院や入院に懐疑的だった。母は専業主婦で普段は穏やかだが、線が細くて不安になりやすく、他機関で精神科の治療を受けていた。不安を回避するために趣味に没頭し、そうしたときにはリンと関わることができなくなった。しかし、父が家を空けることが多かったため、リンの養育は主に母が担っており、そのことに対する負担感が強く、父のサポートを常に求めていたが、父に理解されないと感じていたようだった。その一方で、母がひとたび調子を崩すと家事も外出もできなくなるため、通院や相談機関とのやりとりは父頼みだった。

2）生育歴と来談経緯

　リンの生育歴の大部分は、母からの聴取によるものである。リンは言葉や発達に目立った遅れは認められなかった。人の多い場所に行くと、母から離れようとせず、就園後は母との分離時に大泣きし、年少の後半には、いったん取れていたおむつをもう一度はこうとすることさえあったという。しかし、ひとたび登園してしまえば友だちとよく遊び、行事にも参加することができていた。保育園の頃から自宅では、思うようにならないと母を叩いたり蹴ったりすることがあり、母も怒って、リンを戸外に出す、といった状況が日常的に繰り返されていた。母がこうした問題をいろいろなところで相談するためか、リンは、母が自分の悪口ばかり言う、と園の先生に訴えていたという。

　就学後も問題は持続し、さらに学習困難が表面化した。悩んだ母は、B医療機関を受診し、リンは自閉症スペクトラム障害（当時のアスペルガー症候群）と診断された。しかし、リンは通院を嫌がったため、母のみ養育相談に通った。その頃からリンは断続的不登校になり、登校の支度を母にゆだね、「ママが髪をといて痛かったから」「ママが変なこと言うから」と、学校に行けない理由さえも母に求めた。さらに、相槌や返答のしかたを指示して強要するようになったため、B医療機関にて投薬を提案されたがリンは飲まなかった。X年、母が地域の相談機関に「リンが些細なことでパニックになり、上手く対応できずに叩いてしまう」「リンを預かってほしい」と相談し、リンは児童相談所に保護され、保護中に筆者が勤務していた医療機関を受診した。

3）初診時の様子とアセスメント面接開始まで

　初診時のリンは，素朴だが整った顔立ちで，児童相談所で貸与されたサイズの合わない服を着て無造作に髪を束ねていた。昼食時に院内で偶然見かけたときには，久しぶりに会う母の腕に絡みついて甘えていたが，診療を待つ待合では，無表情のなかにかすかな疲労や怯えをたたえつつ静かに座っていた。診察が始まると，怯えた様子は消え，答えられることには短く答え，答えられないものには無言だった。家族との合同面接後，筆者がリンと別室で面接を行った際，筆者がこれからどうしたいのかを問うと，リンは「家に帰りたい」と即答し，自ら続けて，「そのためにはママと喧嘩しない。1日目にはママに直してほしいことを話して，ママにも（リンに直してもらいたいことを）言ってもらう。2日目にそれがやれたら家にいる。また喧嘩になったら保護所に行く」とまるで手順をなぞるかのようにすらすら語った。情緒の伴わないこの語りには強いインパクトがあった。またこのときリンに描いてもらった動的家族画には，中心に親子3人が，体形や髪形こそ違うが，同じ表情かつ等間隔で配置され，その周りを飼っている動物たちが，これも一定間隔で取り囲む，動きのない平面的な世界が表現されていた。ほどなくリンは自宅に戻ったが状況は改善せず，一度目の入院が決まった。その後，3カ月程度の治療入院や，親のレスパイトのための短期入院を行い，四度目の入院を心理療法のために延長する提案を主治医から行った。母は積極的に，父はしぶしぶ，リンは一応，その提案を受け入れたと筆者は主治医から聞いた。

4）アセスメント面接開始時の病棟での様子

　リンは，設定された日課はこなし，学校にも通っていた。その一方，考えることが難しく，女性看護師をあからさまに避け，担当にはたいてい男性看護師を希望することが指摘されていた。しかし，入院他児とは，年齢，性別問わず平等に関わり，遊び，好かれていた。ある日，筆者が病棟で見かけたリンは，男児2人がじゃれあって走っている横を，大はしゃぎしてジャンプしながら伴走していた。そこには，運動と感覚とテンションの高さしかなく，心は空っぽであるように私には感じられた。このとき，筆者には初診時の印

象がよみがえり，リンとの心理療法はもしかしたら難しいかもしれないと
思った。

3. アセスメント過程
1）アセスメント面接
【第1回】

　アセスメント初回，リンは病棟から看護師に付き添われて来室した。初診
時と変わらず無表情だが，自前のシンプルな服装に髪もきれいに結ってもら
い，人形のようにかわいらしく清潔感があった。私が看護師からカルテを受
けると，無表情から一転，ぱっと眉間にしわを寄せ，まるで異物を見るかの
ように，私を一瞥した。そして，離れた場所で他の子どもと待っていた，も
う一人の看護師の方に，逃げるように，かすかに身体を傾けた。しかし，実
際には動かず，不快そうな表情も一瞬で消えた。私が面接室に入室を促すと，
すっと私の後に続いた。そして，入口で立ち止まり「なんじゃこの部屋は一！」
と驚きの声を上げた。私はオーダー入力のためにリンに背を向けていたが，
振り返るとリンは私を凝視していた。しかし，リンは，振り返った私と目が
合うやいなや，戸惑うように視線を逸らした。入力を終え，改めて私が自己
紹介をすると，リンも軽く頭を下げた。初診時に私と会ったことを覚えてい
るか確認すると，（さあ）と首をかしげた。再びまじまじと私の顔を見るも，
本当に思い出せないようだった。心理面接について何か聞いているかと私が
問うと，リンは「話す」と一言で答えた。続けて「ああ，でも，心理って何
か，とかあんまり聞いてないかも。話すって言うのも，さっき看護師さんに，
心理って何するのって聞いたら，話すって言われた」と説明した。私が「そ
うだね。ここですることは，お話したりしながら，リンさんの気持ちについ
て考えることです」と伝えると，頷いてそのまま下を向いた。「私の話して
いる意味，分かるかな」と確認すると，リンは「分かる」と答えた。さらに，
「これからそれをやっていくことでいいかな」と問うと，リンは頷いた。し
かし，リンと私の間で言葉の意味がどの程度共有されているのか，私にはまっ
たく手ごたえがなかった。

　私は今後の見通しや面接時間についても伝えたが，リンは聞いているのか
聞いていないのか分からない様子だったので，「今何時だっけ」とすぐに答

えられる質問をしてみると，リンは時計を見て，正確な時間を答えた。それからしばらくじーっと机を見た後，「で，何するのー」と尋ねた。私が，説明した内容を繰り返し，さらに「リンさんは，心理に来たら，やることを私が決めるって思っていたのかもしれないね。それに，私が決めてくれないと困ってしまうのかも」と伝えると頷いた。そして私が，面接室は自由に過ごす場所だが，今日は最初なので少し質問をしてよいかと問うと，下を向いて黙った。「質問されるのは困る？」と聞いてみると，首をかしげる。それで私が，「質問の中身による？」と問うと，リンは大きく頷いた。「聞かれたくないこともあるんだね」と伝えると再び頷いた。私が「じゃあ，ちょっと聞いてみるね。リンさんはどうしてこの病院に入院することになったって思ってる？」と尋ねると「うーん，お母さんと喧嘩するのと，学校に行けないから」とすらすらと答えた。さらに「じゃあ，お母さんと喧嘩をしてしまうし，学校に行けないから，リンさんも入院したほうがいいって思ったのかな」と聞くと，リンは「した方がいいとは思ってない。……入院させられた」と答えた。「無理やり入院させられた？」と私が問うと，それには首をかしげる。「そう……でもない……」。そしたら，リンさんも，納得してたところがあるのかな」と私が尋ねると，リンは「納得はしていない」とはっきりと答えたが，そこに不満や怒りのような感情は，読み取れなかった。私は，入院の経緯について，リンにも思うところがあるのではないかと思ってこのことを尋ねたが，当のリンは，すでに目の前に置いてある文具や粘土に関心を移していた。私は「使いたいけど，使っていいのかなーって」と言って，しばらく待ってみるが，リンは無言であり，そのまま沈黙が続くと，リンは身を固くして緊張が強まり，私も息苦しくなった。私が使えることを伝えると，リンは，筒状のプラスチック容器が4色分入った小麦粉粘土の箱を手に取り，蓋の辺りに鼻を近づけ，クンクンとにおいをかいだ。そして，「そんなに臭くない」「前使ってた粘土はすっごい臭かった」と言った。リンはカリカリと爪でテープをはがして紙箱を外し，四つの容器をばらばらにするが，容器の蓋は開けなかった。そして，出した容器を高く積み上げ，その上に外箱を乗せ，細長い筒状のペン入れをさらに乗せて，不安定な状態を作り出した。積まれた物たちは，すぐにゆらゆらとバランスを崩して倒れ，机の上や床に転がった。リンは「あっ」と落ちた粘土の入れ物を即座に拾い上げすぐにまた積んだ。

粘土が落ちた瞬間，今日の面接の中で，もっともリンの気持ちが動いたように私には感じられたが，再び容器を積み上げるときには，また無表情に戻っていた。積み上げられた容器がまた崩れ落ちるときには，再び生き生きとしているように見えた。私は「落ちた〜！」と調子を合わせて言ってみたが，その声にリンが反応することはなく，私はいないもののようであり，声を上げてリンと調子を合わせようとしたことは的外れのように思われた。

　リンは私の質問に応じて，入院生活は楽しいけど，やはり入院は嫌だと言った。理由を問うと，「お母さんがいない，DS ができない，学校終わってから外出れない，地元の友達と遊べない……」と初診のときと同じように，流れるように説明した。リンは家の事を思い出したのか，突然，「DS とか Wiiとかしたい！！」とはっきりとした声で言った。私が，「ここで DS とかWii をしたいってこと？」と言うと，リンは「うん」と答えた。そして私が「こだったらおうちみたいにあそべるかなーって」と言うと「そう，ねえ，ゲームないの？」とリンはゲームにこだわった。「残念ながら，ここにはゲーム機，ないんだよね……」と私が大げさに肩を落として伝えると，リンはニヤッと笑い「家だったらできるのに。家ならゲームもあるし，猫もいるのに！」と言った。私は，少しだけリンと接触することができた感覚を持ちながらも，リンが初診時に描いた，平面的で動きのない動的家族画を思い出した。そして，「猫を飼ってるんだね。そういえば，亀もいたんじゃなかったっけ。ここには家にだったらあるものが何もないね」と言うと「ああ，それ（亀），死んじゃった。最初２匹いて共食いで１匹食べられちゃって，もう１匹は水がなくなって死んだ」「金魚もウーパールーパーもいる。１匹ずつだけどね」「でも金魚もねぇ，何か菌が入って，気がついたら骨だけになってた」とリンは淡々と説明した。私が「どう思ってる？」と聞いてみると，リンは「別に。こんなふうになるんだって思っただけ」と取るに足らないことであるかのように答えた。リンは色鉛筆を手に取り，画用紙に添付された塗り絵，どの色が正しいのかを確認しながら，手本どおりに塗った。塗りながら，「ねえ，ここで，みんなは何してるの」と私に尋ねた。「リンさんは今，ここで何をしていいのかやっぱりわからなくて，他の子を参考にしたいんだね」と言うと「うん」と言う。「ねえ，他の子はどうしてるの」と再び尋ねる。「たぶん，その子のしたいことをしているよ」と伝えると，リンは失望しているようだっ

たが，それ以上は聞かなかった。それからまた，容器を積み上げて，倒した。終了時間が近づいてきたので，入室時に何に驚いていたのかを私が確認すると，リンは「それ」と箱庭の人形が並べてある棚を指さした。でも，箱庭は「たぶん使わない」と言った。そしてリンは手持無沙汰になり，折り紙の教本を手に取り，「折り紙やる」と言った。金色を１枚取り出して黙々と鶴を折り始めた。私が終了を伝えるも，リンは「ねえ，これ，どうやって折るの」と構わず私に尋ねた。「うーん，続きを折りたいよね。でも，もう，時間がないから，来週にしよう」と言うと，リンは「絶対50分までなの？」「１時間でもいいのに」「毎週あるの」などと尋ねた。私が「さっきは何をしていいか困ったけど，今は時間が足りないし，もっとここにいたいと思うんだね」と伝えると，リンは返答をしないが，片づけを手伝い始めた。そして，リン専用と説明した粘土や画用紙などを，それ以外のものときっちりと分けて置いた。部屋を出て，看護師の迎えを待つ間，リンは他の部屋にいる他児の存在を気にしていた。面接室外では，そわそわと落ち着かず，待合に着席できずに，あちこち見て回り，少しでも病棟に近い場所で看護師を待った。そして，帰り際には「ばいばい」とかわいらしく手を振った。

【第２回以降】
　１週間後に私と顔を合わせた瞬間，リンは前回とまったく同じように私を一瞥したが，面接室に入れば，机が砂によってざらついていることや箱庭の人形が移動していることを指摘し，初回面接のことを覚えてはいるようだった。リンはほぼ毎回，教本を見ながら折り紙を折った。よく私に折り方を尋ねたが，たいてい待ちきれずに自分でやってしまうか，折り上がりの見通しが立たないと作ることを止めてしまい，一緒に考える，相談しながら何かをすることは難しかった。
　５回目の面接の日，「昨日ここに入った気がする」と隣の部屋を見た。確かに前日，リンは別件で私とは別の担当者とその部屋で会う機会があった。面接室に入室した後，リンは前回途中まで折りかけた兜を取りだし，「これ，何作ろうとしてたんだっけ」と私に尋ねた。リンは兜を仕上げた後，４羽の鶴がしっぽで繋がる連結鶴に挑戦した。しかし，途中で１羽だけちぎれてしまった。しかしリンは，ひたすら残りの鶴を折り続け，私が「リンさんも

その鶴みたいに，ひとりだけ家族から離れてここにいる。でも，リンさんは，そのことをなかったことにして，残りの鶴を折り続けているみたい」と伝えると反応はないが，時計を見て残り時間を確認した。それから新たな金色の折り紙を連結鶴用に4分割するも，折らずに箱にしまった。そして，この日は作ったものを大事そうに箱に入れた。しかし翌回，準備した金色の紙には触らず，ラッキースターを作った後，パンダの頭と胴を作って念入りにくっつけた。「しっかりとくっつけておかないと心配。鶴を作らないのはまた1羽だけ離れてしまうのが心配」と私が伝えると，リンは4分割した紙を手に取るが，やはり折ろうとはしなかった。この頃私は，この面接が，「部屋」と「すること」に連続性があるのみで，リンと私との関係は回避されて深まらないと感じ，また，5回目の様子から，「すること」の連続性さえも，構造の変化によって失われてしまうことから，複数回の面接設定が必要だと考えるようになっていた。そしてこの日，リンに週3回の面接を提案した。「やだ。なんでもっと来なくちゃいけないの」とリンは即座に拒否した。私は，入院しても同じことを繰り返していること，それはもちろんリンだけの問題ではなく，家族と一緒に考える必要があること，ただ，この面接がリンに役立つために，週1回では足りないと考えていることを説明した。リンは，私の話を聞いてはいるようだったが，応答することはなく，その代わりに平面の家のような物を作った。私が「それはおうちかな」と聞いてみると首をかしげるが，今度ははっきりと家に見える形を作った。帰りには落ち着いた様子で，箱庭の棚を，初回時とは違い興味深そうに眺めた。その翌回，リンは面接を忘れた。そして次の回，来談しても挨拶もせず，なにかと反抗的だった。この日のリンは，いら立ちながら強引に連結鶴を折ろうとし，それがバラバラになるとセロテープでなんとかくっつけようとした。また，終了時に，自分で面接室のドアを開けて外に出ようとしたので，制止して私がドアを開けようとすると，怒ったように私の横をすり抜けて廊下の境目まで離れ，戻ってきて，私が常駐しているスタッフルームの中に一歩足を踏み入れたが，私が出るように言うとすっと下がった。その次の回では，リンは入室時に不安そうで別の部屋を覗いたが，入室はした。入室後はいら立った様子で，棚に置かれていた人形の破損を指摘したり，蛇を気味悪がったりした。その一方で，リンの箱を開けて，以前，のりでくっつけた別の連結鶴を取りだし，「くっ

ついてる！」と喜んだ。しかし，尻尾を糊で接着しただけの鶴は，簡単にば
らばらになってしまった。リンは，無言で投げるように箱に戻した。しかし
その後リンはパステルカラーのしっかりしたボックスを一つ作り，大事そう
に箱にしまった。この日の終了時，私がリンの箱の蓋を閉じ，上に文具など
を乗せようとすると，「ダメ！　箱（ボックス）が潰れる！」と焦って私を
制止した。その後，リンに都合の良い日程を繰り返し相談することで，週3
回の設定を開始することにはなんとか同意してくれた。しかしこれも，「納
得はしていない」同意であったのだろう。

4. 考察

　アセスメント面接の初回でリンが語った動物たちの話は，分離した他者と
して一緒にいれば互いの主体性を飲み込んでしまい，ひとりになれば干から
びてしまうというリンの対象関係そのものだったのではないだろうか。そし
てリンは，私との間でも情緒的接触を避けて，一定の距離を保つことで自分
を守っていたように思う。だとすれば，週3回の設定を提示されることは侵
襲的だったかもしれない。後付けではあるが，リンの退院後も，父は忙しい
仕事の合間をぬって週1回の通院を続けてくれた。今になって，もっと別の
やり方ができたかもしれない，という考えが浮かばないわけではない。

　しかし，家族が数回のアセスメント面接を通じて，少しずつ心理療法に理
解を示し，当時の主治医や担当看護師，教師，保健師などの治療チームとも
率直な意見交換ができる関係性があったため，説明さえ怠らなければ協力関
係を維持できると思われた。また，もし面接が中断したとしてもこれまで通
り，入院治療がリンを抱えてくれるであろうという安心感もあった。そして
何より，複数回の面接を提示してから，表面的だったリンとの関係に，情緒
的な動きが感じられるようになったことや，折り紙や空間のある箱を作った
ことは思いもよらないことであり，私はここに，インテンシブなかかわりに
よって何かが変わるのではないか，リンとなんらかのつながりを持ち，一緒
に考えることができるのではないかという希望を見出した。これらのことか
ら，私はリンとの週3回の心理面接と，隔週の家族面接を始めることにした。

つながるためのアセスメント

【生地　新】

1. 仮名について

この事例の仮名はリンである。この事例を読みながら，リンという言葉から，私はいくつかの連想をした。まず，パンダのリンリンを思いだし，それからベルの音を表すリンリンという擬音語も浮かんできて，そして「凛々しい」「凛」という言葉と文字も思い出した。「凛（もしくは凜）」は，寒くて引き締まっている様子を意味する漢字である。氷を表す偏である「ニスイ」と米倉の中の米を表すと同時にリンという音を指し示す「稟」（りん）という旁が組み合わさっている。事例のリンは，凛々しいというよりは，寒さに凍えているが変化を恐れて固まっているのだろうと思う。

2. 診断について

子どもの心の問題を扱うはずの児童精神科などの医療現場の多くは，広く心の問題を扱うというよりは，知能や対人関係スキルが主に生まれつきの要因で障害されていると考えられる「発達障害（神経発達症）」を診療する場になってしまっている。だから，人とのつながりが作れず，癇癪を起こしやすい子どもは，情緒的発達や養育環境の問題などは十分に検討されずに，「広汎性発達障害」や「自閉スペクトラム症」などと診断されることが多い。そして，情緒が不安定だったり，暴力を振るったりする子どもには，薬物療法が提案されることも多い。リンの場合もそうだった。しかし，これらの対応は，あまり母親やリンにとって助けにはならなかったようである。ただし，リンについての心理検査の結果や発達歴，そして主治医の見立てがこの報告では提示されていないので分からないのだが，リンの場合に，初診の段階では「自閉スペクトラム症」の特徴を少し持っている可能性は除外できなかっただろう。しかし，医療機関であっても，自閉スペクトラム症ではない可能

性や自閉スペクトラム症以外の問題も念頭におくことが大切である。言い換えると，自閉スペクトラム症という診断だけで，リンの治療ができるかという問題意識を持つことが大切である。

3. アセスメント面接の前のアセスメント

　河邉氏は，知能テストの結果であるとか，以前の医療機関の診断名などは脇において，初診の面接に参加した。個別の面接の中で，どうしたいのかと問われてリンは「家に帰りたい」と答える。情緒を伴わない語りや動的家族画で人物や動物が等間隔に平面的に並べられていることから「動きのない平面的な世界」という強い印象をセラピストは受けている。ここでは，リンのもっとも病理的な部分が開示されている。

　四度目の入院後，アセスメント面接開始前の病棟での行動観察の中では，日課はこなしていて，年齢・性別を問わず，他の入院している子どもと遊び，その子たちから好かれているように見えるということから，リンが狭義の自閉スペクトラム症である可能性は低いことが示されていると思う。少なくともリンは周りの子どもに合わせて行動する力は持っているといえる。しかし，女性看護師は避けて，男性看護師を希望することから，女性に近づくことへの不安や抵抗感が予想されるだろう。さらにじゃれあって走る男児2人の横をジャンプしながら伴走するリンの心は空っぽのように感じ，心理療法の難しさをセラピストは予想する。こうしてアセスメント面接開始前に既にさまざまの情報と観察所見は積み重なっていたが，この子が心理療法を活用できるか，家族が心理療法を継続できるかについてのアセスメントはまだ不十分である。

4. アセスメント面接について

　そこで，セラピストはアセスメント面接を10回行っている。週1回の設定で5回，週3回の設定で5回面接をしたということである。そして，セラピストがなんとかリンを理解し，つながりを持とうとして面接を続けるなかで，体験的に感じ取ったものに基づいて，リンとその家族が心理療法を続けることができるか，そして心理療法からよい変化がもたらされるかについてのアセスメントが行われている。

さて，アセスメント面接において，第1回の面接は非常に重要である。第1回の面接は，その子の心についての理解の手がかりをつかむ大切な機会であり，同時につながりを作る第一歩となる大事な機会でもあるからである。

　この第1回は，まるでセラピスト（河邉氏）が異物であるように一瞥することから始まる。そして面接室に入ると「なんじゃこの部屋は―」とリンは叫ぶのである。リンは自由に何でも表現してよい設定に戸惑いや抵抗感を示しながら，入院に関する質疑応答の後には，小麦粘土の四つの容器などを積み重ねては崩す遊びを繰り返す。さらに家にあるようなゲームをしたいと言うのだが，猫もいると話す。そして，家で飼っていた亀や金魚が死んでしまった話をする。しかし，その後，他の子どもがここで何をしているのかを知りたがる。また，入室時の驚きは，箱庭の人形などが並んでいる棚に対するものだったと答える。金色の紙で鶴を折り，少し時間を超過してから片付けをして終わる。帰り際には「ばいばい」ができている。

　この面接記録から何が分かるだろうか。筆者が仮説的に理解したことを以下に記述してみる。

5. 筆者の理解したこと

　リンは人とつながりたいという願いを持ちながらも人に近づき交流することを恐れている。だから，セラピストに対しても冷たい眼差しを向けて，容易には打ち解けない。いわゆる「ツンデレ」の「ツン」の状態である。しかし，箱庭の人形などの刺激的なアイテム群はリンに衝撃を与え，思わず叫んでしまう。しかし，叫んで自分の内面の驚きを表現した後，リンは，不安になり，ここが何をする場なのか，どう行動すれば正解なのかを知りたいと思うのだが，答えはない。まねをする対象や与えられた課題がないと不安でしかたがない（この部分は，自閉的付着同一化のような心のあり方が示されていると思われる。かつての担当医は，リンのこの部分を重視してパニックになりやすさと併せて，自閉症スペクトラム障害と診断したのかもしれない）。

　幸い，セラピストがリンの困惑や戸惑いを理解し，言葉で解釈していて，そのなかで，少しリンの不安が解けて，徐々に自分を表現し始める。まず，粘土の容器などを積み重ねた塔を何度も崩すのは，リンは家族の不安定さと崩壊の危機を演じることで，自分の恐れを否認して躁状態になっているよう

にも見える。質疑応答のなかでは，猫の存在と飼っていて死んでしまった生き物の話が出てくる。ウーパールーパーについてはそれ以上の言及はないのだが，それは生まれる前の赤ん坊としてのリンを意味しているかもしれないと筆者は思う。しかし，猫は生き延びたようである。最後の金色の鶴はリンの「本当の自分」「生きたい自分」を意味しているように筆者は考える。短時間だけ終わりを伸ばし，そして「ばいばい」をするのは，この面接の終わりを認めたくない気持ちと次の面接へとつながろうとするリンの意志を表していると筆者は考える。つまり，ウィニコット（Winnicott, D. W.）の言う true self の部分，「ツンデレ」のデレの部分が，第1回から顔をのぞかせているように思うのである。

　第2回以降のアセスメント面接については，筆者は以下のように考えた。第2回から第4回は，詳しい記述がないが，第1回で受けた衝撃や変化はリンを不安にさせて，面接室の少しの変化は危険なものとして体験されているし，折り紙は自己表現というよりは，安心だが動きにくい枠になっているように筆者には感じられる。そこではセラピストの関わりは避けられてしまっているのだろう。

　第5回は，4羽のつながった連結鶴づくりにリンは挑戦する。第1回の四つの容器と同じ4という数字は，家族のメンバーの数（リン，母，猫，父）を表しているかもしれないし，この入院が4回目であることも関係しているかもしれない。しかし，それがつながらないのは，リンが人（セラピスト）とつながれないということでもあり，面接がつながっていかないということでもあるだろう。この回に週3回の面接を提案したのは，セラピストの焦りもあったかもしれないと思うが，変化とつながりを恐れながらも，つながろうとしているリンの対象希求にセラピストが応えた動きともいえるだろう。つながりを壊すのは猫や他の子どもへのリンの嫉妬心や羨望であり，つながらないことはこの子の学習困難の一因でもあるかもしれない。

6. おわりに

　リンにとって，四度目の入院と河邉氏との出会いは，起死回生の機会であり，リンと家族は生き延びて心理療法から利益を得ることができると筆者も思う。欲をいえば，医師や他職種との理解の共有をどのように行ったのかと，

ケースのまとめた見立てを記述していただければ，もっと良かったかもしれない。しかし，興味深く，治療的な意味も持つアセスメント面接を報告してくださった河邉氏に感謝したい。

異なる水準の「噛合わなさ」を
見定めていくこと

【吉沢伸一】

1. 素因と環境の相互作用

　リンには記述的な医学診断がなされているが，セラピーのアセスメントにおいては一度それを棚上げし，その内実を検討することになる。成育歴から確かにリンの育て難さは顕著であるが，母自身の脆弱性，夫のサポートの有無を考慮すると，乳幼児期から母子関係における顕著な**噛合わなさ**が存在していたことは想像に難くない。リンが母に暴力的になると，母はリンを戸外に出すことが日常となっていた。器質的問題の程度は不明瞭だが，幼少期より母子関係において「攻撃する-迫害される」という関係性が立場を変えて繰り返され，それがリンの対象関係に影響を与えたことはうかがえる。アセスメントでは，リンの心的状態と，母子関係の**噛合わなさ**の性質やその背景にある家族機能を考えていくことになるのだろう。

2. アセスメント過程における情動接触の理解

　セラピストは，初診時の「平面的な世界」の描画や，病棟での様子から感じた「心は空っぽ」であることから，アセスメント以前から心理療法導入の困難さを感じていた。また，アセスメント過程ではさまざまな局面でセラピストは**噛合わなさ**を経験するのだが，それをどのように見定めていくのかが鍵となる。

　初回の冒頭でセラピストは「言葉の意味がどの程度共有されているのか」まったく手ごたえがなかったが，「重ねては崩れる」ことを繰り返すリンは生き生きしていた。しかし，セラピストは調子を合わせて応答できず，「的外れ」と表現される**噛合わなさ**が浮き彫りになる。

　ゲームを巡る話題では，リンが望むことを提供できないと肩を落としたセラピストに対し，彼女はニヤッと笑い「面接室ではなくて家がいい」と述べ，

セラピストはここではじめて接触感を得る。ここから筆者は，情緒的応答性が困難な母との関係では噛合うことは望めずに，むしろ**噛合わなさ**が顕著になったときに接触できる手ごたえをリンが持てたのではないかと推察する。

　また，リンが表現した「重ねては崩れる」「崩れては重ねる」という動きは，どのように理解できるだろうか。自分の世界に没頭し他者を寄せつけない側面もあるかもしれないし，あたかも足場のない（基盤のない）崩れやすい脆弱な自己の側面かもしれない，崩れてしまうことを繰り返す母子関係の中で積み重ならない他者への信頼のあらわれかもしれない，あるいはそれまでのセラピストとの言語的な交流に対する反応であり，さらには崩れても関係の修復を実は求めているリンのニードかもしれない。はたまた，このような意味づけは適切ではなく，単に感覚的な反応なのかもしれない。セラピストはこれらの問いにすぐ答えを見出さずに保留し，その後のアセスメント・プロセスを踏まえて検討していくことになる。ただ，「まとまらなさ」や「不均衡さ」が重要なテーマであると理解はできるだろう。

　セラピストが僅かな接触を感じた次の展開で，リンは次々にペットが死ぬことを述べる。ふたりのなかで生まれつつあった生命感のある世界が消滅するような印象を筆者は受ける。その後，見本や他の子を参考にする模倣の方向性に向かい，リンの主体性は引っ込むかのように感じられる。一方で，セッションが終了する局面では，リンが面接室でのセラピストとの作業に関心を持ち始めているのもうかがえる。

　2回目以降も教本を見て折り紙を続けたが，どうなるか分からないふたりの関係性の世界の展開に，教本つまり見取り図や道標が必要なくらいリンは不安に感じていたのではないだろうか。リンは箱庭の人形の位置の変化に気づくように，関係性の変化も繊細に観察しているだろう。初回での諸々の表現と母子関係を考慮すれば，いつ関係が崩れてしまうのか，いつ関係を自らで崩してしまうのか分からない不安や恐怖が常にあり，新たな関係性を築くことや情動接触が起こること自体が危険だと，リンには経験されているように思われる。まさに「生命感のある世界が消滅する」経験であり，自己の安全感が急激に損なわれる「呑み込まれ不安」や「消滅不安」に関連している。

　その後リンはセッションをまたぎ兜を作成し，連結鶴に必死で挑戦し，つなげること（連続性）の動きが見てとれる。セラピストはこれを家族からの

分離の否認として取り上げているが，私は別の視点もあるように思う。兜と連結鶴には，自己がバラバラにならないための自己保護の側面があり，他者とのつながりは非常に危険と感じつつも，つながりを求めている彼女，また求めてもつながれない彼女の一側面が浮き彫りになっているように思われる。尻尾で連結する鶴は他の鶴とは正面から向き合うことがないことや，連結させることが難しい連結鶴に挑戦していること自体に，リンがセラピストと新たな関係性を築くという難しい課題に直面していることを物語っているようにも見える。ただ，ここに一定の意味，つまり象徴性を見出すことが適切か否かも検討する重要なポイントである。

　さらにその後の交流では，金色の折り紙で再度連結鶴を作ろうとするが躊^{ちゅう}躇^{ちょ}する。そして，セラピストはリンとの関係の深まらなさと，つながらなさを痛感し，週3回の面接が必要だと判断するに至る。リンには高頻度のセラピーが必要であるだろうし，可能ならばそのほうが私もよいとは思う。しかし，この局面にはセラピストに強烈な逆転移の影響があることも検討に値するだろう。つまり，「つながりをなんとしても持ちたい」という強い欲求を持ちつつも，「つながりをどうしても持てない」という強い無力感である。単にセラピストの個人的逆転移として処理することのできない，「攻撃する−迫害される」関係性の世界に埋没していたリンの脆弱で瀕死の状態の乳児的自己の「現実的投影同一化」（飛谷，2021; Bion, 1962）の動きがあると理解できるかもしれない。つまり，他者との現実的な接触を経て，初めて自分の情動体験への気づきを得ることである。一方でそれは，セラピストも考察しているように侵入的な側面も併せ持ち，母子関係で展開していた噛合わなさが生起している側面もあるだろう。しかし，このセラピストの動きには，なんとかリンと向き合おうとする気概を感じる。

　その後にリンが作成した形態の曖昧な家は，セラピストとの交流で，はっきりとした輪郭を持つようになるが，これは関心を向けられることで情緒性が活性化しはじめた結果と理解できる。しかし，セッションを忘れたり，反抗的であったりと，対象と確かに関わる手ごたえはやはり危険で身動きがとれなくなるような経験のようだ。それはあたかもバラバラになってもセロテープで連結させられる，あるいは強引に折られた連結鶴のような経験なのかもしれない。週3回の導入は強烈なインパクトをリンに与えつつも，この

強力な枠組みが彼女の本質的な問題を面接空間で許容することを可能にした。さらなる反応として，セロテープでは連結されないような，コントロールし難い動きや怒りが面接室で表現された。また，「人形の破損」や「蛇を不気味がったり」する表現から理解できるように，面接室は彼女の傷ついた自己部分や「攻撃する−迫害される」という対象関係の投影の容れ物となる可能性が生起しはじめた。バラバラになった連結鶴を入れるボックスをリンが作り，セラピストが用意した箱にしまうと，壊れやすさをリンは強調する。まさに面接室の中で，これまでリンが「二次元性の防衛」（Meltzer et al., 1975）で保護していた脆弱な自己部分を，なんとかセラピストと共に保持しようとする芽生えが展開している。

3. 見立てと対応

　リンが初診で描いた情緒的な平板さが醸し出された描画は，入院という状況依存的な要素もあるが，対象と関わることはサドマゾ的な母子関係のような悲惨な状況を招きかねないために，あるいは，そのようなやり方でしか対象との接触を感じえないという悪循環に陥らざるをえないために，二次元的な防衛により心の平衡を保とうした結果ではないだろうか。セラピストが関われなさを抱いたのもこのためであろう。これが**噛合わなさ**の一要因である。

　また，サドマゾ的な母子関係は，おそらく元来母親が保持していた内的世界が，リンの誕生により大きく賦活され，リンに投影されたことに由来する可能性がある。セラピーが開始されれば，まさにこの別次元の異なる**噛合わなさ**の世界が展開するかもしれない。そして時折，二次元的な防衛という別の**噛合わなさ**が顕著にもなるだろう。この異なる水準の噛み合わなさのバランスを見定めていく必要がある。

　リンには対象への希求性とその恐れを特徴とする境界例的な要素もあるが，根底には自己の脆弱さがあり，二次元性の防衛も使用した発達障害的な要素もある。いわゆる「混合型」（平井・西村，2018）と捉えて理解しておくことが無難なように思われる。異なる水準の噛み合わなさは，まさに初回でリンが示した「重ねては崩れる」不平衡さとも呼応してくる。体験を言葉で捉え共通の意味世界を見ていける部分もあるかもしれないが，まずは感覚的情動的経験を非言語レベルで共有していくような関わりも重要となってく

るのであろう。脆弱な自己感の保護と育みが目指されるが，攻撃や支配でつながる倒錯的側面とは異なる健全なつながりを経験していく必要がある。その過程は二重の**嚙合わなさ**を持ちこたえ，わずかに嚙合う経験を断続的ながら持続し連接させていく地道な作業となるだろう。一方で両親とは，リンの顕在的問題の背後にある心的状態の理解を積み上げていくことも重要となってくるが，両親間で展開している嚙合わなさにも目を向けていく必要があるだろう。いずれくる退院を見据えるならば，可能な限り安定し，一貫性のある環境を調整できる方向性で他機関との連携も必要になってくるかもしれない。

［文献］

Bion, W. R. (1962). A theory of thinking. In *Melanie Klein today. vol.1*. Routledge. 白峰克彦（訳）(1993). 思索についての理論. 松木邦裕（監訳）. メラニー・クライントゥデイ2（思索と人格病理）. 岩崎学術出版社.

平井正三・西村理晃（編）(2018). 児童養護施設の子どもへの精神分析的心理療法. 誠信書房.

Meltzer, D., Bremner, J., Hoxter, S., Weddell, D., & Wittenberg, I. (1975). *Explorations in autism*: *A psycho-analytical study*. Clunie Press. 平井正三（監訳）(2014). 自閉症世界の探求——精神分析的研究より. 金剛出版.

飛谷渉 (2021). 新しい思春期モデル——ポスト・クライン派によるデジタル・ネイティブ時代の臨床思考. 木部則雄・平井正三（監修）. 子どもの精神分析的セラピストになること——実践と訓練をめぐる情動経験の物語. 金剛出版.

スクールカウンセリングにおけるアセスメント

【鈴木　誠】

第1節　はじめに

　精神分析の理論や実践は，学校教育に馴染みやすい。なぜなら学校は，知ることと学ぶこと，そして人間関係を通して人格の成長を促す場であり，精神分析とはまさにその理論と実践だからだ。学校は集団教育の場であり，個人の成長はグループの中で促進されると期待されている。つまり家族というグループが赤ちゃんを育てていくように，学校もグループの特質を活かして子どもを育てる所なのである。それは反面，家族病理が子どものこころの問題となって表面化したり，子どもの心理療法の途中で家族がそのプロセスを阻むことがあるように，学校のグループの病理が，子どものこころの問題となったり，子どもへの支援やその成長を阻害しうることも意味している。またこのグループの病理が，教師個人や校内のチーム機能を歪めたり，スクールカウンセラーの機能不全をもたらすこともある。

　そのため子どもの心理療法で，親や家族の機能をアセスメントして親や家族支援を並行させるように，学校教育でも，学校のグループをアセスメントして，そのグループへの支援を並行させることが不可欠となる。そこで本章では，学校の集団心性や集団力動を探索し理解するアプローチに役立つ，精神分析の着想を整理していきたいと思う。スクールカウンセラーの役割定義の曖昧さや身分の不安定さに由来する不安などと相まって，スクールカウンセラーをも圧倒している集団力動を理解することは，学校において精神分析が貢献できる範囲と質を向上させる一助となると思われる。

第2節　個人とグループ

　赤ちゃんが家族の中で育つように，個人は，通常，アイデンティティを与えてくれるグループに所属していて，そのグループ内の人間関係や他のグループとの関係性を生きている。こうした所属意識や関係性を通して，個人の内的世界は形成される。またグループにもその内的世界（空想）があり，成長←→退行という力動を繰り返し，時に恒常性のあるグループ文化／病理を構築している。そして個人は，この集団力動やその文化／病理を「現実」として生きて，個人の内的世界を成長←→退行させているのである。

　心理療法では，面接室で展開される個人の内的世界に焦点が当てられるが，スクールカウンセリングの場合，個人とグループの関係性やグループ心性という観点がより重要性を持つ。学校の子どもは，家族というグループを離れて「心の中の家族」と一緒に登校し，複雑に構成されている学校のグループ生活をしているからである。つまり学校は，子どもの投影した家族の「空想」が外在化され「現実」として体験される場にもなりうる。また校内の面接室で表現される子どもの内的世界（空想）は，壁ひとつ挟んだ学校／家庭生活の「現実」と密接に交流している。つまり子どもの成長は，学校における個人とグループ，そして空想と現実が交差する相互交流のなかにあるのだ。そこでまず子どもが最初に所属する「家族」というグループを見ていこう。

1. 子どもが育つグループとしての家族

　今日ではさまざまな家族形態があるが，精神分析の「父−母−赤ちゃんという三角形」の観点は，グループとしての家族機能を理解するときに役立つ。他のグループと同様に家族も流動的で，成長と安定と退行を揺れ動く存在である。家族の中では，愛と憎しみ，希望と絶望，抑うつ的不安と迫害的不安，羨望や競争心，混乱などのさまざまな情緒が表現され，考えることが行われる。こうした情緒が家族メンバーの存在や行為，コミュニケーションによってコンテインされると，真実を知ることが促進されるが，コンテインに失敗するとその情緒が放置されるか，嘘に基づいた言動が公然ともしくは密かに実行される。こうした家族での体験が子どもの内的世界を形成して，その後

の集団体験へと受け継がれる。ただ，子どもは単に受動的な存在ではなく，能動的にも家族に関与している。

　メルツアーとハリス（Meltzer & Harris, 2013）による家族の定式化は，流動的なグループの瞬間の描写と一般的な傾向の示唆として，家族をアセスメントする際に有益である。

1）家族のタイプ
①カップル家族
　両親の結びつきが，家族をグループとして統括し，愛情を生み出し，希望を促進し，抑うつ的苦痛をコンテインし，考える機能がメンバーによって取り入れられている。両親は，子どもの成長や教育に関心があり協力できる。子どもは両親に依存でき，母親的人物を投影の的にし，父親的人物は心的老廃物を処理するものとみなす。家族はコミュニティとも相互交流もするが，そこから離れて家族で独立した活動もできる。取り入れや協働の機能が優れているグループである。しかし家族のメンバーから両親に過度に破局的不安が投影されて，衰弱して機能不全に陥ることもあり，子どもの死や精神病や発達障害の発覚によって，この家族機能を維持できなくなる。
②「人形の家」家族
　この家族は，性衝動や攻撃性が抑圧される潜伏期に永遠にいるかのようで，従順な「良い子」として平凡な生活をしている。「道徳」によって家族の快適さやまとまり，コミュニティ内でも「良く」まとまっていることを強調する。警察や医師，教師などの権威や制度は尊重し，自らの劣等感を表面上は受け入れているが，心底では自らの道徳性に優越感があり，真実と偽りの違いを許容できず，取り入れることもできない。子どもが親よりも教育的社会的スキルを超えたときに，このグループはバランスを崩しやすい。
③母権的家族
　父親が不在か不適切な家族である。すべての取り入れ機能は，母親が引き受けているが，実際にはできない。そのため取り入れ機能をグループの外部に布置することが多く，母親にはグループ外の父親的機能などを引き出す魅力がある。この場合，カップル家族に変化することもある。しかし罪悪感による規律の雰囲気が漂い，「ご近所からどう思われるだろうか?」という迫害

不安もある。非行や精神病や障害のあるものは，このグループではコンテインされない。母親的存在が，敵意のある反-男性的雰囲気を持つと，ギャング集団家族に変化する危険もある。

④父権的家族

　母親の不在，あるいは心身の病の影響で母親機能が低下していて，父権が優勢になっている。父親が人格的に成熟していて，抑うつ的苦痛をコンテインすること，考えることや取り入れの機能が働いている場合もあるが，しばしば祖父母や年長の姉が母親機能を補完している。

　しかし父親が攻撃的，封建的，権威的すぎると，厳格な規律で家族を支配し，虐待の土壌となりえ，ギャング集団家族へと変化する。父親の突然の病や失業などで家族崩壊や離散の危機が高まり，母権的家族よりも家族の再統合が難しい。

⑤ギャング集団家族

　自己愛的で反社会的な家族で，両親自身も不適切で劣悪な養育から早く独立して反社会的な性質に同一化している。取り入れ機能は働かず，見せかけの真似事が主流で，本来の機能は名目上の役割が取って代わる。行動規範は，子どもへの思いやり，子どもの気持ちの理解や感受性を基盤としていない。愛の感覚は誘惑や享楽に，希望は躁的興奮や陽気さに置き換えられて，抑うつ的感情は否認されている。家族はメンバーに忠誠を求め，メンバーも家族にしがみついている。尊大で，自分のライフスタイルへの肯定や承認を求め，自分が公平と考える社会資源の分配に固執し，それを獲得せんと饒舌かつ攻撃的にコミュニティとの関係を持とうとする。

⑥逆さま家族

　両親の片方か両方が精神病的か倒錯的な傾向があり，家計は火の車で容易に犯罪行為へと向かう規範不在のグループである。取り入れ機能は働かず，考えることも計画することも機能しない。それゆえ行動は制限されず，心的苦痛は家族内の序列に従って次々と回される。家族内の名目上の役割はなく，分裂と投影が優勢のパラノイドの状態を生きている。このグループの行動は気まぐれで，コミュニティの価値観と敵対する。この家族は貧困層だけでなく，あらゆる社会階層に存在する。

　こうした家族のタイプは流動的で，さまざまな問題（離婚，死別，親の心

身の疾患，経済破綻など）で，情緒や苦痛をコンテインし，考えて取り入れる機能の水準は容易に変動する。つまり取り入れ機能の高いカップル家族でさえ，他の家族タイプへも後退しえ，また回復する可能性もあるのだ。子どもは，こうした「心の中の家族」を学校に持ち込んで，学校のグループ生活をしているのである。次に学校の中のグループを見ていこう。

2. 学校におけるグループ

　学校は，複雑に入り組んだ複数のグループの組織体と見なせる。そのグループは「公式に制度化されたグループ」と「非公式な任意のグループ」に大別でき，教師グループと子どもグループ，教師と子どもで構成されるグループがある。

1）制度化されたグループ

　このグループの特徴は，一定期間は固定したメンバー構成で，それぞれ公式の役割定義と責任，文化や雰囲気を共有していることである。教師のグループには，職員室の教職員集団，各学年の教師集団，管理職，生徒指導や教育相談などの校務分掌などがある。子どものグループには，学年や学級や班，クラブ活動などがあり，担当教師もメンバーとなる。

　学校教育が機能するために重要なグループだが，しばしば機能不全に陥る。職員室で，教師グループ間で対立が生じて非協力的になったり，疲弊して孤立した教師がいても見て見ぬ振りをすることも起きる。また校内分掌でも率直に話し合えず，サボタージュやその本来の役割からは程遠い，形骸化した表面的な仕事に没頭したり，必要な専門機関との連携や協働をしなくなるのだ。そして子どもの表面的な行動のみに視野が狭窄し，支援が必要な子どもに気づけなくなる。個人もグループも考える機能が低下して，頻発する子どもの問題行動やトラブルへの場当たり的な対応に忙殺されてしまう。リーダーシップやマネジメントは機能不全を起こし，最悪の場合には，学校秩序が崩壊した「荒れた学校」になる。いわゆる「学級崩壊」もこの一例である。この組織病理は容易にスクールカウンセラーを巻き込み，実績にはなるが実効性のないケースワークに奔走させられる。

2）任意のグループ

　任意のグループは，趣味や嗜好性，世代や性別，生活環境や性格傾向など，共通する特徴で集まったメンバーで形成されている。教師の場合には，出身や教育観などで形成されるプライベートな関係性もあり，一定の恒常性が認められる。

　一方，子どもの任意グループはいわゆる「仲間」であり，共通する特徴に加えてメンバーの精神発達の状態などで形成される。特定の「なすべき仕事」はなく，強いていえば「仲良くすること」だけなので，同質グループだが不安定になりがちである。しばしばメンバーが入れ替わるのだ。これはこの任意グループが，子どものアイデンティティ形成に一役買っているからである。子どもは，グループの特性やグループ内での役割に同一化しつつ，自らの相性や指向性を吟味して自分に取り入れていくのである。アイデンティティ形成は試行錯誤なので，合わなければ別のグループへと移るので，メンバー構成やサイズは変化しやすい。またグループ内の葛藤や嫉妬などの感情も，グループを不安定にする。そのためグループの凝集性を保つために，同質性や排他性を強化したり，内部の悪い部分や情緒を分裂・排除して，それを内部の弱者や異端者に投影してスケープ・ゴートにしたりする。あるいは外部のグループに投影して他のグループとの対立や競合へと向かう。時には，グループから抜けた元メンバーに激しい攻撃性が向けられる。元メンバーが別のグループに入ったときには，これはグループ同士の対立となるが，不幸にも孤立していると，グループによる個人攻撃となり，いわゆる「いじめ」となる。

　潜伏期心性の子どもは，この任意グループと同時にまだ家族にも帰属意識があるが，思春期青年期心性では子どもの帰属意識は，家族からほとんど離れていて任意グループに移行している。第二の個体分離化の過程にあるからである。またかなり急激な心身の変化への防衛として，任意グループでは攻撃性や排他性が強まる傾向がある。ギャング集団家族の心性がグループに持ち込まれると，さらにサドマゾ的になり，一見すると「仲間」だが，その見えない内部で激しい「いじめ」が進行していることがある。

　実在する家族や学校のグループ生活は，教師や子どもには迫真性がある現実だが，一方でこうしたグループ体験は，グループの空想の影響と見ること

もできる。このグループ心性の探索作業は、教師や子どもが生きている空想世界や現実世界を重層的に理解するのに役立つ。またこうした理解がグループで共有されると、集団力動を刺激してグループ心性の発達を促しうる。つまりグループへの援助としても機能し、教師や子どもの現実を変化させうるのだ。

第3節　グループ理解のための精神分析の着想

　ここではビオンの集団理論とその後の発展を概説して、グループ理解に役立つ着想を整理しておきたいと思う。またビオン（Bion, 1961）が、「グループの心理と個人の心理の外見上の相違は、（中略）幻想である」と主張しているように、さまざまな現代精神分析の着想はグループ理解にも役立つ。ハルトンは、無意識や痛みの回避、クラインの妄想分裂ポジションや抑うつポジション、羨望や投影同一化をあげて、グループの理解を試みている（Obholzer & Roberts, 2006）。つまりグループをひとりの人間の内的世界として見る観点、あるいはグループと個人、グループ同士の関係性も、精神分析的に再考できるのだ。

1. ビオンの集団理論

　ビオンはグループ体験とその観察に基づいて、精神分析理論と集団力動論をまとめ上げた。メルツァーやハリスの家族タイプも彼の理論に基づいており、さらに組織や集団の理論として今も発展を続けている。彼は、グループは集団を形成するメンバー個人の集合ではなく、何かを「する」目的（本来の仕事 primary task）を遂行する際に、メンバーが没頭している無意識的な作業の性質そのものであると主張した。そして二つの異なったグループ現象として、課題遂行集団の作動グループ（Work Group）と課題離脱集団の基底的想定グループ（Basic assumption Group）に分類した。

　グループには、相互に影響し合う三つの水準で動くシステムがあり、原・心的（proto-mental）システムと二つの心的（mental）システムで構成されている。①原・心的システムは、身心未分化でグループ現象の母胎であり、②心的システムで課題離脱集団の基底的想定グループ、③この基底的想定グ

ループの心性と行為を分裂させて，その行為がコンテインされると課題集団となる作動グループである。グループ体験から生じる不安に対する防衛を発展させて，グループは文化を創出して本来の仕事を遂行する課題集団にもなるが，容易に組織病理を発展させて課題離脱集団にもなるのだ。

　グループが単なるメンバー個人の集まりではなく，グループ心性で動いているという観点はシンプルだが，私たちを専門家として目覚めさせてくれる。というのも学校の機能不全のグループに対して，私たちはその原因や責任の所在をグループ内の個人に求めがちだからだ。学校では，「校長のリーダーシップが問題」「生徒指導部が生徒のこころを無視する」「養護教諭が甘やかし過ぎる」「担任の指導力が足らない」「少数の生徒が首謀して学級を壊している」などという話を耳にする機会が多い。そしてその個人を非難し，問題となる人物を排除しようとするか，それが叶わないとすべてを諦めて「何もできない」状態になることもしばしばある。こうしたグループ内の個人攻撃自体がスケープゴートを作り出す組織病理の結果なのだが，これにスクールカウンセラーも容易に取り込まれてしまう。

　しかし集団理論に基づいてグループを観察すれば，スクールカウンセラーはグループ現象と距離が作れ，グループ心性を考える「こころのスペース」を生み出せる。つまり①何がグループの本来の仕事か，②課題集団として機能しているのか否か，③どんな集団心性がグループに蔓延しているのか，④どんな行為がグループ内に目立つのかなどを観察し，グループをアセスメントできるのである。

1）作動グループ（Work Group）

　このグループでは，意識的で理性的な目標に沿った心的活動が行われている。フロイト（Freud, S.）がいう自我と同様の機能を果たす要素で構成されている。意識は本来の仕事（primary task）を遂行する方向にあり（作業中心性），メンバー同士の協働を大切にして（メンバーの協働の尊重），合理性や科学性が尊重され（合理性・科学性），時間の有限性を認識し発達や成長が意識されている（時間と発達への意識）。自らの体験を探索や理解でき（経験から学ぶ能力），未知の体験や不確実性への遭遇で生じる不安などに耐える力がある（欲求不満に対する忍耐力）。そしてメンバーやグループ自体を

大切にする意識があるのだ（メンバーとグループの重視）。ここにはカップル家族の特徴がある。

　作動グループの学校では，集団の力を活用して，大人が協力し合い，安全な環境下で子どもの学びやこころの成長を促進させること（本来の仕事primary task）が中心にある。そのために教師や子ども，保護者や地域，スクールカウンセラーや関係機関が協力し合っている（メンバーの協働）。そして科学的知見に基づいた子どもに合った教育（幼稚園や小学校，中学校，高校，特別支援教育など）が提供されて，子どもの成長プロセスに相応しいサイズのグループで教育の質と量がコントロールされたカリキュラムがある。

　また学びの安全な環境の確保のために，合理的な規則がある（科学性・合理性）。幼少中と施設を分け，学年や学期，時間割などで学校生活の時間を適切に区切り，時間の有限性や子どもの発達が意識されている（時間・発達への意識）。そして成功や失敗，ケンカやいじめなどのトラブルについても，その体験を話し合って，子どもや教師が経験から学び，成長するプロセスが尊重されている（経験から学ぶ力）。ただ科学的に練られた教育過程であっても，学びには，「知らない」や「分からない」不安が伴う。また不登校やいじめ，学校秩序の乱れなど，すぐには解決できない問題もたくさんある。こうした状況下でも問題を直視して，根気強く取り組む力がある（欲求不満に対する忍耐力）。そして学校では，お互いを尊重し合い，学校全体としての一体感もある（メンバーとグループの重視）。

　ところが作動グループである学校は，学びやこころの成長から離れた課題離脱集団にしばしば陥る。知識獲得や秩序維持に偏重した学校になったり，学校がただの「託児所」になってしまうこともある。教職員は協力し合えず，対立や無視が蔓延して，不登校や虐待，いじめや非行が発生しても，個別的なアセスメントのないパターン化した対応策に終始する。また関連機関との連携や協力ができないか，形骸化した「ケース会議」が開催されるだけで，実質的に問題は放置されて教師や子どもが孤立する。そして「学期や学年が変われば」とか「問題の生徒が卒業すれば……」と問題解決を願いつつも何の援助もせず，時間が浪費される。また少し考えれば予測できる事態にも気づけず，次々に発生するトラブルや問題への事後処理に奔走させられて疲弊する。さらに思慮を欠いた場当たり的な対応が次の問題を生み出す悪循環に

陥る。これが課題から離脱した基底的想定グループである。

2）基底的想定グループ（Basic assumption Group）

　作動グループが不安定なのは，グループ生活に内在する精神病的不安がグループを圧倒しているからである。ビオン（Bion, 1961）は「フロイトの立場から見れば，グループは，神経症の行動パターンに類似しているが，私の考えでは，精神病の行動のパターンに類似している」と述べている。この精神病的不安は，グループ生活が要求するダブル・バインド状況（個人として自律した存在であると同時に個を離れて集団に融合する）に由来している。この不安に対する防衛が基底的想定グループである。

　このグループの中心にあるのは無意識的な幻想であり，本来の仕事（primary task）ではない。幻想に基づいて心的活動（行為）を行うのである。つまり基底的想定グループには，①幻想中心性，②時間や発達に関する意識の欠如，③経験から学ぶ能力の欠如，④欲求不満に対する忍耐力の欠如，⑤原子価（valency）によるメンバー同士の結合といった特徴がある。原子価とは「（外部的，内部的）対象との一定の安定した形（類型）によるつながりと関係を可能にする個人的な心的（無意識的）準備状態」を表す。メンバー個人の性格特徴の一部が過度に出現して，基底的想定グループを作り出したり，逆に基底的想定グループによって性格特徴が過剰に突出して行動して，グループと結合していく。メンバーの希望や能力は，すべてリーダーに投影されているので，メンバーは非力で受身的で依存的となり，なんの疑問も持たない追従者となり，グループは機能しなくなる。

　基底的想定には，①依存基底的想定（basic assumption Dependency：baD），②闘争−逃避基底的想定（basic assumption Fight-Flight：baF），③つがい基底的想定（basic assumption Paring：baP）がある。

①依存基底的想定

　このグループの幻想は，グループは未熟で，他者の援助なしには何もできないので，（リーダーを含む）他者が全能・全知であると信じることである。全知全能のリーダーを理想化し崇拝し，その支えや導きのために集まった「かのように（as-if）」振る舞う。メンバーは無力感，低い自己評価，消極性，モチベーションの低下などの抑うつ的な状態にある。「教祖的なリーダーシッ

プ」が支配し，上下関係が重要視される。メンバーは，心身の滋養となるものをリーダーから与えられるのをひたすら待っているのである。リーダーは，必ずしも人間とは限らず，思想や考え，制度や法律，薬や機械などの場合もある。

　学校では，教師同士の話し合いは少なく，職員室で声高に意見を主張する人をリーダーとみなして，多くの教師は沈黙を守りリーダーの考え方に無思考的に追従する。「成績至上主義」や「学校秩序の維持」という方針がリーダーとなり，教職員がテストの結果や生徒の従順さだけに関心を奪われて，真の学びやこころの成長を無視する。授業中に子どもに覇気がなく，静かで受動的で，リーダーである教師がひとり授業を進めていく。その背景には職員室の教師や授業中の子どもの無力感，低い自己評価，消極性，低いモチベーションがある。

②闘争－逃避基底的想定

　このグループの幻想は，グループの内外に敵が存在するので，それと戦ったり，回避するためにグループは形成されたというものである。躁的な過活動が特徴であり，個人よりも集団を守るために活動する。メンバーは迫害不安や恐怖に圧倒されており，その言動は競争的で攻撃的である。パラノイア的リーダーには，敵やリスクに標的を向けること，現実の敵が不在の場合は敵を作り出すことが期待されていて，メンバーは無思考的にそれに従う。

　学校のグループでは，問題行動を起こす子どもを敵（学校教育を破壊する）とみなし，一部の教師が問題行動を過剰に評価して，そのトラブル処理に躍起となり躁的になる一方で，現実逃避する教師が問題を過小評価して回避行動をとり，教師間の対立や分裂が生じる。また話し合いでは，原因や責任の所在（子どもや保護者，担任や組織）の追求に拘泥し，他罰的な批判に終始して，問題の本質や援助のあり方を探索する議論はされない。教師は迫害不安に圧倒されて，物言えば唇寒しという会議の雰囲気の中で，居眠りで回避することもある。地域社会などから厳しい評価の眼差しに曝されている学校で，しばしばこの現象は発生して，教職員グループは組織防衛に終始する。教師でも子どものグループでもスケープゴートが生じやすく，これが休職やいじめや不登校の誘因となる。

③つがい基底的想定

　このグループの幻想は，創造的で生殖的なカップル（ペア）が，グループ固有の全滅不安や恐怖，苦痛や憎悪などの攻撃から，メシアとして救出してくれる期待に彩られている。根拠のない期待や楽観主義が満ちた心的状態の下で，メンバーは，内部でペアを作り，そのサブグループが相互に親密で，平等で，公正であることに拘泥する。そして自らは何も行動せず，リーダーは外部のメシア的存在とペアになっていて，メシアを連れてくると期待されている。しかし現実にメシアが登場すると，回避している不安や恐怖から解放されない現実と直面することになるので，メシアの到来は期待しつつも，現実に出現してはならず，このような空想を持ち続けて現実逃避することに終始している。未来ばかり見ていて，現在の厳しい現実を見ないのである。

　学校に深刻な問題があるにもかかわらず，教師はその現実を否認しているので，話し合うことも，対応することもない。会議では，隣同士で雑談をして過ごし，議論にならない。非行や虐待の深刻さを感じられず，「児童相談所か警察がなんとかしてくれる」と放置したり，深刻ないじめであっても「仲間同士で戯れているだけ」と評価して介入せず，不登校でも「登校刺激をしない方がよい」との理由から，家庭訪問すらしない。そのため問題は放置されてより深刻になる。その最たる現象が，虐待事案で召集された多職種によるケース会議で，「情報共有」に終始して，名目上の役割分担だけして実質的な協働がまったく機能しない現象がある。「よその機関が，なんとかしてくれる」というムードにいるのだ。

3）作動グループと基底的想定グループの関係

　基底的想定の心性と行為を分裂させて，行為をコンテインする機能（特殊作動グループの機能）が働いたとき，そのグループは基底的想定のそれぞれの心性を利用した作動グループとなる。たとえば，学校内で問題が生じたときに，それをリスクと認識して立ち向かう覚悟をする。そして教師集団でその原因や背景を探るために，侃々諤々の議論を戦わせて探索し，一定の理解と対処法を見出す（闘争−逃避基底的想定の心性）。そしてその理解と対処法を方針に掲げて（リーダー），一致団結して対応する（依存基底的想定の心性）。一向に解決する見通しのないなかでも，互いに協力し合う絆を支えに，明る

い未来を信じて問題を克服できたときの姿（救済）を抱きつつ対応し続ける（つがい基底的想定の心性）。闘争−逃避基底的想定の行為はリスクへの直面や建設的な意見の対立として，依存基底的想定の行為は日々変わる状況に振り回されて迷うことなく方針に従う態度として，つがい基底的想定の行為は絆を作り楽観的な未来を信じることとして，作動グループの本来の仕事に収<ruby>斂<rt>れん</rt></ruby>されていくのである。

　しかしこの基底的想定の行為のコンテインが機能不全に陥ると，グループは一つの基底的想定に支配され，そこで生じる欲求不満に耐えられなくなり，次々と基底的想定のタイプを変える病理的グループになるか，病理的な社会的防衛を発達させる。この機能不全が深刻化すると，心身未分化な水準での問題がメンバー個人に生じる。しかしこれは個人の病理ではなく，むしろ本質的にはグループの病理に由来するのだ。

2 社会的防衛

　社会的防衛とは，ビオンの着想に加えて現代クライン派の理論やシステム論を取り入れて発達した概念である（Armstrong & Rustin, 2015）。これは不安に対する組織や施設の無意識的な防衛を理解するための理論で，メンジース・ライス（Menzies, 1960）の看護業務に関する研究やジャックス（Jaques, 1955）の激しい労使紛争の研究に端を発している。個人と同じように組織や施設も不安に対して防衛を発達させ，それが組織の性格である組織文化／風土を形成するが，圧倒的な不安が文化による防衛を破壊して，病理的組織になるという。個人の精神病理のように組織の病理にも多様なバリエーションがある。この着想は，教育や医療，福祉や司法矯正だけでなく，企業活動における組織病理の探索や理解，組織コンサルテーションに役立っている。この方法論は，自らが仕事をしているグループでの体験の内側から，組織心性を探索し理解することを基礎としているので，スクールカウンセラーが勤務する学校でのグループ体験を内側から探索し理解する際に役立つ。

　グループが直面する不安について，ビオンは集団生活に内在するダブルバインド状況による精神病的不安を指摘したが，社会的防衛を論じていくと，他の抑うつ不安や迫害不安の観点が加わるという。メンジース・ライスは，

①グループの本来の仕事（primary task）が惹起する不安，②組織や施設が援助する対象から投影された不安をあげ，ホゴットは，③グループを圧倒する情緒のすべてが，防衛すべき不安に加わると指摘している。その中でジャクソンが，思春期青年期の生徒により教師の中に喚起される性にまつわる不安を論じているが，ここでは，新たに提唱された観点から学校の不安を概観しておこう。

　本来の仕事（primary task）の惹起する不安としては，学校の安全を維持し，子どもたちが確実にその学びやこころの成長を促進させることの失敗がある。学校秩序の崩壊，高い不登校や非行の出現率，全国統一テストによる学校全体の成績の悪さにより，内外から批判される迫害不安が生じる。また学校に通う子どもの発達段階により，幼児心性や潜伏期心性，思春期青年期心性にまつわる不安がグループに持ち込まれ，教職員に投影されている。子どもや保護者の虐待や DV などに由来するトラウマの破局的な断片化とカオスの世界も学校のグループに投影される。またホゴット（Hoggett, 2015）の指摘は，過剰な愛や希望，教師や学校教育への社会からの過剰な期待の圧力も，学校のグループにとって不安となることを示唆している。

第 4 節　おわりに

　学校教育の抱える問題に精神分析の貢献する領域は広い。圧倒する不安や情緒に対して防衛を発達させて性格は形成されるが，その性格特性による防衛が破綻すると病理が出現する。精神分析とは，その性格や病理の探索と理解の理論と実践だからである。これは個人でもグループでも同じである。ただ学校の中で，個人心理療法を広げるのは難しいだろう。子どもが，こころの痛みを悩みとして直接スクールカウンセラーに相談することは少ないし，保護者や教師でさえ限定的だからである。

　おそらく心理療法を活用できるのは，カップル家族と母権家族や父権家族の子どもやその親の一部だろう。より深刻なこころの問題は，「こころ」として向き合われることは少ない。むしろ学校の内外のグループに投影されて，そこでの人間関係に外在化されたり，グループの機能不全という現実になっているのだ。スクールカウンセラーも無縁では済まされない。学校での生活

では，現実と空想，そして個人とグループが交差し，子どもも大人もこの二つの世界や個と集団を行き来しつつ，そのこころは成長←→退行を繰り返している。「現実」を「空想」の外在化として，「グループ」を「ひとりの人格」として精神分析の理論を活用して観察しアセスメントすることを，グループの内側から行うことは容易なことではない。しかし授業観察やそれに基づくコンサルテーション，教職員へのワークディスカッションや会議での介入など，学校のグループに精神分析を持ち込める可能性が広がり，その意義は大きいと思われる。

［文献］

Argent, K. (2008). What's happening? Some thoughts on the experience of being in a work discussion group. In M. Rustin & J. Bradley (Eds.). *Work discussion: Learning from reflective practice in work with children and families*. Karnac, pp. 38-50.

Armstrong, D. & Rustin, M. (Eds.) (2015). *Social defences against anxiety: Exploration in a paradigm*. Karnac.

Bion, W. (1961). *Experiences in groups: And other papers*. Basic books, New York. 池田数好 (訳) (1973). 集団精神療法の基礎. 岩崎学術出版.

ハフシ・メッド (2003). ビオンへの道標. ナカニシヤ出版.

Hoggett, P. (2015). A psycho-social perspective on social defences. In D. Armstrong & M. Rustin (Eds.) (2018). *Social Defences Against Anxiety* Kindle Edition. Taylor and Francis.

Jaques, E. (1955). Social systems as a defence against persecutory and depressive anxiety. In M. Klein, P. Hermann & R. E. Money-Kyrle (Eds.). *New Directions in Psychoanalysis*. London: Tavistock, pp. 478-498.

Meltzer, D. & Harris, M. (2013). *The educational role of the family: A psychoanalytical model*. 木部則雄・池上和子・田中健夫・松本千夏 (訳) (2018). こどものこころの環境——現代クライン派家族論. 金剛出版.

Menzies, I. (1960). A case study in the functioning of social systems as a defence against anxiety: A report on a study of the nursing service of a general hospital. *Human Relations*, **13** (2), 95-121. (Reprinted in I. Menzies Lyth (1988). *Containing anxiety in institutions: Selected essays*. London: Free Association Books, pp. 43-85.)

Obholzer, A. & Roberts, V. Z. (Eds.) (2006). *The unconscious at work: Individual and organizational stress in the human services*. 武井麻子 (監訳) (2014). 組織のストレスとコンサルテーション——対人援助サービスと職場の無意識. 金剛出版.

Rustin, M. & Bradley, J. (Eds.) (2015). *Work discussion: Learning from reflective practice in work with children and families*. Karnac. 鈴木　誠・鵜飼奈津子 (監訳)

(2015). ワーク・ディスカッション——心理療法の届かぬ過酷な現場で生き残る方法とその実践. 岩崎学術出版社.

鈴木　誠 (2010). 危機状態の教職員集団へのコンサルテーション——学校への支援に生かす精神分析. 臨床心理学, **10** (4), 512-518.

鈴木　誠 (2018). 施設と職員へのサポート——ワークディスカッション. 平井正三・西村理晃（編）. 児童養護施設の子どもへの精神分析的心理療法. 誠信書房.

Youell, B. (2006). *The learning relationship*: *Psychoanalytic thinking in education.* Karnac Books. 平井正三（監訳）(2009). 学校現場に生かす精神分析［実践編］——学ぶことの関係性. 岩崎学術出版.

たどり着くこと，見つけてもらうこと

【廣内雄一郎】

1. はじめに

　舞台は中高一貫の私立共学校，厳しい受験をくぐり抜けてきた生徒たちが集まる，落ち着いた雰囲気の学校である。その一方で，学力の伸び悩みや対人関係の不調，身体の不定愁訴などによって，相談室の利用は増加の傾向を見せていた。

　筆者はこの学校で勤務 1 年目であった。週に複数回勤務できる環境に迎え入れられ，役に立つスクールカウンセラーであることを早く証明しなければ，という気負いとともに過ごしていたことを思い出す。

2. 事象の概要

【出会いまで】

　11 月はじめ，中 1 の女性教諭より情報共有があった。担任するクラスのミサ（仮名）は，9 月半ばから体調不良を理由に遅刻や欠席が増えてきている。成績優秀で勉強好きなので，教室に入れないときは学年主任が別室で自習をさせてみたが，何回かで足が向かなくなった。現在は担任が 1 限に空いている日に約束して登校し，担任や学年主任とだけ会って帰る。次の手としてカウンセラーに本人をつなぐことと，保健室登校を検討している。他の生徒の相談でも世話になったので，ぜひミサにも会ってもらえないか，とのことだった。

　筆者の質問に答えて，担任は詳しく語る。ミサは教室で見る限り，トラブルも孤立している様子もなかった。夏休みにはクラスの女子と遊んだりもしていたようだ。しかし今はマスクを外せず，他の生徒に会いたがらない。彼女は言葉をよく知っていて，大人っぽいというか，ませている印象もある。

とはいえツンツンしているわけではなく，人懐こい。一方的に関心事を話し続けたり応答が噛み合わなかったりするような違和感もない。家ではよく小説を読んでいるらしく，村上春樹が好きと言っていた。大人と話したい気持ちがミサには強くあるように感じて，カウンセリングを勧めたいと思った，とのことだった。筆者は「どうして教室に行けないのでしょうね」と訊く。担任は「はっきりとは語らないんです。ただ，前から同年代が苦手，親が話を聞いてくれない，親がいつも自分のことで喧嘩している，ということは言っていました。他にもいろいろと話したそう。でも教員には本音を語らない雰囲気があって。そういえば，彼女はよく，学校に来れないのはみんなのせいでも先生のせいでもないので気に病まないで，と言うんです」と教えてくれた。さらに筆者が，何か対応に困ることは，と訊くと，「クラスの男子が長く休んでいる理由をしつこく聞いてきます。その男子を LINE で登校に誘うなど連絡を取っている様子もあって。どう対応したらいいでしょうか」とのことだった。筆者は，「自分のことを了解なく他人に話してほしい?」などと彼女に投げかけてはと提案した。担任は頷いた。

　担任とミサの信頼関係が感じられた。そこで筆者は，筆者も会いたい旨と，筆者の性別や印象を担任の言葉でミサに伝えてもらうことにした。そのうえで，担任と彼女が会う時間を続けながら，カウンセラーと会うかどうか本人が考える間，われわれ大人は返事を待つことを提案した。また，本人が希望したならば最初の予約は担任にとってほしいこと，保健室登校の打診の見通しは筆者からも保健室に伝えるので，担任は授業中の相談室利用について学年団の了解を得てほしい旨も言い添えた。来室が授業中なら本人が他の生徒に会わないため来室のハードルが下がるだろうという考えで，筆者と担任は一致した。

　1 週間ほど後，保健室の扉を開けると，養護教諭の横にひとつ席ができていて，そこにやや前かがみで座る女子生徒が目に入った。耳と首筋が隠れるくらいの黒い髪，白い大きなマスクを着けている。パッとこちらに顔を向け，はっきりと目が合った気がした。マスクの白さと目の黒さのコントラスト。睨む感じではないがすごく強い視線。「見てほしくない……いや，見てほしい?」そんな言葉が筆者には閃いた。彼女がミサだろうか。私は入室し，彼女の後ろを通り過ぎながら，こんにちは，と声をかける。彼女は少しこちら

に視線を向けながら軽く頭を下げた。机にはやりかけの自習プリントがあった。字はていねいで読みやすかった。

　他の面接の合間，養護教諭に，さっきの生徒は，と声をかけると，やはりミサだった。「こういう対応が増えると困るので，1時間だけならと受け入れたんです」とのことだった。筆者が，どんな人でした，と訊くと，「変なところはなさそう，挨拶もできるし言葉遣いもちゃんとして。まじめに自習していたし，教室に行けない理由がわからない。元気なのにしれっと保健室にいられてもね」と言う。今後彼女と面接することになるかもしれないことを伝えると，「授業中は基本的に生徒との相談はできませんよ」と返された。筆者は，学年団とも確認・調整している旨を応答し，助言への感謝を添えた。

　数日後，担任から予約が入った。「ミサと相談室前のカレンダーを見に来て，来週の4限にしたいと彼女が決めました。授業中の来談も問題ないと了解が取れたので，登校のきっかけとしてぜひ面談をお願いします」と，託すようだった。筆者は「本人が継続来談することになれば，先生方と会う時間と私との時間をどう位置づけていくか，また考えましょう」と応じた。保健室登校は，数回で途切れているとのことだった。

3. アセスメント過程

【第1回】

　4限の10分ほど前，相談室の出入口に人影が見えた。数秒とどまって，聞こえるか聞こえないかのノック。私は「はい，どうぞ」と返事をする。少しずつドアが押される。彼女は隙間から覗き込むようにする。遠慮気味にドアが開いていく。私は席から立って迎える。彼女はドアノブを一気に押し，最後は頭から突っ込むように入室してくる。ドアを閉めると，息が切れたように荒く呼吸する。その様子に，ドア前から息を止めていたのかな，と私は想像する。「はじめまして，廣内です」と挨拶すると，彼女も，はじめまして，と名字を名乗り軽く頭を下げる。小柄ではないが肩をすぼめた感じで，カバンとマスクが大きく見える。もう冬用のコートを着ている。前髪とマスクに挟まれた黒目がちの目に惹かれる。私は「どうぞ座って。ハンガーがまだ無いけれど，楽にしてください」と促す。彼女はコートを脱いで，腰掛けたソ

ファにカバンとともに置くと，真正面からはっきりとこちらを見ている。私は「担任の先生からあなたのことは少し聞いているけど，今日はあなたと話す初めての時間なので，まずはあなたの言葉であなたのことを教えてほしいです。どんなことからでもいいので，話してもらえますか」と語りかけた。彼女は，目を見開いて「は，はいっ！」と勢い込む。

　「小４の頃から同年代の子が怖いんです」と切り出したが，「……あの，これは話したこと言わないでほしいんですけど……」と前置きし，父の仕事にまつわる家族の経済的苦境を明かす。私は唐突さに驚きつつ，まず彼女に任せてみようと決める。「それは大変なことです。家族のことも自由に話していいし，あなたの了解がなければ，基本的に内容を外で話すことはないです」と応じる。彼女は「あっ，ありがとうございます！　あと……母がいつも孤独で寂しそうにしていて。夜になると両親が喧嘩していて，どうしても気になって，自分のことかな……と覗き見してしまって」と話す。私は「お母さん寂しそうって？」と訊く。彼女は「これまでに７回引越ししてるんです」と語り出す。ある県で生まれて，父の仕事の都合で外国でも暮らした。きょうだいはおらず，母とふたり暮らしが長かった。小学校は生まれた県で私立小に入った。小５からは親子３人で暮らしている。父は先に単身赴任でこちらに来ていて，そこに母と移ってきたけれど，中学入学にあたって学校の近くにまた引っ越した。小さい頃から塾に行っていたので，なんとなく中学も受験した。勉強は好き。転校すると，そこで友達のいない子が話しかけてくれる。それではじめはよいのだけれど，また環境を変えたくなる。だんだん自分の居場所じゃないように感じてくる。みんなと一緒に笑っていいのかなって思えてくる。将来はひとりでいられる仕事，研究とかしたい。絵を描くのが好き，動物とか人をスマホで見て描いている。ピーターラビットが好き，母が集めた皿とか家にたくさんある。ここまで語って，彼女は不意に真顔になり「母はわたしが具合が悪いとき，わたしよりもっとつらそうにしてるんです」と漏らす。気遣いの奥に苛立ちがはっきりと込められていた。続けて「父は母に心の相談をと勧めているんですけど，母は行きたがらなくて。薬を出すところは絶対やめようって家族みんなで話しているんです」とも語った。

　思うままに話していくミサ。人の温もりが恋しい，人をよく観察している，

現実は綺麗事ではなく残酷なのだと見ている（一見可愛いものの，父親が人間に喰われてしまうピーターラビットの世界と現実が重なる），自分より親，しかしそれではもうもたない，こういった断片が私の頭をよぎっていた。相談に対する前のめりなほどの意欲も感じられた。ただ同時に，この学校は授業の進行が速く欠席を含む成績のつけ方もシビアで，しかも家庭が経済的に苦しくなるとしたら，早期に不登校を解消する見込みが立たないと転校を余儀なくされかねない，といったことも浮かんでいた。

　この学校でやっていきたいかと問いかけると，彼女は，今のところは，と即答した。「やさしく声をかけてくれる子もいて，気持ちに応えたい。でもその子だって他の人間関係があるし……本当に分かり合える人がほしい。2年になったら教室に戻ってみようと思ってます。親からは，2年でもこのままなら転校と言われています」と語る。私はこれを踏まえて，ここで話す時間でさらにあなたのことや家族のことを教えてもらいながら，これからのことを考えるお手伝いをしたい，と伝えた。彼女は「ありがとうございます」と同意する。次回は翌週，同じ4限で約束した。私が親とも面談したい旨を伝えると「母親ですか？　母親なら大丈夫です」と答える。担任から母に連絡してもらうことにした。

　面談終了時間になる。他に聞きたいことはと尋ねると，ミサは「うちのクラスに不登校の子がいるんですけど，その子はここに来てますか？」と。「あなたのことは了解なく話さないと伝えたと思うけど，同じです」と私が返すと，「あっ，そうですね……他にもここに来る人っていますか？」と今度は遠慮がちに言う。「いますよ，なので約束の時間はしっかり守るようにしてます」と応じると，彼女はすぐに時計を一瞥し，「あっ，もう休み時間なんですか」とコートを着込む。ミサは私に向き直って挨拶し，外の様子をものすごく警戒しながら退室した。

　面接後，担任と打ち合わせた。筆者はお膳立てに改めて感謝し，まだ本人の了解がなく内容を具体的には明かせない旨を断る。そのうえで，家族の大きな変化がこれまで何度もあり，そのなかでミサが親を気遣い常に顔色を窺いながら育ってきた様子が想像されたこと，同様にクラスや教員などの対人関係でも周りに合わせようと自分を置き去りにし，頑張りすぎて疲れてし

まっているように感じたことを説明した。また，2年生では教室に戻ろうと
親子で話しているようなので，そこに向け気持ちを整理する目的でミサとの
面接を継続したいと考えていること，彼女の了解は取れているので担任から
母親に面談の打診をお願いする旨も伝えた。担任は，教室に戻る気持ちがあ
ることがわかってよかった，すぐに転校を考えるべきかと思っていた，彼女
の力なら成績は何とかなると思う，と語った。

　数日後，担任から伝言があった。母との連絡が取れ，12月はじめの夕方
にカウンセリングの予約を入れた，とのことだった。

【第2回】

　ミサはこの日も約束の10分前にマスク姿で来室した。今日までのことを
尋ねると，今朝は担任と会い一旦帰ってこの時間にまた来たこと，担任がい
るかと他にも登校した日があったがいなくて帰ったこと，同じクラスの子に
会うのがとくに怖くて学校ではマスクが外せないことを教えてくれた。「こ
こだと会わないけど」と私が言うと，彼女は「でもちょっと外せないです。
犬の散歩のときは外してるけど。小3の終わり頃から父がこちらで単身赴
任を始めたんですけど，父は家族で一緒に住みたくて，こっちならワンちゃ
ん飼えるよって。そう言われて飼いたくてこっちに来たんです」と答える。
そろそろ期末テストであることを話題にすると，ミサは「別室を用意しても
らうのもテストだけ教室に行くのも，申し訳ないので……」と言葉を濁す。

　私は近々母と会うことを伝え，その前に両親のことをもっと教えてもらい
たい，と促す。するとミサは，「父は他人の気持ちを考えるほうじゃない」
と口火を切り，「両親は毎日言い合いしてる。わたしの外出とか寝たタイミ
ングとかで話してる。でも分かっているから聞き耳を立ててる。父は学校に
不満があって，もっと要求しろ，個別で学習教えてもらう時間作らせろ，っ
て母に言ってる。母は常識があるから抑えてるけど，よく，死にたいって呟
いたり，夜中に吐いたりしてる。母は外面がよくて，自分を下げる発言をす
る。わたしもそこは似てると思う。父からはマイペースなところを受け継い
でると思う。母はこの頃よくお金の心配を言う。相談では余計なことをしゃ
べるなって」と一気に語った。私は「余計なこと？」と訊く。彼女はためら
いなく，父方家族について語り出す。私は内容と語り口に，母からたびたび

聞かされているんだな，と思い浮かべる。ミサは「母親の方もいろいろあり
ますよ。聞きますか?」と問いかける。私は，聴かないわけにはいかないと，
「どうぞ」と応じる。彼女は母方についても語る。衝撃的だった。私が「大
切な話をたくさんしてくれてるように思う」と何とか返すと，彼女は「重い
話ばっかりでごめんなさい」と謝ってくる。私は，中1のミサが背負う家
族の事情，そしてそれを詳細に語る彼女に圧倒され，「どんな話題でもただ
つらい話だとは思わないものだよ。今話してくれたことが語るあなたにとっ
てどんな意味を持っているんだろうかということを中心に考えるものなんだ
よね」と口にした瞬間から，カウンセラーぶった自分に，顔が熱くなる。「先
生はカウンセラーの鑑ですね!」ミサの言葉に下心を見透かされたような私
は，苦し紛れに「あなたはカウンセラーって僕にしか会ったことがないじゃ
ない」と突っ込む。彼女は「え，いや，そうですけど」と笑う。屈託なさに
助けられて，私は「お母さんと僕が会うとなると，あなたは僕と話しづらく
なるところもあるかもね」と伝える。彼女は頷いて，母にはわたしが話した
ことは絶対言わないでほしい，と希望した。私は受け入れ，「お母さんには，
まずあなたを心配していることを労いたい。そしてあなたをどう見ているか，
今後どうなってほしいかを聞きます」と応えた。彼女は感謝に続けて「母と
先生が話した内容は詳しく聞きたいんですけど……」とこちらをうかがう。
それでは，と私は「お母さんと僕の話はあなたに共有することを伝えたうえ
で話します。次回あなたと会うときに内容を報告することにしましょう」と
提案した。ミサは了承したが，「わたしって話を盛ってしまうところがある
ので，母はそのことを言うと思う」と懸念する。私は生育歴に結びつけて「次々
と新しいところに行ったら，そのくらい大げさにしないとやっていけないか
も。でもそればっかりだと，つらくなるね」と伝えてみる。彼女はため息と
ともに「自分にはそんなに闇はないんですけどね……母はよく死にたいって
言う。母は私の分までため息ついてますから。両親のやりとりは聞きたくて
聞いてるけど何も感じないです」と応えた。私は「あなたは，死にたいと思っ
たことはある?」と問いかける。彼女は「ひとりになりたい，誰も知らない
ところに行きたい，でもひとり部屋は怖いんですけどね。みんな死んでしまっ
たらいいのにと思う。でも殺したいわけじゃなくて……」と言い淀む。ここ
では思うように言って構わない，と支持すると，ミサは「今はつらいことは

犬に話してる。犬にいじわるしたりして」と打ち明けた。

　面談終了時間になる。1週間後の同時刻に約束し，退室した。

　2回目を終え，一応の面接方針をまとめた。不登校状態の改善を目指すことは，学校やおそらく親の要請にも沿う。一方ミサは，自分をありのままに受け止めてくれる他者との安心できる関係を求めており，学校適応のため以上に，自分や家族のことを率直に語り考える場として，この面接に期待を寄せていると思われた。そこで，現実に立ち向かう彼女を支持し，親などとの日々のやりとりを共感的に振り返るとともに，育ちについて思い出すことや考えたことに洞察を促し，また筆者に対して湧いてくるミサ自身の思いにも注意を向け，解釈を試みる。このような面接が適切であろうと筆者は構想した。今後転校したとしても，転校先のスクールカウンセラーや外部のカウンセリング機関の活用を考えられるように，私との時間で手応えを掴んでほしいという願いもあった。

　母親と会うにあたり，ミサの来談をどう考えているか，親自身に相談したい思いはあるのか，今後学校をどうする意向かなど，親子関係に注意しながら，現実的なところも押さえよう，と私は気を引き締めた。

【母親との面接】
　ほぼ時間ぴったりにノック。母はていねいに挨拶し席に着く。ミサとはあまり似ていない。そういえば私は，ミサの顔をまだマスクで隠れていない目元しか見ていない。

　私が「ミサさんの現状をどのように見ておられるか，またこれまでの育ちなども教えていただいて，今後どんなお手伝いができるか考えたいと思っています」と切り出すと，母は「先生に娘が何を話しているか聞きたいです。もともと学校のことは話さないし，先生との話も家では話さないので」と。私は「本人から自分と会っているときの話はしないでほしいと希望があり，了承しています。ただ今後お話しできることも出てくると思います。一方，ミサさんから今日の内容を次回教えてほしいと希望があり，それも了承していますので，そのつもりでお話しください。彼女に限らず，中高生のお子さんには私はこのようにしています」と返答した。母は「そうですよね，年頃

の子たちですものね。わかりました。ミサも少しでも疑うと信じられなくなるタイプ。担任や先生と会った後は血色がよくなって帰ってくるので……」と収めた。

　母は，ミサの学校不適応は小３に遡り，学校紹介のパンフレットに彼女の写真が載り嫌がらせを受けたことがきっかけであること，本人の希望もあり今すぐ転校とは考えていないこと，これらを皮切りに娘のこれまでを抑揚もつけて語る。だが，私は分かった感じがしなかった。家族の困難はほぼ語られない。家族関係について何度か訊いたが曖昧な説明に終始した。母自身に相談したい思いはないのか，これも流れから掴めない。学校や私への要望も出なかった。唯一，母から見たミサについて聴いた感触が確かにあったことから，娘を一番分かっているのは母であるこのわたし，との思いは受け取れたのだろうか。それでも，終始生々しい想像は湧かず，面談内容をミサに伝えると断った影響を考慮しても，避けられているような感覚が拭えなかった。私は，面接の場で自分の抱えたものを生き生きと伝えてくるミサと，対照的に何も伝えてこないように感じられる母とのコントラストに，空想が湧いていた。母はミサが自立していくことが恐ろしいのかもしれない。そんな母をひとりにしないために，ミサは不登校なのかもしれない。現状はそんなふたりに丁度よいものになりつつあるとも見える。しかしそんななか，ミサはここに現れたのだ。

　母は，自身の定期来談は断ったが，ミサの相談はぜひお願いします，とためらいはなかった。それに応じて私は，ミサとの継続的なカウンセリングと，必要に応じて父母にも来談の打診をすることを提案し，母はこれらを了承した。

4. 考察

　学校では，教員や保護者からカウンセラーにさまざまな事前情報がもたらされる，相談室外で子どもとの最初の接触がある，といった形で関わりが始まることが多い。担任がミサから聞いた「学校に来れないのはみんなのせいでも先生のせいでもないので気に病まないで」の言葉は，ミサが早期より親を気遣い支えざるをえず，またそれ故彼女を心理的に早熟させた，という仮説に筆者を導いた。2回目，ミサの打ち明け話に筆者が「カウンセラーぶった」

言葉を返した場面は，よい支援者でありたいと気負う私が，彼女との交流の中で強く触発されたことのあらわれである。これは彼女の親との対象関係のあり方が，筆者を相手に再演されたものと考えられた。そして保健室での初対面，「見てほしくない……いや，見てほしい？」の鮮烈さは，両親の喧嘩を覗き見てしまうという語り，家族の秘密を劇的に打ち明ける態度，マスク姿と裏腹の饒舌さなど，面接場面に持ち込まれる彼女らしさを予告し象徴するものだった。

　2回目までの経過から，筆者は，ミサの対象希求の強さ，過去や親子関係を自然と話題にし，考えられる感性，思いを言葉でやりとりすることへの意欲と能力を認め，ある程度洞察的な面接が彼女の役に立ちそうだという見通しを持った。さらに母親面接を経て，ミサの成長とそれに伴う母の動揺，父の再接近，家族の経済的苦境といった新たな大変動のなかで，もはや母子一体にも戻れないミサの自立への模索，自分を見つけてくれる他者への渇望が，筆者との面接に彼女をたどり着かせたのだろう，との考えに至った。

　相談室や保健室をめぐる筆者と教員，そしてミサの動きには，学校ならではの力動が現れているといえよう。担任の情報提供からミサとの面接に至る流れは，学校の相談室でカウンセラーが生徒と個別に関わることについて関係者に明確に示し承認を得ていくプロセスである。これを重視したことが，面接場面での筆者とミサとの生き生きとした交流を守り，下支えしたと思われた。この視点を最後に添えておきたい。

学校のグループ，家族，そして子ども

【鈴木　誠】

1. はじめに

　ミサのアセスメントについて，経過を追いながら，精神発達や家族力動，集団心性の観点も踏まえて探索していきたいと思う。

2. 面接導入前

　まずこの段階の記述から注目する点は，ミサが中学 1 年生女子でクラス集団に入れないこと，その始まりが 9 月半ばであることである。

　中学生のグループは思春期青年期心性の渦中にあり，潜伏期に抑圧されていた性的欲望や攻撃性が表現されやすく，内的世界が現実の人間関係に外在化される傾向にある。そして現実の人間関係の葛藤の体験から学び，人格形成が進行する。また第二の個体分離化の過程にあるので，帰属意識が家族から同年齢の任意グループへと移行している。ミサは，この思春期青年期の課題に困難を抱えているのかもしれない。つまりなんらかの要因で幼児心性や潜伏期心性に停滞しているか，逆に背伸びをして成人期心性の衣を纏っているために，クラスでのグループ生活が迫害不安の渦巻く状況と体験されて，撤退しているのかもしれない。

　不登校が始まった時期は，夏休みから二学期に移行する時期である。「移行期」では，「おわり」が含む喪失感と「はじまり」に内在する「未知や不確実性の体験」のもたらす不安に対処しなくてはならない。人間関係だけを見ても，夏休み中の家族や地元の友人などの小グループから，新学期には学校の生徒集団や教師集団という比較的大きなグループへと変更が求められる。また過去に体験した家族形態の変化や転居や転校など「移行期」につらい経験をしていると，それが再燃する不安も生じやすい。こころの過度な負荷のためか，あるいはその脆弱性のために，ミサは「移行期」の課題に対処

できていないのかもしれない。

　次にミサを支援する大人のグループ心性に目を向けておこう。学年の教師グループは、「授業中は基本的に生徒と相談できない」という原則を堅持しつつも、ミサの状況に合わせた配慮を行い、初めて担任をもつ教諭を支え、教師集団にとって外部性を有しているスクールカウンセラーを活用する姿勢を示している。このグループには、カップル家族か外部の母親機能を活用する父権的家族の心性を見ることができる。また担任とスクールカウンセラーの連携がうまくいっていることは、ミサのこころに関心を向ける親カップルとして機能しているとみなせる。つまりこの段階ではミサを支援する大人グループは、作動グループとして機能しているといえる。

3. ミサとの面接

　ここではミサと家族の内的世界について探索を進める。初回面接から、ミサは自発的に情緒を伴って悩みを話せている。「小4から同年代の子が怖い」と言い、その語りは家族の経済的問題や家族形態の変化、両親の不仲、転居や転校の体験へと続く。そして最初は友人もできるがやがて「居場所のなさ」を感じるようになると言い、母親機能の不全を仄（ほの）めかしている。そしてこうした問題に対して、「こころのことで薬を出すところはやめよう」と家族の考え方が示されている。2回目では、希死念慮を口にする情緒不安定な母親と拡大家族の問題が語られている。そしてカウンセラーが傷つくことに配慮しつつ、廣内氏を頼りになるカウンセラーだと確認している。

　カウンセリングを活用するには、大人に依存できる必要がある。大人からの自立過程の思春期青年期では、これがなかなか難しい。このミサの場合には、こころが成熟している成人期心性にあって部分的な退行を許容できる状態にあるのか、あるいは潜伏期心性が中心で大人への依存に抵抗がないのか、この段階では分からない。小学4年という年齢は、男子に比べて精神発達の早い女子の場合は、思春期青年期心性に入っていることがある。「小4から……」という語りからは、先述したミサが思春期青年期心性の課題に困難を抱えているという埋解を裏付けているといえよう。また家族形態の変化、転居や転校などを経験しており、「移行期」の難しさについても確認できたように思う。

ミサは，自らの「移行期」の難しさに対処するだけでなく，そのたびに情緒不安定な母親のこころの受け皿となってきたようである。つまりミサの生きている環境は，自分だけでなく母親の不安をも抱えねばならない過酷なもので，そのためにこころの成長が阻まれている可能性がある。自分の未消化な体験を棚上げして，母親のカウンセラーとして背伸びをした成人期心性を作り出す重圧のなかにあったと思われる。スクールカウンセラーに対する配慮や賞賛は，こうしたミサの経験に基づいているのかもしれない。こうした母子関係は感応状態を引き起こす可能性があり，母親の希死念慮やミサの語った厭世観は過小評価できず，リスクマネジメントが必要となるかもしれない。

　ミサの家族はカップル家族ではなく，母親は機能不全にある。「薬」をめぐる家族の見解は，母親が薬の必要な精神状態にあることの否認を示唆しており，父権家族と逆さま家族を行き来している可能性もある。このことは，両親と学校との協働が難しいことを示唆している。また今後，この家族力動が教師グループに投影されて現実化する可能性もあり，教師グループも権威的な父権家族のような機能不全に陥るかもしれない。

　ここまでの探索を手掛かりにすると，ミサのこころの状態についていくつかの仮説が浮かび上がる。一つは，ミサ自身はこころの標準的な発達を遂げていて一定の健康さを有しているが，母親の病理がミサに分裂排除されているために，母親の抑うつや情緒不安定さを生きる羽目になっている。そのために学校でのグループ生活で迫害不安に圧倒されている。そしてミサは意識的・無意識的にそれを知っていて，母親をカウンセラーに紹介する機会を作ろうとしているのかもしれない。二つ目は，これまでの生育環境の中で全般的な母親の機能不全により，ミサの人格発達が阻害されて，母子は感応状態にあり母親をケアする役割として閉居しているのかもしれない。三つ目は，未だに私たちが知らない要因によって，ミサが家族や学校のグループ生活に迫害的な空想を抱き，学校生活から撤退しているという仮説である。母親面接では，こうした仮説を検証する必要がある。

4. 母親面接

　この母親面接からミサ自身や家族についてうかがい知ることは少ない。そ

んななかで注目したのは，次の点である。一見するところ協力的に語るが，ミサとの面接で得られた考える素材と，母親面接で語られた内容とが結びついていない。つまり面接が意味を生成するための情緒的なコミュニケーションになっていないこと，母親はスクールカウンセラーに依存的になれていないこと，また子どもを気遣う母親として教師やスクールカウンセラーと協力していく意思がないことである。こうした点は，先述した家族についての見立てが，ある程度，妥当だと示しているかもしれない。

5. おわりに

　家族の協力が得られないとすると，教師グループの集団心性に警戒しつつ，たとえ限られた期間であってもミサへの心理療法に力を注ぐべきだろう。仮に転校を余儀なくされても，廣内氏にコンテインされたミサの体験は，未来に援助を求める期待の芽になりうるからである。

　ただ，もし母親面接において，「子どもが学校生活で悩んで不登校に陥る場合，時として，親や家族の大人の悩みを子どもが自分のことのように一身に背負ってしまい，押し潰されていることがある。何か心当たりはありませんか?」と母親に問いかけたら，どうなっていただろうか。同じ結果だったかもしれないが，もし母親がここで自身の苦悩を吐露し始めていれば，異なった援助方針が立ちそうである。つまり母親カウンセリングを中心に据えて，母親のこころの受け皿となっているミサの負担軽減を目指し，担任や教師グループの支援を得てミサが本来有している成長する力を発揮できるようにする支援である。

ミサが求めているものは？

【人見健太郎】

1. はじめに

　廣内氏が報告している，ある中高一貫の私立共学校における生徒との出会いと始まりの状況は，多くのスクールカウンセラーにとって示唆に富む。いうまでもなく思春期臨床は難しく，導入の段階を疎かにすると，ほぼ間違いなく中断という結果が待っている。さらに中学 1 年生の女子生徒と男性カウンセラーという組み合わせは一層，事態を難しくするかもしれないが，廣内氏は一つひとつの出来事をていねいに紡ぎ上げている。

　学校は組織の思惑や力動がさまざまに入り乱れ，スクールカウンセラーの集中力，目標とすべきことは容易に乱される。最後の考察で種明かしされるが，廣内氏はミサと呼ばれる女子生徒の「見てほしくない……いや，見てほしい?」という鮮烈な何かを保健室での予期せぬ出会いの一瞬から感じさせられており，その後の面接で吟味していくように思える。この瞬時の観察で得られたミサの（無意識的）投げかけと廣内氏自身の内奥で刺激された感情を維持しようとしたことがすべてだったのかもしれない。それは心的に自分自身に起きていることを考える「スペース」という，思春期の生徒たちが最も求めるものの確保という意味があったと筆者は考える。以下，原稿以上には何も知りえない状況だが，印象深い点をピックアップしてみたい。

2. 出会いまでのさまざまなプロセス——「積極的な下ごしらえ」の時期

　廣内氏が論じているように，学校では生徒と出会う前に担任などからなんらかの情報提供が行われることが多い。筆者の経験上，それらは非常に有益な情報である一方，スクールカウンセラーの視点を限定的なものにしてしまう可能性もある。まして，その学校に勤務して 1 年目で，役立つことに気負いも感じていたという状況では，その視野狭窄の危険は非常に高まる。ミサ

の体調不良を理由とした遅刻や欠席が増え始めてから教員サイドによるいくつかの試みが奏功せず，1 カ月半という時間が経過して，「次の手」として面接を依頼される難しさは，スクールカウンセラーには教室に生徒を戻すことが至上命題であるかのように重くのしかかる。彼女の（不登校による）転校の危機はスクールカウンセラーの職場を失うことにまでなりかねない。

　しかし，廣内氏はここで急ぐことなく，担任とのやり取りをじっくり進め，ミサに特徴的と思えるいくつかの偽成熟的なあり方を感じ取る。そして面接の予約を大人は「待つ」よう準備をする。学校はその性質上，即時的な解決を求めてくることが多いが，廣内氏はやんわりと自分のスタンスを担任と共有することに成功している。こうしたスクールカウンセラーの態度の意義は，廣内氏の考察では「下支え」という控えめな表現で最後に添えられているが，もっと強調されてよい，学校における「積極的な下ごしらえ」だったと筆者は思う。

3. 予期せぬ保健室での出会い——「誰に」向かうか？ 「何を」感じるか？

　先に述べたように，廣内氏は予期せぬタイミングで，ゆくゆく面接室で会うことになる生徒と保健室で遭遇している。養護教諭とミサと思われる生徒が一緒にいるところに，たまたま廣内氏が登場するのである。ミサだと直感はするが確証がない状況での「見てほしくない……いや，見てほしい？」という強く鮮烈な感情体験を，後になって養護教諭に訊ねてミサだと知るに至っても廣内氏はしっかり保持している。養護教諭の「見立て」は，舞台となっている学校の文化を垣間見させるもので，保健室は「元気なのにしれっと」いてはいけない場所であり，学業重視の学校であることが読み取れる。

　養護教諭はスクールカウンセラーにとって非常に重要な存在になることが多い。本音をいえば，あまり意見の相違はないほうがよい相手である。ここで学業重視の学校文化の圧力にスクールカウンセラーは取り込まれそうになるのではないかと思うが，そこに向かうのではなく，ミサに感じさせられた感情体験をよりしっかりとした内的枠組みにしていく姿勢はかなり技量がいることだろう。このとき，養護教諭との関係で廣内氏が何を思っていたのか訊いてみたいところである。学校での実践が多くなった今でも，筆者にはここはかなりスリリングな場面であるように思える。ここで学校文化に安易に

迎合せず，ミサを感じ続けようとしている点で，この後の展開は腑に落ちるとさえ筆者には思える。

4. 面接経過──「偽り」への誘惑と，向かい合い

　緊張感あふれる面接室へのミサの登場，やり取り，廣内氏の活発な連想のそれぞれについて，学校臨床のみならず思春期臨床に携わった者ならば，想像できることが多々あるだろう。1回目のかなり早い段階から，ミサは家族関係の秘密を語る。「話したことを言わないでほしい」という前置きは学校現場では最大級の危険な共謀への入口になることがある。その情報の取り扱いをどうするかも悩ましい。しかし，廣内氏は頑ななまでに「了解なしに」直接話法でミサの話を担任にも母親にも伝えないし，ミサの他の不登校生徒への強い関心に対しても直接的には答えない。単に情報を出さない，答えないだけなら教員や生徒，保護者，全員の信頼を失うところだが，必要最低限にスクールカウンセラーの感じたことを選択的に提供し，相手に語らせていく。とりわけ，母親に会うことを1回目にミサ本人に提案し，さらに理解を深めようとするシーンは一転して素早い動きであり筆者は驚きを禁じえなかったが，廣内氏の覚悟と訓練に裏打ちされた決断なのだろう。

　しかし，ミサの偽成熟への誘いは2回目の面接において「聞きますか？」という表現で明白に出現し，廣内氏に「カウンセラーぶった」態度を取らせ，あっさりと見抜かれたような記述がある。ここをエナクトメントとして理解できるかどうかは大きな分岐点である。ミサ自身，分かってもらえること，見てもらえることに一種の興奮を感じているようだが，一方でさまざまな傷つきから大人の本性を見抜く過敏さを備えており，うっかりすると援助者側が偽りに加担している調子のいい大人として梯子外しをされる危険な場面だといえる。これはミサからの無意識的な挑戦状であり，そこを生き抜き，考える「スペース」を提供できるかどうか試されたのだろう。ごまかさない廣内氏の態度を信頼したかのように，多くの分離体験，家族内の不和だけでなく，「犬にいじわる」する自分を連想で語っている流れは興味深い。

　母親面接では，廣内氏がミサ側に立っていると思われたか，母親が表面的であったようだが，語りのレベルとは逆に，ミサがまだマスクを外さず実態を顕わにしていないことに気づくシーンが印象的である。語りと振る舞いを

合わせると母親もミサも何かを出しておらず，その気づきからミサの成長による母親の危機やミサの葛藤を読み取ることはいうほど簡単ではない。

5. おわりに──浅知恵

　学校現場で週1回，4時間目に面接を設定できるという安定した背景もあるのか，解釈的に関わる方針を立てたようだが，具体的にはどのような解釈だろうか。筆者なら他の不登校生徒へのミサの関わりを，投影同一化のプロセスとして理解し，自分がしてもらいたいことをしているのではないかと伝えるかもしれない。その反応を見て，内省的な心理療法的関わりが適しているかどうか考えるだろう。廣内氏の細やかな考察に同意したうえでのことだが，「壊れずに考え続けることが可能な（母親も支えられる）父親」をミサが求めていて，本当に廣内氏はその相手になるのか，要求すると迷惑がられると思っていそうな彼女が必死にアクセスしていると筆者はあえて巨視的に捉えてみたがどうだろうか。

　廣内氏もさまざまな大人の事情にさらされる学校現場だからこそ，ミサの意識的・無意識的な求めに応じられるかどうか，安定的に考え続けられる存在かどうか，炙り出される全体的な動きを彼女は見ており，それを生き抜ける対象に「たどり着き，見つけてもらいたい」と期待も不安も感じているように思えてならない。一読者としてこのように連想が活発になる素材の提供に感謝したい。

スクールカウンセリングにおいて心理療法を実践する前提としてのアセスメント面接——他児と良好な関係を築けない男児の事例から

【藤森旭人】

1. はじめに

　1995 年から「文部省スクールカウンセリング活用調査研究委託事業」が開始され，中学校を中心にスクールカウンセラーが学校現場へと足を踏み入れることになった。スクールカウンセリングは限られた勤務時間の中で心理臨床を実践しなければならず，応用が求められる業務である。

　その歴史の中で「心理臨床の基本的立場を守りつつ，学校という場に即した柔軟なアプローチを模索する努力」（徳田，2000）の必要性が強調されてきた。そして心理療法に関しては外的構造（時間や場所）の確保が難しいことなどを理由に慎重に行うよう示唆されている（國分，1996 など）。特に，教師や生徒にとって日常生活そのものである学校においては，無意識などの精神分析的な概念の導入について敬遠されてきたきらいがあるようにも思われる。そんななかでも，早川（2002）はスクールカウンセラーとして中学校で不登校生徒に対して心理療法を行った事例を報告しており，心理療法を行ううえで，安定した面接構造や担任との連携の重要性が考察されている。そして担任との良好な関係を築くために「親・本人・スクールカウンセラー・担任あるいは学校スタッフのなかで起きている転移・逆転移を理解し，その力動を教師に分かりやすく伝え，理解を共有することが何より重要」だと結論づけている。

　一方で，スクールカウンセリングにおいて，子どもたちの行動や症状，特徴，こころの状態等のアセスメントに関しては，どの心理臨床の領域からも一定程度その重要性は述べられ，その知見は蓄積されてきているように思われる。しかし，心理療法を実践するための前提として，スクールカウンセリングにおいて子どもと彼らを取り巻く状況をアセスメントすることの重要性を説いた論考は管見の限り十分でない。筆者はこれまでのスクールカウンセ

リングで，親面接や教師コンサルテーション，タビストック方式乳児観察を応用したクラス観察等に加え，心理療法と同様のセッティングでのアセスメント面接を実践してきた。本章では，そのアセスメントの様子を詳細に描き出し，スクールカウンセリングにおけるアセスメントセッションの重要性について言及していきたい。

2. 事例の概要

　本章で取り上げる小学校は小規模校であり，幼稚園から同一の集団であり，転校等で多少児童の入れ替わりはあるが，幼稚園から中学校までは，基本的に1～2クラスで生活を送る，いわば田舎の小学校である。ここで提示する児童に出会う以前に，筆者は本小学校に数年間勤務しており，週1回40分の心理療法を数ケース実践していたため，アセスメントセッション後，心理療法に移行するか否かを決定するという流れはある程度確立されていた。相談室は，保健室の隣にある8畳ほどの縦長の個室であり，長机とパイプ椅子が置かれていた。玩具は，象徴的な表現を促進するという目的を前提として，画用紙や折り紙，紙粘土，色マジック，箱庭，カルタなどを置いた。また児童が心理療法中に作成した作品を入れる個人用の玩具箱を用意した。

　小学4年生のトシヤ（仮名）は，2学期に都市部から本小学校へと転校してきた。トシヤがクラスにまったくなじめず孤立していることを心配した担任から相談があった。彼は，他児と頻繁にもめ，暴言を吐き，すぐに手が出るという。また，気に入らないことがあると壁に頭を打ちつける行為も頻発していた。授業中は授業と関係のない本を読んでいることが多く，注意をされても聞こうとせず，担任は対応に苦慮していた。

　トシヤと会う前に，担任や管理職，スクールカウンセラーとのコーディネーター役も務める養護教諭から聴取した家族背景は以下のとおりである。トシヤは，専門職の父親と，専門的な資格を活かしてパートをしていた母親，小学校6年生の姉の4人家族であったが，ひとりで生活している母方祖父の看病をしないといけないという理由で，父親は仕事をやめ，家族で母方の実家に越してきていた。転校前の小学校では「問題なく過ごしていた」と母親は言っているという。母親は「すごく心配性」だと，どの教師も口を揃えていた。

転校後，姉弟ともに，授業中に本を読み，注意されると悪態をついたり，教師を無視して聞こうとしなかったりということが続き，ふたりは申し合わせたように「転校生だから分からないの！」と，悪態をつき，次第に周囲から疎まれるようになっていった。学習については，ふたりとも興味のある科目の項目しかやろうとしていなかった。トシヤは授業中に消しゴムを千切って前の席の児童に投げたりして，周囲の児童に注意されても聞かないため，次第に無視されるようになった。しばしば「（前の）○○小ではこうだった」と，本校と比較して，前のほうが良かったと発言していた。転校についてはふたりとも「おじいちゃんが病気で世話しないといけないから」と，これも申し合わせたように言っていた。しかし「前の学校にいたかった」とは一切言わない。ふたりとも頻繁に職員室を訪れ，どの教師かを問わず，すぐに身体を接触させてくるという。

トシヤの家での様子について，母親は「あの子は人といようがいまいが気にしないから，別の広い部屋で，ひとりで寝ている」と述べていた。一方，両親と姉は共に寝ており，母親はトシヤに「授業中に本を読むのをやめたら，一緒に寝てあげるという条件」を出していた。また，母親は「友達とうまくいかんのは，あんたが何でも好きなことを言うから。我慢が足りないの」と，諭すように言っていた。

母方祖父は，教師たちには元気そうに見え，「こんな（姉の）卒業前の中途半端な時期に（両親揃って）仕事を辞めてまで引っ越してこなければいけなかったのか」と，疑問を抱いていた。教師たちは特にトシヤの対応に苦慮し，まずは，彼を見立ててほしい，そしてなんらかの援助の方向性を相談したい，その後，心理療法が有効だと思われる場合は続けてほしいということで，3学期の始めにアセスメントが依頼された。

アセスメントを開始するにあたっては，これまで本小学校で実践していた面接と同様に，担任から「トシヤのことを考えてくれるスクールカウンセラーの藤森先生が週1回来てくれているから，とりあえず3回相談室でお話ししたり，遊んだりしておいで」と伝えてもらっていた。そして，養護教諭に教室と相談室との送迎をお願いしていた。この送迎については，「ひとりで相談室に来るよりも，教師と一緒の方が安心感を持てるし，守られている感じがすると思う」と伝え，以前のケースから同意を得ており，体系化されてい

た。なお，トシヤの面接は，管理職や保護者の同意のもと，授業時間1コマ40分内で行われた。

3. アセスメント過程

【第1回】

　私が一時相談室から離れている際に，先に養護教諭に連れられて，相談室の前までトシヤは来ている。私がその様子を廊下から見ていると，トシヤは相談室の中を覗き込んで「誰もいない」と，養護教諭に言っている。トシヤは，年齢に比して少し小さく，痩身であった。私は近づき「こんにちは，スクールカウンセラーの藤森先生です」と言って，一緒に入室する。割と視線は合うことが多く，トシヤは不安そうに私を見る。「これから，毎週この曜日のこの時間に3回会って，トシヤ君のことを知りたい」とアセスメント面接の説明をするが，落ち着かない様子で，何回も「〇曜日?」「〇時間目?」「今日だけ?」などと聞き返し，まるでパニックになっているようであった。私は，彼が部分的にしか聞けていないような印象を持った。彼は早口で喋り，相手に何も言わせないようにしているようにも感じられた。生意気な感じで，かわいらしい様子があまり感じられないというのが，彼に対する第一印象であった。

　私は視覚的に見通しを持たせたらどうなるかと思い，カレンダーで今後の予定を確認することを提案するが，トシヤは面接室を動き回って玩具箱を覗いたり椅子や机に触れたりしている。私は，関心を向けてくれる対象がトシヤの中にはいないのではないかといった印象を抱いた。再度カレンダーに関心を向けさせると，「分かった」と，今後の予定は理解できたようであった。

　私は定位置としているパイプ椅子に座り，トシヤの様子を観察する。彼は箱庭に行き，落ち着きなく両手で砂を触り始める。無造作に砂をかき混ぜているような様子である。停止することなく，隣の箱庭アイテムが置いてある棚に移動し，「戦争」と言いながらアイテムを放り投げるように箱庭に入れていく。トラやライオンなどの獰猛な動物や，騎士，軍隊などを箱庭に入れ終わると，彼は箱庭の前に立ち，砂を混ぜながら私に話しかけてくる。私はトシヤから少し離れた背後にいるという位置関係であり，時折彼は振り返っ

て私を見る。「おばあちゃんが死んで，おじいちゃんは一人寂しく生活してて，心臓に大きな塊ができて，死にそうだったから引っ越してきた」と，引っ越しの理由を説明する。その引っ越しについての想いを尋ねると，「別に何も変わらん」と砂を見たまま言う。まるで自分がなく，誰かに言わされているような気がする。私が「ライオンと戦車が戦ってるんだね」などと，トシヤが行っていることを記述していると，「戦車」や「ライオン」などの単語を口にし，私の発言を聞いてはいる一方で，まるで私の言葉が吸収されていくような感覚を抱いた。トシヤはさらに棚からアイテムを取り出し，箱庭の中に放り込んでいく。アイテムが増えすぎ，混沌として，私にはその中で何が起こっているのかよく分からない状態になる。しかし，騎士とピーターパンが戦っている構造だけはなんとか保たれている。私は「なんで戦ってるのかな」と問うものの，「自分でも分からん」と言う。最終的によく分からないまま終わり，砂をきれいにならして，丁寧に片付け始める。「君も片付けて」と，私のことを「君」と言う。このとき私は，トシヤとの間のいわば冷酷な距離を感じ，さらに上から言われているようで，私は彼に反抗したい気持ちを抱いた。

　帰り際，「ずっと来たい」と，私を見ずに言うが，その理由については答えない。そして時間になっても面接室から退出しようとしない。しぶっているようには見せないようなしぶり方で，ソワソワと面接室の中を歩き回っている。しかし，廊下に出るとすぐにサーっと走り去って行ってしまい，私や迎えに来ていた養護教諭を置き去りにするかのようで，私は呆気にとられた。私は彼に従いたくない思いを節々に感じた一方で，その他のときは，彼に対して何も感情が起こってこないような気がした。感情はどこかにあるのに，私の中で抑圧しまっているようにも感じられた。

【第2回】

　「あ，いた〜」と少し嬉しそうに，トシヤは面接室にやってくる。私には先週トシヤが楽しんでいるようには見えなかったので，その様子に驚くとともに，私はトシヤに会うことに対して，少し身構えていたことに気がつく。彼はすぐに箱庭に行く。先週のことを覚えてはいるようで連続性はある感じがするが，表現内容もつながっているのだろうかと思いながら彼の様子を観

察することにする。彼はお釈迦様を取り出し，私に渡してくる。「重いよ」と彼が言い，「お〜」と，私が受け取ると，「この前も言ったじゃん」と，私が覚えていないかもしれないことを責めるような，見下すような言い回しだが，ほんの少しかわいらしさも感じられる。

　トシヤは箱庭の右下に木々を置き，「森」と言う。その中から「ライオン」が出てくる。左下には戦車を置き，ライオンとの戦いが始まる。先週よりは確実に構造がはっきりしている。彼のなかにある攻撃的な部分がライオンとして出現し，それをどうねじ伏せるかを試みているのだろうかという連想が私の中に浮かんでくる。トシヤは自身の世界に没入するかのようにそれらを激しくぶつけ合う。そしてカバ，ゾウもライオンの仲間にする。消防隊が出てきて「動物解放局」と言って，ライオン達を自由にしようとする。「藤森先生に，トシヤ君の攻撃したい気持ちを自由に向けても大丈夫かなってことかな」と伝えると，「藤森先生って，君か」と，まるで，上司がその他大勢の直接関わりのない部下の一人に接するときのように，他人行儀な雰囲気を醸し出しながら言う。今回は比較的興味深くトシヤの表現していることを記述しながら見ることができていただけに，私がいてもいなくてもトシヤには関係がないかのようで落胆が生じる。また私は人というよりは標本やモノにさせられたような気持ちにもなる。

　終了時間になるとトシヤは「ずっと来たい。楽しいから」と，また退出をしぶる。今回はゆっくりと歩いて帰っていった。

　また，この日の登校時，校門で教頭に「あの大きな工場をどうやったら破壊できるか。オレだったら，○○爆弾を……」という万能的な空想を話していたという。教頭は「すごく自分を誇張するので，子ども同士だったら誰も聞かないだろう」「家では自転車を買ってもらえなかったりと，思い通りにいかないことがたくさんあるのでは」「周りがトシヤの言動に少し慣れてきたよう。集会のときも速く歩き過ぎるので，周りの子に，ゆっくり歩けと言われたら，今度はスローで歩くし，適度で，という伝え方をちょっとずつ周りが分かってきたみたい」だと述べていた。

【第3回】

　走って面接室にやってきて入室し，「ずっと来たい。楽しかった」という。

本心か分からないが，続けるための手段として言っているような気はする。食物カルタを取り出し，「先生が読んでから探して」と，初めて先生と呼ばれる。私が読んでいる間にトシヤは絵札を見つけてしまうため，負けることが義務付けられているような条件である。「これじゃあ藤森先生は何もできないし，トシヤ君のために読んでいるようなもんだね」などと伝えてみる。しかし，トシヤの様子を見ていると，そもそも勝負というレギュレーションのなかでこれをやっている訳ではないようである。食物に合わせてトシヤは「納豆は好きだけど，あんまり食べない。お母さんがたまに買ってきてくれる」「うちの米はコシヒカリ。一級品のをおじいちゃんが作ってる。○○（転校前の都市）にいたときからもらってた」などと話す。この辺は割と自然な会話をしている感覚だが，どこか偉そうに振舞われている感じも拭えない。最後の１枚になったとき「お母さんだったら，他のカードを何枚か入れて，他の触ったらお手付きにする。お母さんは強暴」と言う。「強暴」について詳しく聞いてみるが，それ以上は答えない。

　残り時間が20分ほどとなり，3回の面接についてどう思ったかをトシヤに尋ねる。彼は「ずっと来たい。でもなんで来たいかは言えない。絶対」という。何かつらいことも言いたそうな雰囲気だが，それを押さえつける力が働いているような印象である。しかし，もはやその押さえつける力もそんなに強くはないようにも感じられる。私は，トシヤの来たい気持ちは分かったこと，そのうえで，担任や母親と相談して，今後どのようにトシヤと会うことが彼のためになるかを考えて決めることを伝える。

　トシヤは「何しよう。暇。壊したい」と言い，箱庭に行き，戦車を砂の中に埋めて柵で囲み，マリア像をその上に置く。私は「トシヤ君の怒ってる気持ちかなあ。でもそれ，出したらいかんように思ってる」と伝える。すると，騎士を取り出し，その剣を外し，私のところに来て，切りつけてくる。今までより自然な流れで，私に近づいてきた感じがする。そして，少し私から離れて話し始める。少し震えながら「登校班でもいじめられるし。はじめは優しかったのに，いつの間にか。○○小のほうがよかった」と言い終わった後，箱庭に戻り，マリア像ですべてを破壊しようとする。「トシヤ君のお母さんみたいだね」と私が伝えると，トシヤは「お母さん最強（最恐?）。お父さんより強いからな。お父さんは日本一。ウソ。でも○○小で，空手日本一の

子いた。オレは弱いけど」と，言語連想のような話し方だが，少し自分の弱みを言ってくる。「ストレス解消に来たい」と彼は言う。私は，続けることになったときは，トシヤの思っていることや気持ちを一緒に考える時間にしたい旨を伝える。すると，トシヤは画用紙で大きな紙飛行機を作りながら「これで何作ってるか分からん人はアホ。トシヤの推薦がもらえない」と言う。私は「トシヤ君のこと藤森先生に分かってもらいたいし，続けて来れるように推薦してほしい」と伝える。「藤森先生なんて言ってないし」と，私には別に期待していないから，といった拗ねたそぶりを見せながらも，そこに一縷の望みが含まれているようで，この面接に何かを見出そうとしているトシヤもいるように感じられた。

【母親面接】

　トシヤとのアセスメント面接後，放課後に母親面接も40分の枠組みで実施した。母親はハキハキしているが，どこか自信がないような表情をしていた。母親は「トシヤは家では普通に過ごしている」と，まるで，問題はすべて学校の対応にあるかのように言う。「普通」について詳しく聴くと，「家では何も問題を起こさないし，言うことも聞いている。学校でひどい目に遭ってるみたい。ちょっと友達に話しかけたら，何?ってどつかれたり。僕だけ怒られるって。前の学校のほうがよかったって」と，学校でトシヤがいかに被害にあっているかを述べる。「前の学校の様子」についても「楽しく遊んでいた。友達の名前もよく出てきた」というが，具体的なエピソードまでは言及しない。私はさらに当時の放課後の様子を聴くと「ほとんど遊ばせなかった。家の前が交通量の多い道路だったので」と応じる。私は，そうであったとしても他にも遊ばせる方法はあるのではないかと，どこかちぐはぐな印象で，違和感を覚える。すべてこの学校が悪いと言っているような言い方で，トシヤのことをあまり見ていないような気もする。「トシヤは理屈で説明しようとして友達とけんかになることが多い」と言う。なぜそうなると思うかを問うと「私がトシヤに説明ができたら許すというやり方をしてきたからかもしれません」と，少し内省的な感じもする。しかし，家での具体的な様子も出てこず，あまり彼のことを見ていないような印象を私は強く抱いた。一方で，過度にトシヤに同一化し，ひどい母親だと思おうとしている私がいる

ことにも気がついた。

【見立て・方針】
　トシヤはまず，筆者との出会いでパニックのようになったのが特徴的であった。このようなこころの状態は日常生活のなかでも頻繁に生じており，それを覆い隠し平静を装うために，対象との交流を遮断し，まるで鎧をまとっているかのように他者を寄せ付けないようにしていることが推察された。トシヤの話を聴いてくれるような対象はあまり想定されていないようで，筆者は全体的な対象として見られていないことが多いように感じられた。情緒に蓋をし，理詰めで必死に説明しようとするトシヤがいる一方で，彼の気持ちを分かってもらいたい様子も垣間見えた。特に「獰猛な動物」の素材など，怒りを抑圧していると感じられる部分は多く，「破壊」につながらない形態でどうワークスルーしていけるかが今後の課題であると考えられる。筆者のことを「君」と呼んだりし，コミュニケーションの多くは，トシヤ自身の言葉を用いておらず，筆者の言葉も血の通った人間の言葉のようには捉えていないように感じられたことから，今後，心理療法を通じた私との関係のなかで，どれだけ相互主体的な存在としてのやりとりを育めるかが，トシヤの成長の鍵になると考えられる。母親も含めこの家族と協働関係を築いていくことは，険しい道のりであることが想定されるため，スクールカウンセラーである私や教師との連携を密にしていきながら，この家族を支援していくという構造が不可欠であろう。
　トシヤの表現内容は，1回目よりも2回目のほうが，特に箱庭を通じて，構造が明確になっており，秩序だった構造のなかで，トシヤのこころについて考えていける余地があるように思われた。同時に「お釈迦様」の素材から，「日本一」強い父性的対象ばかりでなく，トシヤのことを考えてくれ，彼の「重さ」を受け止めてくれるような「優しい」父性的対象も筆者に求めている様子がうかがえた。トシヤの対人関係のあり様は，迫害感を抱きながらも虚勢を張って自分を保とうとするために，周囲に不快感を与えたり，攻撃性を誘発したりしていることが多いと考えられた。そのような関係性を通じて他者とつながったり，関心をひいたり，他者の情緒を引き出すために，友人関係も難しくなっているのだろう。同時にトシヤの反抗的で挑発的な態度は，彼

自身の不遇な境遇や待遇に腹を立てていることの現れであろう。筆者が彼に対して従いたくない思いを抱いたことに関しては，転校にまつわるトシヤの思いに同一化していた可能性がある。トシヤは，転校に関する自分の意向も汲み取ってもらえないなど，母親の一部分，あるいは付属品のような体験をしてきているのかもしれない。当面はトシヤの表現していることに関心を示すことで，聴いてくれる対象もこころのなかに根付いていくと考えられる。

　上記の見立てを教師たちに伝え，週1回40分での継続を提案し，同意を得た。すると養護教諭は，「なぜかトシヤには優しくできない自分がいて，すぐにきつく言ってしまっていたけど，なんでかなあって思っていた」と言い，腑に落ちた様子であった。

4. 考察

1）スクールカウンセリングとアセスメント

　精神分析的心理療法を実践する心理職にとって，アセスメントセッションとは通常，後続する可能性のあるセラピーに向けて，見立てや援助指針を立てるために先行する数回にわたるセッションを意味する。しかし，冒頭で述べたように，スクールカウンセリングでは，心理療法を実践するための外的構造を築くことが難しいケースも多い。一方で，それまでの心理職としてのトレーニングを踏まえたうえで，一定の内的構造を持って学校現場へと入り，教師へ心理療法の意義や効果等を説明し，協力を得られれば，アセスメントセッションおよび心理療法を実践できる職場であることは本事例の通りである。そして，この実践は，子どもの成長に寄与するだけでなく，アセスメントによって，教師の心的負担を抱え，子どもについて考えられるスペースを提供できるものであると思われる。さらに，学校現場は，本人面接を通じた内的世界の理解や，保護者と子どもとの関わり，保護者の子ども理解の程度に加え，教師から日常生活の様子に関する情報を得られるため，多角的なアセスメントを通じて見立てを立てることができる職場である。

　ボーンスタイン（Bornstein, 1951）は，児童期の子どもについて，自由連想は，内省能力が徐々に発達した後にのみ可能であることを示唆している。本事例は，年齢的な心的発達と本児童特有の抑圧傾向が相まって，表現される素材は限局的であったと思われる。それでも，アセスメントセッションを

追うごとにその内面の様子が素材に反映され, 変化が見られたことを踏まえ, 見立てと今後の援助方針を導き出している。したがって, スクールカウンセリングは, 精神分析的なアセスメントが十分に活用できる可能性のある実践の場であるといえよう。

［文献］

Bornstein, B. (1951). On latency. *Psychoanalytic Study of the Child*. 6, 279-285.

早川すみ江 (2002). スクールカウンセラーとして関わった不登校生徒との心理療法過程. 心理臨床学研究, **20**(5), 453-464.

國分康孝 (1996). スクールカウンセラーの機能と役割. 精神療法, **22**(4), 373-380.

徳田仁子 (2000). スクールカウンセリングにおける統合的アプローチ——心理的援助と学校教育の相互作用. 心理臨床学研究, **18**(2), 117-128.

小学校内の面接室で心理療法を
実践するために

【鈴木　誠】

1. はじめに

　小学校には，心理療法が必要な子どもは相当数いるが，しばしば親の無関心や貧困ゆえに学校外の心理療法に通えない。こうした子どもにとって，学校で提供される心理療法は唯一の機会だが，こうした学校はまれである。学校やスクールカウンセラーがしばしば「心理療法を症状除去モデルの医療と同一視」していて，「学校で心理療法をすべきではない」と主張するからである。

　しかし「こころの発達・成長モデル」の心理療法は，心身の成長を促進する学校教育と同じ営みである。また小学校では，思春期青年期心性が優勢な中学校とは異なり，荒れた小学校や高学年を除いて，教師や児童のグループは潜伏期心性の渦中にある。勤勉や従順さといった潜伏期心性が，心理療法への導入を比較的容易にさせる。ここでは，「個人とグループ・空想と現実が交差する場所としての学校」の観点から再検討してみたいと思う。

2. チーム学校の中の心理療法

　トシヤの学校のように，心理療法導入の手順や環境が整っていることは通常ない。おそらく藤森氏が，学校内に心理療法実践をサポートする「教師グループ」を構築してきたのだろう。こうしたグループは，教師が「こころの探索のための協働作業」と「情緒的体験から学ぶ」営みを経験し，子どもの理解が深まり，日常的な教育実践に役立った実感を経て成立する。授業観察や教師へのコンサルテーションを通して，子どもの理解を共有した体験が基礎にあると思われる。

　トシヤの学校では，心理療法を支援する教師グループが，「カップル家族」のように機能しているといえる。「家族背景の聴取」は単なる情報収集では

なく，教師グループが「子どものこころに想いを馳せる」機会となっているのだ。この段階で，姉にも同じ問題があること，トシヤが家族内でも孤立，あるいは母親と距離をとっていることが明らかになっている。これはトシヤ個人の問題が，実は家族病理である可能性を示唆している。そのため藤森氏も教師グループから保護されると同時に，トシヤのこころを考える協働を通して，このグループ機能を維持することが要となる。この協働なくしては，子どもとその家族病理に取り組めないだろう。

3. トシヤのこころの世界について

　最初に注目したいのは，トシヤの混乱ぶりとその対人関係の持ち方である。教師の話では，トシヤはクラスでは孤立していて，粗暴になり，自傷的に頭を打ちつけるという。そして教師にも反抗的で，ひとりで本を読んでいたり，「前の学校では……」と比較はするが，物わかりの良い大人のように「前の学校に居たかった」とは決して言わない。その一方で，頻繁に訪れる職員室では極端に依存的になっている。面接でもセラピストを「君」と呼んで距離をとっていたが，やがて「藤森先生」とも呼ぶ変化も見せる。こうした記述からは，トシヤが同年齢のグループでは激しく動揺し，混乱した幼児になってしまう様子が際立っている。冷静な成人期心性，大人に反発する思春期青年期心性，読書に引きこもる，自己破壊的になるなど，多様な防衛を駆使しているが組織化はできていない。ただ「藤森先生」と呼んだり大人（職員室）には依存的にもなれる点は，心理療法にも依存でき活用できることを示唆している。

　次に注目したいのは，箱庭に獰猛な動物や兵士などの人形を投げ入れた行為である。これは「未知の地域社会や学校」に投げ入れられたトシヤの体験ではないだろうか。そこで繰り広げられる混沌とした戦いのなかで，辛うじて浮き彫りになったのは，ピーターパン（潜伏期心性）と脅威となるアイテムとの戦いである。孤独の中で「なんだか分からない」未知の状況の喚起する不安や不確実性に直面して，必死にもがいている。トシヤを脅かしているのは，新しい家族形態，見知らぬ地域社会や学校なのかもしれないし，混沌とした家庭環境なのかもしれない。

　面接終了後のトシヤのしぶり行動は，二つの観点から理解できる。一つは，

学校における心理療法実践が直面する「現実」と「空想」の近接性である。通常の心理療法の体験（空想）では，「中間領域」として移動する時間や空間があり，日常生活（現実）とを分け隔てている。この中間領域が「現実」と「空想」のクッションとなり，心理療法で安心して「こころの世界」の探索ができるようにしている。しかし学校内では，面接室のドアを出た瞬間に「現実」に適応せねばならない。この落差は大人でも勇気のいる厳しい体験だと思う。そのため渋り行動が生じていると思われる。もう一つは，移行期の難しさの示唆である。家庭におけるひとりの世界から家族の人間関係への移行，家庭から学校の移行，面接という空想世界から面接室の外の学校という現実世界への移行などに困難を抱えている可能性である。

　戦いがテーマとして繰り広げられているが，攻撃性や怒りは，対象喪失や未知の情緒的体験に対する防衛ではないかと思う。「獰猛な動物」は「動物解放局」によって保護される，傷ついている／必要な保護を失っている対象とみなされているようにも思える。慣れ親しんだ「前の学校」の人間関係や母方祖母の喪失，母親の過剰な不安や罪悪感，母方祖父を失う不安もトシヤを圧倒しているかもしれない。

4. 家族病理

　母親面接は家族機能のアセスメントにおいて重要な役割を果たす。母親には内省的な部分もあるが，他罰的で不安が高く，トシヤの姿をよく見ずに管理する傾向が見られる。そして3回目のアセスメント面接でも，トシヤは「最強の」母親が作った規則で支配されており，そこには罠が張り巡らされていると言う。ここには母性が機能不全で，厳格な規律で家族を支配する父権家族の特徴を見ることができる。この場合，外部の母性的機能である教師グループやスクールカウンセラーをうまく活用できるかもしれない。しかし父親が仕事を辞してでも母方祖父のケアをする生き方を選択し，これに子どもたちをも巻き込んでもいる。これは有無を言わせず「自分のライフスタイルへの肯定」を求め，家族へも忠誠を強いるギャング家族の特徴と見ることもできる。この場合，心理療法の展開によるトシヤのこころの成長が，家族力動の安定を脅かすことも予想される。母親の不安が極端に高まったり，家族内の緊張や対立などの問題が生じる可能性もあるのだ。最悪の場合には家族はパ

ラノイドの状態が強まって他罰的となり，こうした家族の問題を引き起こした心理療法が攻撃され，中断の危機が生じうる。

　こうした家族病理やその力動は，トシヤを支援する教師グループに投影されて現実化する可能性もある。今のところ教師グループにはカップル家族の特徴があるが，厳格な規律でトシヤに対応する父権家族やパラノイド状態のギャング家族のようになってしまい，支援者としての機能が低下するリスクがあるのだ。養護教諭の「なぜかトシヤには優しくできない」との言葉には，一部がすでに投影されている可能性が示唆されている。

5. おわりに

　組織から独立した開業モデルの子どもの心理療法では，家族機能が保たれていることが多く，組織病理の影響は受けない。ところが学校は，個人とグループ・空想と現実が間近に交差しているので，学校内での心理療法にはこの観点からの工夫が必要である。つまり家族病理が容易に教師グループへと投影されて，学校が課題離脱集団になり心理療法の継続を妨げることも生じる。そのため心理療法で得られたこころの理解や家族機能について，教師グループと話し合い共有し続けることで，カップル家族の機能を維持することが要となる。さらに学校内での心理療法では，面接室の場所によっては「現実」と「空想」との境界が部屋のドア一枚と脆弱になりうる。つまり面接室に入るのも出るのも，こころに衝撃を与えうるのである。そのため保健室などを「中間領域」にして，これを緩和するなどの工夫も必要になるだろう。

子どもへの好奇心としての
精神分析的アセスメント

【ガヴィニオ重利子】

1. はじめに

　心理療法実践は，オリエンテーションだけでなく，臨床家一人ひとりの経験や価値観によってもその展開は多様であり（Buechler, 2004），アセスメントもまた異なってくるだろう。ここでのコメントは，精神分析的アプローチという共通基盤のもと，子どもから見た世界や力動を理解することを特に重視する筆者の臨床的視点から本事例を再考しようとするものである。

　まず，今回行われたアセスメントは心理療法適用の有無を判断するためであったと理解するが，それが本事例においていつ判断されたのかが明確ではなかった。そのような判断に用いられた項目や過程もアセスメントの議論においては提示される必要があったのではないだろうか。また，スクールカウンセリングという場での心理療法実践の是非についてもここでは触れられていない。生徒の在学期間という時間的制約や原則単年度契約が多いスクールカウンセラーの継続勤務の不確かさなど，学校という場で継続的で安定的な面接を実施することは構造的に極めて難しい。それぞれの子どもの背景を踏まえ，この構造の影響やリスクをアセスメントすることは，スクールカウンセリングにおいて特に重要となるだろう。同時に，学校の持つ特徴と子どもの持つ動因（転移や関係性の問題）がどのような力動を生み出しているのかを見立てることも支援に大きく役立つだろう（Youell, 2006）。

2. 大人たちがトシヤへの好奇心を見失っている可能性

　たとえば，本事例において，「心理療法への理解がある」とされる学校だが，生徒を登校時間中に別室に送ることに抵抗の薄い学校は，その点を批判的に検討してみることも重要かもしれない。授業の時間は本来，教員が生徒に責任を負う時間であり，毎週同じ日時にスクールカウンセラーと会うとなれば，

連続して同じ授業を抜けてしまうことになるため，その影響を憂慮する教員は多い。これは安定的なセッションを提供したいスクールカウンセラーにとって時に協力的でないと映ることもあるが，教員が生徒への責任を積極的に担っているサインでもあるだろう。生徒の退室が抵抗なく許容されるとき，その対応が当該生徒に特有な対応であるのかどうかも，重要なアセスメントとなるだろう。つまり「家では何も問題は起こさない」として「あまり彼のことを見ていないような」印象を与える母親と，トシヤの問題行動を教室とは別のカウンセリングに委任し，勉強では何も問題は起こさないとしてあまり彼のことは見ていないかのように振る舞う教員という重なりの可能性である。面接初回に聞かれた「トシヤのことを考えてくれるスクールカウンセラーの先生」という担任からの紹介も，自分のことを引き受けて考えてくれる親や先生がいないという体験をしているかもしれないトシヤには，一体どのように聞こえただろうか。大人たちの協力が共謀（Salzberger-Wittenberg et al., 1983）となる可能性について考えさせられる。

3. トシヤへの好奇心を取り戻す糸口

　このような仮説を立てるとすれば，スクールカウンセラーはそこで起こることを「彼と私のこと」として積極的に担い，理解しようとする姿勢がトシヤとの間では特に重要となってくることが想像される。そのような視点から，面接過程を見ていきたい。

　まず来談初日，トシヤは心理療法に対してどのような理解や動機を持っていただろうか。これは子どもの心理療法に対する同意（informed consent）の問題（Rustin & Quagliata, 1997）でもあるが，事例記述ではそれらはほとんど触れられていない。子どもの心理療法において，理由や周囲の動機を十分に説明されず面接に連れて来られる子どもは決して少なくないが，トシヤの事例ではそのような体験が彼の繰り返し晒されてきた困難と重なる可能性が高いと考えられるため，特に注視したい。授業中であるはずの時間に自分だけ別の場所へ連れていかれることになったカウンセリングは，トシヤにとって2学期に突然実行された転校や自宅でひとりだけ別室で寝かされる体験と重なるかもしれず，そのような可能性をスクールカウンセラーが念頭に置いていることは重要かもしれない。面接室に来るにあたってトシヤが感じ

ていたであろう不安や，何をするためと言われて来たか，その理解や心持ち
を尋ねる関わりがもしここで起こらなかったのだとすれば，「関心を向けて
くれる対象がトシヤの中にはいない」とのスクールカウンセラーの洞察は，
スクールカウンセラー自身がトシヤに十分な関心を向けられていない事態と
しても，考察に値するだろう。「これから毎週この曜日のこの時間に3回会っ
て」というスクールカウンセラーの説明は，唐突に言い渡された転校のよう
にトシヤには有無を言わさぬ大人の事情説明であり，「パニックになってい
るよう」であった様子はむしろ自然な反応であったかもしれない。トシヤと
の間で大人がそのような関わりに陥りやすいのだとすれば，それがいかにし
て起こるのかをアセスメントすることは有効だろう。

　スクールカウンセラーは次に「パイプ椅子に座り，トシヤの様子を観察す
る」姿勢を取るが，これはトシヤにどのようなインパクトをもたらしただろ
うか。ビネットからは彼が「無造作に砂をかき混ぜ……アイテムを放り投げ
る」といった落ち着かない状態に陥っているように見える。養育者の見せる
表情や反応の有無が子どものこころに及ぼす影響を評価した still face
experiment (Cohn & Tronick, 1983) では，母親が表情の動かない真顔（still
face）となった途端，赤ん坊は不安を顕にして情緒の乱れを見せる。もしこ
こでスクールカウンセラーの見せた観察姿勢が反応を示さない真顔としてト
シヤの不安や混乱をかき立てたのだとすれば，「混沌として……何が起こっ
ているのかよく分からない状態」はトシヤの情緒的混乱であり，彼の抱える
自己制御の難しさが観察されたものかもしれない。そして「まるで自分がな
く，誰かに言わされているような」様子や「上から言われているよう」な「冷
酷な距離」の取り方も，情緒的混乱が生じた際にトシヤが見せる対処法と考
えることができるだろうか。そのような見立ては，トシヤの問題行動に困惑
する教員へのフィードバックにも重要な役割を持つだろう。

　2回目以降，トシヤの持つ長所や強みが見受けられた。まず，スクールカ
ウンセラーのこころを動かすような再会を彼が表現できたところに注目した
い。スクールカウンセラーは彼の「少し嬉しそう」な様子に触れ，どう感じ
させられただろうか。「会うことに少し身構えていたことに気づく」スクー
ルカウンセラーだが，その構えをトシヤは緩めることができただろうか。彼
が主導する形で始まったこのやり取りに注目し，スクールカウンセラーのこ

ころがどう動かされるのかを観察することは，トシヤの対人交流における本来の力や強みを評価するのに大きく役立つだろう。

第3回では，「納豆が好きだけどあまり食べない」といった自己紹介をしてくれている。このような語りはトシヤが自分をどう見ているのかを自身の言葉で表現してくれている場面であり，彼の持つ他者との関わりへの積極性や言語的な力量が示されている。相手に自分を知ってもらいたい，聴いてもらいたいという様子と「ずっと来たい」という訴えは，心理療法という関わりが彼にとって有用である可能性を示唆するだろう。

4. おわりに

見立てにおいて藤森氏は，トシヤが「全体的な対象として見られていないこと」に言及している。もしスクールカウンセラーがトシヤとの出会いを「心理療法を前提としたもの」と位置づけてしまうとすれば，それは私たちが心理療法の対象（object）としてのみトシヤを見ることにはならないだろうか。彼の人となり，どんな食べ物を好み，嫌い，どんなことを考え，どんな生活をしているのか。彼の全体性を知りたいというスクールカウンセラーの好奇心は，トシヤのような子どもにとって特に，重要かもしれない。面接室の中で子どもの内的対象関係に思いを馳せることも大切だが，それが子どものどのような生活，環境，そして人間関係から立ち上がってきているのかを「今・ここで」スクールカウンセラーとの間で起こることを通して観察していくことは，精神分析的なアセスメントにおいて特に価値あることではないだろうか。スクールカウンセリングという環境を活用し，学校で当該生徒がどのように見られ，どのような関わりを受け，どのように周囲を動かし，また動かされているのかを観察することも，「多角的なアセスメント」を可能にしてくれるだろう。

「精神分析的アセスメントがスクールカウンセリングに実践の場を見つける」のではなく，子どもへの好奇心という精神分析的視点がスクールカウンセリングにおいても変わらず，子ども一人ひとりのより豊かな生活や学びのために活用され続けていくことを強く祈念し，コメントを閉じたい。

［文献］

Buechler, S.（2004）. *Clinical values*: *Emotions that guide psychoanalytic treatment*. Hillsdale NJ: The Analytic Press. 川畑直人・鈴木健一（監訳）（2009）. 精神分析臨床を生きる——対人関係学派からみた価値の問題. 創元社.

Cohn, J. F. & Tronick, E. Z.（1983）. Three-month-old infants' reaction to simulated maternal depression. *Child Dev.* **54**(1), 185-193.

Rustin, M. & Quagliata, E.（Eds.）（1997）. *Assessment in child psychotherapy*. London: Karnac Books. 木部則雄（監訳）（2007）. こどものこころのアセスメント——乳幼児から思春期の精神分析アプローチ. 岩崎学術出版社.

Salzberger-Wittenberg, I., Henry, G., & Osbome, E.（Eds.）（1983）. *The emotional experience of teaching and learning*. London: Routledge & Kengan Paul. 平井正三・鈴木　誠・鵜飼奈津子（監訳）（2008）. 学校現場に生かす精神分析——学ぶことと教えることの情緒的体験. 岩崎学術出版社.

Youell, B.（2006）. *The learning relationship*: *Psychoanalytic thinking in education*. London: Karnac Books. 平井正三（監訳）（2009）. 学校現場に生かす精神分析——学ぶことの関係性. 岩崎学術出版社.

第4章　教育相談におけるアセスメント

【鵜飼奈津子】

第1節　はじめに

　教育相談は，市区町村ごとに「教育相談センター」などと呼ばれる相談機能を集約したいわゆる外来型の相談システムと，スクールカウンセラーなどの専門家が学校に出向いて相談を受ける，いわゆるアウトリーチ型の相談システムに大別されるであろう。本稿では主に，前者の外来型相談システムにおけるアセスメントに焦点を当てて論じつつ，随時，スクールカウンセラーの仕事についても触れていきたい。

　こうした相談機能をもつ機関の呼称は，市区町村によりさまざまであるが[*5]，その業務の定義づけにも多少の幅があるようである。ただ，全国的に見て，次のような業務を主とするものだと概括できよう。

(1) 教育に関する専門的・技術的事項の調査・研究，および教育資料の制作・収集など
(2) 教職員に対する研修
(3) 幼児，児童・生徒の教育相談

　この (3) にあたる業務が，主に臨床心理士などの専門家が担う相談業務であり，市民に向けて無料で提供されるサービスである。市民サービスであり無料であるというのが，たとえば医療機関や私設相談など，他の外来型の設定で臨床心理士が行う相談業務とは異なる点のひとつであろう。では，市民サービスであり無料である場合，その相談のあり方やアセスメントには何

---

*5　本稿では，教育センターとする。

か違いが生じるのであろうか。特に，教育センターでは「すべての相談者に対して，公平なサービスを提供することが求められる」という表現を耳にすることが多いが，では，公平なサービスとはいったい何なのか。

そこで，本稿ではまず，教育センターにおける相談業務の公平性の問題について検討し，その後，アセスメントのあり方について検討する。そして，そのアセスメントの結果，心理療法というより専門的なサービスを提供する可能性を考える場合に求められる，「心理療法のためのアセスメント」について論じる。

なお，ここで掲げる問題意識は，すべて筆者が複数の教育センターにおけるスーパーバイザーとして，検討・考察したことに基づいている。つまり，本稿で論じる諸点は，実際に教育相談の現場で起こっている課題に向き合うことを目指すものであり，そこで仕事をする臨床心理士らにさらなる問題提起と検討の機会を促そうとするものである。

第2節　教育相談における公平性と公正性

1. 公的機関としての公平性の担保とは

どの相談者にも「平等に」「同じ」サービスを提供することが公的機関としての「公平性の担保」なのだろうか。これは，本稿に通底する問いである。

教育センターとは，公的なサービスを提供する場であり，市民サービスという使命を負っているため，すべての相談者に対して，「平等に」「同じ」サービスを提供しなければならないという考えをよく耳にする。たとえばこのような例がある。

A家の親子にはそれぞれ別の担当者が別々の部屋で，親子それぞれから話を聞いている。ところが，B家の子どもは不安が高く，親と離れることができない。それでは当然，B家の子どもの不安が軽減され，親と別の部屋で過ごすことができるようになるまでは親子同室で話を聞いてみようというのが一般的な発想ではないかと思われる。ところが，「平等に」「同じ」サービスを提供することが至上命題となっている，むしろ組織が思考停止状態に陥っているような教育センターでは，不安の高いB家の子どもが泣き叫ん

でいようがパニックに陥っていようが，なんとしても親子を別々の部屋に分けて"相談"を行わねばならない。なぜなら，以前，同じような状況でB家のような親子と同じ部屋で相談を行っていると，A家のように親子が別々の部屋で相談を行っていた家族から，「どうして私たちの相談は親子が別々にされるのか。不公平ではないか」と苦情を受けたことがあったためである。市民からの苦情を避けたい組織はこの苦情によって凍りつき，「必ず同じ形態で相談をせねばならない。それこそが公平な市民サービスだ」という信念を抱えるに至ったのである。

　では，こうした苦情を受けた際，どのような対応がとられるべきだったのか，あるいはとることができたのだろうか。

　ここで，アセスメントがものをいう。つまり，A家の親子には適切であった相談の形態が，必ずしもB家の親子にも適切だとは限らないという，ある意味で専門家ではなくても行き着くであろう当然の見立てである。苦情を申し立てられた教育センターは，「本センターでは，専門的相談事業を展開する市民サービスを提供しており，当方の専門的見立てに基づいて，**それぞれの家庭に最適だと考えられるサービスを提供**しております。その結果，それぞれの家庭に対して，異なる形態のサービスが提供されることは，当然，ありうることです」との返答がなされてしかるべきではなかったか。つまり，公的機関として，**それぞれの子どもと家庭の状況をアセスメントし，それぞれの事情に合ったサービスを提供**する，それこそが専門的な相談機関としての「公正な」対応であるということである。相談におけるアセスメントを通して専門性を発揮することで，むしろ公正な市民サービスの提供が可能になる。専門性と公正さは，両立しうるものであり，決して対立するものではない。

　ただし，これを実践するためには，相談を受ける側に確かな専門性の蓄積が求められる。そして，その脆弱性こそが，組織全体に思考停止状態をもたらし，「公平性」という一見まっとうな概念に拘泥させてしまうことになる。そして，その結果，公正かつ適切な市民サービスを提供することができないという逆説的な状況に陥ってしまうのである。

2. 誰に，いつ，どのようなサービスを提供するのか

　それでは，アセスメントの専門性とは，何なのだろうか。それは，誰に，いつ，どのようなサービスを提供するのかという視点に尽きよう。このことを検討する機会がアセスメントであり，こうしたアセスメントの機会そのものが，すでに「相談・援助」のプロセスである。また，こうしたアセスメントの基本的な考え方は，教育相談の現場に限らず，医療機関や私設相談，あるいは福祉施設など，基本的にはどのような設定においても適用されるものであろう。

　通常，子どもの問題について教育センターに相談に訪れるのは，親であることが多いだろう。またその際，子どもが所属する学校等からの紹介や勧めによって相談に訪れるケースも少なくないであろう。そこで，非常に大まかにではあるが，次のようなパターンについて考えてみる。ここでは，一人で子ども本人・親・教師からの相談を受けるスクールカウンセラーの場合についても触れる。

(1) 子ども自身は，親や教師が困惑しているほどに，（意識的には）困っていないようであり，むしろ，相談などにはかかわりたくはないとすら思っているようだ。しかし，親あるいは教師は相当に参っており，かなりの援助を必要としているようだ。

(2) 親は子どもの問題について，子ども自身や教師等の周囲が考えるほどに重くは受け止めていないようであり，相談に来たのも教師の勧めでしぶしぶ……といった感も否めない。しかし，子どもにとっては大きな問題であり，子どもはそうした自身の気持ちについて受け止めてもらう機会を切実に求めているようである。

(3) 親も子ども本人もまったく問題を重くは受け止めておらず，相談に対する意欲も低いようだが，子どもを抱える学校は相当に疲弊しているようだ。

　これらの状況では，いずれも親あるいは学校が子どものことで相談に訪れているが，この時点で最も援助を必要としているのは誰だろう。

(1) のような状況で子どもに相談を勧めることは難しいかもしれない。ま
ずは，明らかに援助を必要としている親，あるいは教師に対する面接を中心
に相談を開始し，子どもについては状況を見ながら検討していくという方法
が考えられよう。特に，スクールカウンセラーのように一人職場の場合には，
このように「誰をクライエントにするのか」を見極めるプロセスは重要であ
ろう。さもなければ，自分は，親のカウンセラーなのか，子どものカウンセ
ラーなのかが不明確になってしまい，相談者である親にとっても子どもに
とっても混乱をもたらすことになる。また，教育センターのように十分な数
のスタッフが担保されている現場であっても，「すべての親子に母子並行面
接を行う」ことを前提にする必要はない（後述）。時機がくれば，子どもも
自ら相談を受けてみようと考えるようになるかもしれず，そのときまで「待
つ」ことも，専門家に求められる態度であるといえよう。
　それでは，(2) の状況についてはどうであろうか。スクールカウンセラー
であれば，まずは相談を必要としている子どもの話を聞きながら，親にも問
題意識を持ってもらうために，学校との協働を進めることが考えられよう。
当の子どもが相談を求めているのであるから，スクールカウンセラーとして
は，かかわりが比較的容易な状況ではあるかもしれない。ただし，スクール
カウンセラーにできることには限界があり，やはり子どもは自分の問題を真
剣に受け止めてくれない家族のもとで，日々，生活をしているわけである。
子どもが継続的な相談を受け始めたからといって，即座に親の受け止めや態
度に変化が起きるわけでもないだろう。そこで，子どもの話を聞きながらも
家庭の状況については常にモニターし，必要な危機介入ができる体制を学校
との協力のもと，意識的に保持する必要があろう。
　一方，こうした親子が教育センターに訪れた場合には厄介である。
　子どもが教育センターで継続的に面接を受けることを望んでおり，相談担
当者もその必要性を感じる。しかし，親が乗り気ではなく，子どもをきっち
りと相談に連れてきてくれないかもしれない。こうした場合，子どもに対す
る継続的な心理療法を開始することには，慎重になったほうがよい。子ども
が自身の心理療法のプロセスに安全にコミットできないからである。何より
も，心理療法は，定期的にしっかりとリズムを持って通ってくることが前提
になる。それが保証されない限り，心理療法という関係に入っていくことに

は慎重になるべきである。つまり、「子どもの心理療法への動機づけが高いのだから、たとえキャンセルが多発したとしても、心理療法を行ったほうがよい」などということはないということである。この点については、後述する。

　最後に、（3）の場合はどうであろうか。いうまでもなく、親や子どもにこの時点で相談を勧めるよりも、まずは疲弊した教師のコンサルテーションに徹することであろう。

　以上、かなり大まかにではあるが、誰に、いつ、どのような援助を提供するのかというアセスメントの足掛かりとなる、最も基本的な視点について述べた。

　そして、一言で継続的な相談・援助といっても、毎週1回を基本とする子どもの心理療法（親子並行面接）から、月に1回程度のフォローアップ面接、あるいはそうした頻度を特に設定することなく、オンデマンドで必要に応じて面接を提供するなど、幅があることはいうまでもない。この親子には、現時点ではどの程度の頻度の面接が適切なのかということについてもまた、アセスメントをする必要があるということである。

第3節　すべての相談者に対して心理療法を提供するのか ——その見極めこそがアセスメント

　教育センターでは、その相談の始まりの時点から、「親子並行面接ありき」という体制がとられていることが主流であるように思う。さらに、そこで行われている親子並行面接は、「隔週」という頻度で行われることもまた、主流のようである。

　心理療法にはさまざまな学派も考え方もあるなかで、「これが唯一の正しい心理療法のあり方である」と主張するつもりはない。しかし、心理療法というのは、子どもとセラピストとの間で起こっていることについて共に考える作業を積み重ねていくことを通して、子どものこころの状態について、子ども本人とそしてセラピストが共に理解していくことを目指すプロセスであるという点は学派を超えて共通していると思う。そして、そこで理解されたことを子どもとセラピストが共有することはもとより、親や教師など、子ど

もを取り巻く重要な人々とも共有していくことで，親や教師の子どもに対する理解がそれまでとは違った形で深まり，そのことが子どもへの対応の変化にもつながっていくのだと考える。そのため，そうした子どもをとりまく環境との協働も欠かせないものである。こうした文脈で心理療法を定義し，それを実践していこうとすると，やはり最低でも週に1回のセッションを続けていくことが望ましいといわざるをえないだろう。隔週という頻度では，こうした心理療法が目指すところを成し遂げるには，あまりにも荷が重いとはいえないだろうか。

　心理療法が「隔週」であることが主流になっている背景には，教育センターのマンパワーの問題も大きいようである。つまり，相談受付件数に比して相談員の数が圧倒的に少なく，「すべての相談に**公平**に毎週1回の心理療法を提供できるだけの枠がない」しかし「心理療法は提供したい」。なぜなら「相談の基本は，親子並行面接なのだから」というわけである。そしてここが，前節の公平性と公正性の問題と大きく関わってくるところである。**すべての相談に心理療法が必要であり，かつそれが適切なのか？**　ということである。

　先の（1），（2），（3）の場合には，いずれも心理療法は適切な介入とはいえない。つまり，最低限，以下の条件を備えていなければ，心理療法の継続は難しいのである。

- 「週に1回の心理療法」を必要とするような問題を抱えている子ども
- 「週に1回の心理療法」に通ってくるだけの動機づけがある子どもと，それをサポートする意欲があり，かつそれが可能な親（子どもの心理療法を行う際には，並行して親面接を設定することは欠かせない[*6]）
- これらのことを理解し，サポートしてくれる学校などの周囲の環境

　子どもの心理療法について考える際には，まずはこれらの点を見極める必要がある。特に，2点目は重要である。この要件が整わない限り，教育センターに限らず外来型の相談機関での心理療法の実践は不可能であるといっても過言ではないだろう。また，ここで求められるのは，今，この時点で心理療法

[*6]　親子並行面接における親面接は，親その人に対する心理療法ではない。この点については，鵜飼（2012）を参照のこと。

を提供することが適切であるか否かの専門的アセスメントである（後述）。

第4節　教育相談におけるアセスメント
——包括的アセスメント

　教育センターは，外来型の相談機関である。まずは，相談を受け付けた際に，心理療法ありきではないことは，ほかの相談機関と同様である。つまり，すぐに子どもの治療はおろかアセスメントにも入るのではなく，必要な時間をかけて，子どもと子どもを取り巻く環境について検討する，包括的アセスメントを行うことが求められる。また，心理療法を行うにしても，家族（社会）という文脈でそれを考える視点は欠かせない（Alvarez & Reid, 1999）。さらに，心理療法に入るかどうかは，セラピストと子ども本人，そして家族がしっかりと話し合って，合意形成を行ったうえで決定されるべきことである。

　それでは，教育センターにおける相談の受付から，今（いつ），誰に，どのような援助が適切なのかを検討するアセスメント過程の実際を提示する。

1. インテークから子ども本人に出会うまで——イニシャルアセスメント

　相談機関に初めて訪れる子どもと家族との出会いから，治療プロセスは始まる（Horne & Lanyad, 2009）。初めて相談機関に訪れる際，親にとっても子ども本人にとっても，現在抱えている問題の解決の糸口になるかもしれないという期待とともに，教育センターとはどのようなところで，担当者はどのような人なのだろうかという不安も大きいであろう。最初の出会いは，子どもと家族にとって，介入と治療プロセスの第一歩である。この段階での目的は，担当者が家族や子どもの話を裁定することなく聞くことを通して，心配事や家族の問題を安全に探索することのできる場として，教育センターという場との情緒的なつながりをもつことができるように促すことである（Horne & Lanyad, 2009）。

　そこでまずは，問題となっている子どもに来談してもらう前に，親のみに来談してもらう。親から主訴について聞き，それについて共に理解しようと努める。その際，子どもの生育歴や家族歴（家族関係等），既往歴，そして

学校等の関係機関との関係性について詳細に聞く。これらは，主訴についての理解を助けてくれる貴重な情報である。そして，これらの情報を得るための面接には，必要な時間を十分にとる。こうした話を親から聞くなかで，もしかすると，問題の核は子どもではなく親の不安にあるのかもしれない，あるいは学校の対応にあるのかもしれないといった理解に至るかもしれない。そうした場合，子ども本人が教育センターに訪れる必要がない場合もあるだろう。

　教育センターの利点のひとつは，学校との連携が他の相談機関に比べて取りやすいことであろう。つまり，必要だと判断すれば，学校と親とのカンファレンスを設定したり，学校での子どもの様子を観察したりするなど，特に学校生活をめぐる問題の場合には，臨機応変な対応が可能であることが利点であろう。これらの利点を活かすことなく，親子並行面接「のみ」が援助のオプションだというのは，残念なことである。

2. 子ども本人に会う

　子ども本人の来談を促す際に，親には，教育センターについて，そして相談について，子どもに率直に話をしたうえで連れてきてもらうことが肝要である。そして，子どもが来談した際には，すぐに子どもの担当者が子どもと単独で会うのではなく，親，親の担当者，そして子どもの担当者が同席のうえ，来談の経緯や主訴について確認を行うこともまた，相談を進めていくにあたって必要なプロセスである。つまり，子どもが初めて来談する際には，親と一緒に子どもに会うことが重要だということである。これは，子どもと親との相互作用を観察する機会にもなるし，また親と子どもが共有している／していない困り事について尋ね，確認する機会にもなる。これは，後に子どもと個別に話をする際の共有情報としても役に立つ。つまり，主訴について，たとえ親と子どもでその訴えや理解が異なっていようとも，いや，異なっているからこそ，ここでそれらをテーブルの上に乗せる。この段階ではまず，そうした作業が求められる。

　その後ようやく，子どもの担当者が子どもと個別で話をする。そこでは，子どもの側からみた現在の問題や困難について聞き，その理解に努める。また，必要に応じて心理検査を行うこともあるだろう。

3. 必要に応じて他の家族メンバーや学校などの関係者と会う

　子どもの問題で相談に訪れるのは，多くの場合，母親であろう。しかし，同居する父親がいるのであれば，ぜひ父親とも面接の機会を持ちたい。父親もまた，母親と同じく子どもの問題について考える積極的なパートナーであるべきであり，子どもの暮らす家族の一員であるということを考えると，これはある意味で当然のことだといえよう。

　さらに，その子どもの呈する問題によって，祖父母や同胞など，他の同居あるいは近在の家族メンバーにも影響が出ている場合には，それらの人々からも話を聞き，できる限りその子どもの置かれている状況について検討できるとよいであろう。

　また，学校などの関係機関との連携を密にしておくことも，相談をスムーズに進めるためには必要なことである。家庭よりも学校で問題が起きている場合には特にそうである。子どもは，家庭と学校とでは異なる顔を見せていることもあろう。紹介者が学校の場合には，これらの連携はよりスムーズに進むかもしれないが，親が直接相談に訪れて，学校には相談については隠しておいてほしいといった要望がある場合には，これは困難になる。しかし，子どもが多くの時間を過ごす学校での様子を知ること，また，そうした学校との協議を重ねることによって，より良く子どもをサポートすることができるであろうことを親と話し合い，できる限りこの点についての了解を得ることが望ましい。

4. 見立て

　以上のようなプロセスを経て，子ども本人，親，そして学校などの関係者それぞれの主訴のすり合わせを行う。

　どのような治療的設定であれ，その導入の際にはそれぞれのケースの複雑性，重篤性，そしてどのようなアプローチに適性があるのかについてのスクリーニングとアセスメントが求められることはいうまでもない。その際，自傷や他害，虐待，非行などのリスク要因を考慮し，必要に応じて医療機関，児童相談所や警察など，より広い地域の関係機関との連携の可能性についても，常に視野に入れておくことが求められる。つまり，周囲の環境の評価と

いうことである。同時に，子どもの困難の質，個々の力の発達を促進する資質（子どもの内的資源），そして現在の退行や症状表出的行動に至った，心の健康を阻害しているかもしれない性質について理解し，見極めようとする姿勢が求められる。これらをふまえたうえで，子どもの問題の本質・重さ・文脈についての仮説を立てる（Horne & Lanyad, 2009）。

　以上，こうしたプロセスには，幅広くかつ焦点化したアプローチが必要であることがわかるであろう。ただ「受容的かつ共感的に」来談者の話を聞くという受身の姿勢とは異なるものである。

　ここまで述べてきたようなアセスメントは，何よりもその子どもの抱える困難について明確にすることで，その時点で，その子どもと家族にとって適切な治療的介入をすすめることにつながる。

　これは，相談をする子どもと家族の側にとっては，どのような治療的介入の選択肢があるのかについて考え，主体的な選択を行う機会になる。一方，膨大な相談件数を抱える教育センターにとっては，こうしたアセスメントの結果によって，どのような相談を継続するのか*7，あるいはより適切だと考えられる他機関へリファーをするのか，またはいったん相談を終了するのかなどといったことについて検討することにより，より有効なマンパワーの配分を実現できるといえよう。

　さて，こうしたプロセスを経て治療方針が決定されるわけであるが，そこで子どもの心理療法（親子並行面接）の可能性について考えることになった際には，「心理療法のためのアセスメント」に入ることになる。

第5節　心理療法のためのアセスメント

　心理療法のためのアセスメントは，これまでの包括的な子どもと家族のア

---

*7　相談の継続と一言でいっても，親子並行面接のみならず，家族面接や認知行動療法的アプローチなど，さまざまなものがあろう。この時点で，自身が得意とするアプローチではないものが有効であろうと考えられた場合には，それを専門とするアプローチの専門家が担当になり，それぞれの専門的アセスメントに入ることが理想である。一方，特定の療法を提供することにこだわらずとも，オンデマンドでの面接・助言といったことも，援助のレパートリーに含められてしかるべきであろう。

セスメントとは異なり，その子どもが心理療法という場とそこでのセラピストとの関係から十分な恩恵を受けることができるかどうかを検討する，より専門的なものである。また，先にも触れたが，親がそうした子どもの心理療法にコミットすることができるかどうかについて見極める機会でもある。

このアセスメントでは，子どもと子どもの心理療法を担当することになる者，親と親の面接を担当することになる者が，それぞれ個別に 3〜4 回程度のセッションを持つ。

1. 子どものアセスメント

セッションは，心理療法と同様に，同じ曜日と同じ時間，同じ部屋で週に1 回，およそ 50 分という枠組みで提供される。そのほか，セッションにおけるおもちゃや制作したものの扱いなどの諸ルールも心理療法に準ずる[*8]。

こうした設定のなかで，子どもは 1 回のセッションのなかで，また 1 週ごとのセッションの経過のなかで，セラピストとの関係をどのように発展させていくのか。そして，セラピストとの関係のみならず，ほかのスタッフや設備，心理療法のための部屋や用意されたおもちゃなどに対してどのような関係を発展させていくのか。そうした関係性のなかにみられる，その子どもに特有の関わり方はどのようなものなのか。たとえば，その子どもに特有の不安の様相や防衛のあり方など，セラピストは自身の逆転移を詳細にモニターしながら，その子どもの様子を観察し，そこで理解できたことを子どもに伝えてみるといった関わりを持つ。そして，そうしたセラピストが寄せる自分への関心に対して，その子どもはどのような反応をするのか——子どももまた，セラピストに関心を寄せるのか。あるいは，セラピストの存在や関わりを被害的に受け止めたり，セラピストという新たな対象との関係性に入って行くことに過度な警戒心を寄せたりするのか。そうした子どものこころの様相は，どういった言動に現れるのか。そしてそれらは，現在の主訴との関係ではどのように理解できるのか……子どもとの心理療法のためのアセスメントにおいて，見ておきたい事柄には枚挙にいとまがない。

しかし，最も重要なことは，子ども自身とセラピストが，その二人の関係

---

*8　詳細は，鵜飼（2017）を参照のこと。

性を深めていきたいと感じられるかどうかということに尽きよう。子どもも，アセスメントを通して，セラピストと共に心理療法という営みに関わっていきたいと思えるのかどうか，セラピストとセラピストが提供する空間について，アセスメントをするのである。

　子どもがこうしたセラピストとの体験に開かれていることこそが，後の心理療法の展開にとって必要不可欠な要素，つまり，この子どもに心理療法というアプローチが可能なのか，また有効なのかということである。

2. 親（家族）のアセスメント

　この親（家族）は，子どもの心理療法を家族として支えることができるのか。親の面接者および子どもの担当セラピストとの間に，協働関係を確立することができるのか。また，心理療法を通して困難な思考と感情に直面しうることになる子どもをサポートし，励ますことができるのか。担当者はこれらの点について見極めることが求められる。そのためには，担当者は親に対して，子どもの心理療法とはどういったものなのか，親が理解できるように説明を尽くさねばならない。そして，子どもを定期的にセッションに連れてくることはもちろん，親自身も面接を通して，子どもについて，また子育てについて考えることをいとわないのか，さらには，子どもへの対応をより発達促進的なものに変化させていく可能性がありそうかどうか。そういったことを見極めていくのである。

　一方，子ども自身もセラピストとセラピストが提供するものに関心を寄せ，心理療法というプロセスに入っていこうと思うことができるのかどうかをアセスメントすると先に述べたが，これは親についても同様である。

　たとえば，親は面接を通して，子どもの呈する問題や行動には，自分たちが気づいている以上に意味があるということを理解し始め，自分たちに子どもを理解し，もしかするとこれまでとは異なる方法でその成長・発達を支えていくことができる可能性も力もあるといった自信を強められるかどうか。また，経験について内省的に考えるというアプローチが家族にとって適しており，希望にかなうものなのかどうか。親は，こうしたことについて，アセスメントの経験を通して，意識的にも無意識的にも考える機会を与えられる。そして，こうした面接を継続しながら，子どもの心理療法を，そして子ども

の成長・発達を支えていこうという決心ができるかどうかが問われるのである。

　さらにいえば，子どもの心理療法は，家族の関係性にも影響をもたらすかもしれず，親はその心づもりをしておく必要がある。そこで親が抱くであろうさまざまな不安（心理療法が事を荒立て家庭崩壊の原因となるかもしれない，あるいは子どもが心理療法を受けているということは，自分が"悪い"親であることを意味するのではないか）について，十分に理解しておく必要があろう。また，親は，セラピストと子どもの関係の外に置き去りにされたと感じ，嫉妬の感情を喚起されるかもしれない。これらはすべて，現実的なものであり，アセスメント過程において十分に検討しておく必要がある（Horne & Lanyad, 2009）。

　最後に，プラスアルファの大切な要素として，子どもの心理療法を巡って学校などの関係諸機関との協働ができるかどうかということも，この時点で検討しておくことが重要であろう。

　つまり，親や関係諸機関といった心理療法の外側でのつながりが，心理療法の中での子どもの成長を支えるものになるということであり，こうした条件が整ってはじめて，子どもの心理療法に入ることができるということである。

3. アセスメントについて振り返る

　こうしたアセスメントの後には，子ども担当のセラピストと親の担当者が，それぞれが得た印象や考えについて協議し，今後の方針について決定する。この時点では，当の教育センターでこの子どもの心理療法を抱えることができるのか，またセラピストは現在の自分の力量でこの子どもの心理療法を引き受けることができるのかなど，相談機関とセラピスト自身に対するアセスメントも求められよう。

　担当者間での協議を経た後に，親や子どもと共に，アセスメント過程および今後の治療方針について話し合う機会を持つ。そこでは，たとえ心理療法の継続を提案しようとも，子どもあるいは親がそれを望まないこともあるかもしれない。あるいは，この時点では子どもの心理療法を安定的に提供することは難しく，そのほかの援助について模索しようとの判断をすることもあ

るかもしれない。つまり，あくまでも心理療法ありきなのではなく，その時点で子どもと親が望み，コミットができる援助について，幅広いレパートリーを教育センター側が有していることが求められるのである。

そして，心理療法を開始することになった際には，心理療法は行動の変化と共に内的な変化をももたらすことを目的とするが，これは，簡単になされるものではないということを，親と子ども本人が理解しておく必要がある（Horne & Lanyad, 2009）。ただ，こうした理解は，アセスメント過程を通して，この時点までに自然に得られているものであろうと思う。

4. 心理療法の経過中の再アセスメント

子どもの心理療法の開始後は，おおむね1学期に1回程度，家族およびそれぞれの担当者で，心理療法の経過や，家庭や学校での状況について振り返る機会を設ける。これは，常に状況を総合的に再アセスメントする機会になる。ここでは，心理療法の終結時期についても検討することになるであろう。

終結をめぐる作業までを含めて心理療法の大切なプロセスであることは言うまでもないが，随時，状況についての再アセスメントを繰り返しながら，心理療法の経過を追っていくことが大切だということである。

> ### 第6節　おわりに──援助は，心理療法のみなのか
> ### 援助のレパートリーを広げる

教育相談においては，その子どもと家族にとってどのような援助が必要かつ適切であるのかといったことについて，包括的にアセスメントを行うことの重要性について述べた。そしてそれは，公的サービスにおける公正性を担保するものである。その際，教育センターの利点を生かし，学校との連携など，子どもと親に直接関わることのない援助のあり方もひとつの有効な方法であるというとこにも触れた。そして，こうした包括的なアセスメントは，心理療法のためのアセスメントなど，いかなる専門的アセスメントにも先行して行われるべきものである（Horne & Lanyad, 2009）ということを，最後に改めて強調しておきたい。

［文献］

Alvarez, A. & Reid, S.（Eds.）（1999）. *Autism and personality*: *Findings from the Tavistock autism workshop*. Routledge. 倉光　修（監訳）（2006）. 自閉症とパーソナリティ. 創元社.

Horne, A. & Lanyad, M.（Eds.）（2009）. *Through assessment to consultation*: *Independent psychoanalytic approaches with children and adolescents*. Routledge.

鵜飼奈津子（2012）. 子どもの精神分析的心理療法の応用. 誠信書房.

鵜飼奈津子（2017）. 子どもの精神分析的心理療法の基本［改訂版］. 誠信書房.

くっつくことと伝えることを行き来すること

【松本拓磨】

1. はじめに

　筆者の所属する機関においては，回数や構造において明確なアセスメントの設定があるわけではない。しかしながら，担当者の介入に対する子どもの反応や，保護者と子どもの交流の様子から，教育相談において取り組むべき課題や，それを支える資源を探索していくことは必要である。本稿では，約6年半続いた心理療法の最初の4回の様子を振り返り，アセスメントのプロセスがどのように展開し，そこから何を考えたのかを振り返りたい。

　来談者と担当者とのやりとりについては，筆者の逆転移感覚も含め，詳細に載せることに努めた。各回ごとに，相談場面でのやりとりの様子，親面接からの情報，所感の順で記述し，最後に考察で4回を通しての見立てとその後の様子について述べた。なお，匿名性を保つために，臨床像に影響が出ない程度に事実関係を一部改めている。

2. 事例の概要

1）来談経緯

　自治体の福祉相談より紹介。3歳半健診以降母親は医者と相談し，フミト（仮名）は療育経験がある。幼稚園では登園時，フミトは先生に抱えられる感じでしか母子分離できない。歌の発表会などの行事では固まって参加できず，運動会では参加しても徒競走で歩き，まぶたのチックがずっとでていた。母親は小学校に上がってからのことも心配していた。

2）主訴（申込書の記載どおり）

　幼稚園での行動の遅さ，運動・音楽などをしない。何か言われるとチックがでる。母と離れにくい（登園時）。

3）家族

父，母，フミト，弟の4人家族で，近所に父方祖父母が住んでいる。フミトは幼稚園年長。父は会社員，母は当時主婦。

4）症状等

夜驚，喘息，チック，吃音，爪かみ，緊張が高い，集団になじめない，こだわり。

3. アセスメント過程

【初回】

母親とフミトのふたりで来所。フミトは短髪で，少し大柄な体。私と親面接者が挨拶をすると，彼は母親をつかんで背後に隠れる。母親はフミトに，母親が担当者と話をする間フミトは別の部屋で遊んで過ごすということを伝えてあるということだが，彼は母親の体を離さない。全員でプレイルームを見てみるよう提案し，プレイルームへ行くが，移動中もフミトは母親の体を離そうとせず，彼の瞼がピクピクし始める。母親は再度フミトに，話をする間プレイルームで待っていてほしいことを伝えるが彼はしがみついたまま。母親はプレイルームのおもちゃにフミトの注意を引こうとしたり，彼の体をくすぐったりして，彼が笑うすきに体を離そうとするがフミトはがっちりと母親の体をつかんでいる。私は見ていてどこか息苦しい感じがしてくる。フミトの瞼の震えが頻繁になる。私が「フミト君，初めての場所やし，びっくりしてるかも」と声をかけると，母親はフミトの顔を正面から見て，「フミト，初めての所やし嫌なん？」と尋ね，彼は頷く。しかしすぐさまフミトは母親の体にしがみつき，私は一瞬生じた感情のやりとりのための空間がすぐに押しつぶされてしまったように感じ，息苦しさは続く。フミトはその間ニコニコしながら小声で「イヤや」といっているのが聞こえることがある。私が，「フミト君，お母さんと離れるの嫌なんやね。怖いかな」と伝えると再び母親は「フミト，怖いの？」と彼の正面から問いかけるが，彼は首を横に振るだけでひきつったような笑顔は続き，また先ほどと同じやりとりが繰り返される。

私はそうしたなか「フミト君」と何度か声をかけ，母親も「ほらフミト，名前呼ばれてるよ」というが，フミトはまったく私を見ない。開始から20分ほど経ち，私が体ごとフミトと母親の間に入り彼を抱え上げ，母親は別の部屋へ相談に行く。

　私がフミトを床におろすと，彼は周囲への興味を失ったようにして，壁際にちょこんと座る。私が「10の針のところまで一緒にいようね」と声をかけるがフミトは自分の膝を見つめ，かさぶたをカリカリと掻き始める。私は「カイカイやね」と伝える。フミトは無言でずっと掻いている。私がさらに「イライラするのかな」と伝えると，フミトは少しだけこちらを見るが，何か音がするのでそちらを見る，という感じである。「お母さんと一緒にいたのに，松本のせいで一緒にいられなくなっちゃってイライラするのかな」と言うとフミトは掻くのを一瞬やめ，ちらっと再び私のほうをみる。私はおもちゃ棚のほうへ行き，今言ったことを人形劇にしてみようと思う。私が少し振り返ってフミトを見ると，彼はこちらのほうを見ている。男性と女性と子どもの人形を見せ，それぞれ私，母，フミトであることを説明する。横目で見ているよう。私が「お母さんとフミト君一緒にいたのに，松本がこうしてフミト君とお母さんを離れ離れにしたんだね」と言うものの，フミトの興味は持続しない。それからフミトの瞼の震えがより強くなる（このとき私は，実際のところはフミトと相対した際のつかみがたい居心地の悪さから，別のものに注意を逸らそうとしていたのだった。当時を振り返ってみると，フミトは直視されない自分について明確に提示しており，私も直視しない対象として振舞っていたと考えられる）。フミトの「嫌だ」という気持は先ほどよりはっきりとしてきているようである。フミトの瞼の震えが私には，弁のついたホースの出口から水が出ていく際にその弁が水に押されて震えるような感じに見えて，この場のやり場のない気持ちが目から勢いよく排泄されているようだと思う。私はフミトにとっても自分にとっても無理なことをしているとようやく気がつき，ゆっくりすることにする。フミトは私の視界に入らないようにモソモソと壁沿いに動いて，少しのんびりするような格好をする。その後はフミトは体を掻かない。そうして時間がきたので，「フミト君，時間やね。お母さんに会いにいこうか」と伝えるが，フミトは反応しない。

　私は様子を見るがフミトはそのままなので，部屋のドアを開ける。ちょ

ど親面接も終わったようで母親がドアのところからフミトの様子を見にくる。母親が「フミト〜」と声をかけると少しフミトの顔に元気が戻る。フミトは立って母親にくっついたかと思うと、階段を駆け下りてひとりで待合に行き、隠れる。私はこの日の面接を通して、繊細なフミトを傷つけたような感覚に襲われる。

母親面接によると、フミトは園では友達と遊ぶことはほとんどなく、ひとりで積み木をいじったりしているが、最近は友達にタイミングよく誘われると、輪の中に入って遊べるようになってきている。周りの子はフミトのことを理解してくれる子が多いが、小学校にあがってからが心配で、母親は続けて彼のことで相談したいということであった。

初回の段階では、フミトと母がくっつくことが不安への中心的な対処法のように見えたが、機会が得られるとふたりの間で話し合う空間が生じることに私は希望を持った。ただ、フミトにとってはその距離や、母とは別のひとりの自分でいるという感覚は脅威のようでもあった。また、私もフミトを脅かしているという感覚から、彼自身から目を逸らそうとするところがあった。

【第2回】

親面接者との事前の話し合いで、分離することに焦らず、母親の個別相談のニーズをはかりながら、分離を試みる際には親面接者が母と子の間に入ることを親面接者が提案し、私も了承する。

この日フミトは母親の体に隠れながらこちらの様子を見ている。前回よりオープンな印象。移動中も彼は後ろから母親にしがみついており、母親は「力持ちやな〜。階段落ちそうになったらフミトに助けてもらえそう」と言って母親が軽く体重をかけると、彼は「ん〜〜」と力をいれて抱えるようなことをしている。

プレイルームに4人で入ると、母親はプレイルームのおもちゃにフミトの注意をひこうとする。フミトは「どれ?」とちょっと声を出しつつ、この日は少し母親と会話をし、おもちゃに注意を向ける。母親が「ここで遊んどいてな」と言うと、フミトは笑顔で母親にしがみつく。私が「フミト君、今日は周りの物もちょっと楽しそうかなって感じなんやね。けど、お母さんがいなくなっちゃうのは嫌みたいやね」と声をかけると、母親は「そうなの〜?」

とじゃれたような感じでフミトの顔と向き合ってふたりでニコニコしている
ようなやりとりになる。するとフミトは母親の股の間に自分の体を押し込み，
床にねころんで母親の股間節に足をのばしておしつけようとする。母親はそ
れをひざではさんで，「もうやめて～」と言う。フミトが母親の体に入り込
んで離れないようにしているように私には見えて，私が，「フミト君，お母
さんが戻ってきてくれるか心配なんと違う？」と言うと，彼は特に反応しな
いが，母親は「フミト，お母さんが勝手に帰ったりしないようにあんたに車
のカギ預けるわ」と言って車のキーをフミトに渡す。すると彼は母親のおし
りめがけてカギを刺そうとして，母親に止められる。母親から「ほら，フミ
トオセロもあるよ」と言われると，フミトは「オセロ～？」と少し興味をみ
せる。ここで親面接者がフミトにこれから別室で母親と話をすることを伝え，
机にオセロを置いて母親と彼の間に体を入れ，部屋を出ていく。フミトは声
をあげたり抵抗したりしないのが印象的である。

　フミトはこの日は机の傍にあるソファに自分でよじのぼって座る。ここは
無力ではない感じがする。私も机の反対側のソファに座る。フミトは先週と
同じように，自分の体を見て掻いている。私が，「フミト君，今日もカイカ
イだね。イライラだね」と言うとフミトはちらっとこちらを見てまた体を掻
いている。私は前回のようにフミトの注意を他に逸らしたくなる誘惑を感じ
ながら，彼の様子をみている。するとフミトはこちらの様子を時折ちらっと
見てくることに私は気づく。私は試しにフミトが掻いている所と鏡写しにな
る箇所の私の体を掻いてみる。するとフミトはちょっとニッコリして，掻く
場所を変える。もう一度私が同じようにマネしてみると，ニコニコしながら
少しずつ場所を変えていく。私は明らかにフミトが反応しているという手ご
たえを得る。私もやや大げさにかゆそうな表情を作りながらフミトとかがみ
写しの場所を掻いていく。フミトは机に身をのりだし肘を突くが，ソファか
らずるずると落ちる。私が「フミト君，落っこちちゃったね」と言うとフミ
トはこちらを見ながらソファの位置を直し，再び自分でソファにのぼって，
私のほうを見て再び机にひじを突いてみせる。フミトが自分で立て直す力を
見せたことが，私を安心させ，穏やかな気持ちをひき起こす。私が「またマ
ネっこかな？」と言って肘を突いてみせるとフミトはまたニコニコ笑い，今
度は指の数を１にする。私がマネをすると２，３，４と増えていく。

フミトはオセロのケースの蓋を開けて，駒を触り始める。すると駒の中に
入った磁石同士が反発して，駒がぽんとケースの外に出る。フミトはそれを
何度もケース内に戻そうとするがそのたびに駒はケースの外に飛び出る。フ
ミトはイライラしている。私が「フミト君，お母さんと一回はなれちゃった
ら，オセロの駒みたいにもうくっつけなくなっちゃうって感じてるんじゃな
いかな。それでさっきはあんなにお母さんにくっつこうとしてたんじゃない
かな」というとフミトは顔をあげてはっきりと私の目を見る。そうしてまた
確認するように駒をケースに戻しては駒が飛び出ることを繰り返すが，少し
楽しそうに遊んでいるような表情になってくる。私は，「そういう気持にな
るフミト君のこと松本はちゃんと見ててくれるかな，分かってくれるかなっ
て」と言う。またフミトと目が合う。フミトはニコニコして，何かを私から
受け取っているな，と私は感じることができ，彼とやっていけそうだという
感覚を持つことができる。終了時間を伝えてもフミトは動かないが，コンコ
ンとプレイルームをノックする音がするとドアのほうを見て，母親が彼を呼
ぶ声がするのに表情が動く。母親がプレイルームに入ってきてフミトを抱き
上げ，彼は元気そうになる。

　母親面接によると，フミトに関して近所の祖父母は母親の育て方の問題と
考えており，理解してもらえないなかで母親は彼の子育てに取り組んできた。
前回帰った後の夜，フミトの夜驚がひどく，祖父母から継続相談について反
対されたが，それでも母親は彼とセンターに来たとのことだった。

　母のそうした思いでの来所であったことに心動かされると同時に，プレイ
ルームへの階段をのぼる際，母を後ろから支えるフミトの姿を見たのとも重
なり，母親と彼の置かれた状況の難しさについても考えさせられた。オセロ
の駒については，フミトは自分のことを代わりに表現してくれるものに幸運
にも出会うことができた。私の介入に対するフミトの反応はかなりはっきり
したものになり，私の中に暖かな気持ちを湧き起こした。フミトが心理療法
の介入に情緒的に反応する力を持っていることが見て取れた。私が落ち着い
てそうしたアセスメントが可能になったのは，事前の親面接者との話し合い
で私が安心感を得ていたことによるものが大きいと思われた。

【第3回】

　この日もプレイルームでフミトは母親の股間を先週のように足で押そうとして，母親にひざでガードされる。母親がフミトのお腹をくすぐると彼はニコニコしながら「なんでお前がやってくるんや！　おれがお前にやるんや！」と急に大きな声で言う。母親は「あんたが先にやってきたんやないの。それならどうすんの」と答える。フミトは「お前はオレに何をしてほしいんや！」という。フミトは笑顔だが瞼の震えも同時に出て，彼の怒る気持ちが場に出てくる。場は緊張する。私は「フミト君はここに慣れてきたし，楽しいものがあるのも少しずつ分かってきた。けどフミト君は何をしにここに連れてこられたのか分からないから，お母さんに訊きたいのと違うかな」と言う。母親はフミトに正対してフミトの目線の高さのところでしっかり目を合わせる。しばらく沈黙となる。母親は毅然とした様子で，自分が親面接者と話をする間フミトにここで待っていてほしいことを伝える。フミトは笑顔のまま「イヤや」と言い，「車に帰りたい」と言う。私は「今フミト君は，自分の気持を伝えてるね」と言う。フミトは反応しないが，その間に母親が「フミトサッカー好きやろ」と言ってサッカーボードゲームを持ってくるとフミトも「好き」と言って机をはさんで私の向かいに座る。それで母親が「じゃあフミトまたあとでね」と言うと座ったまま母親のほうをみてニコニコする。そのまま母親と親面接者は退室する。

　フミトはちらちらと私を見ながらサッカーゲームのキャラを動かす棒に触ったりする。フミトは自分でソファの位置を整えてゲームを動かしやすくする。そうしてボールを人形で触りながら，ちらちらと私を見る。「どうしよっかな～，って感じだね」と私がおどけながら言うとフミトはニコニコしてボールを出して盤上に転がす。私のキャラのもとにボールが転がるので，「じゃあ，フミト君にパスしてみよっかな」と言ってフミトのキャラのところにパスをすると，彼はしばらく自分のキャラを動かしながらボールをコツコツと触るような動きをする。非常に慎重な触り方である。私は，「松本とどのくらい近づいてみようかな，これくらいかな」と言う。フミトはしばらくそれを続けている。

　時間がきて，ノックの音と母親の声が聞こえる。フミトは母親の声がするほうをはっきりと見るが，自分から入り口のほうに行くことはない。母親の

姿が見えるとフミトはソファから降りて母親にしがみついてからダッと外に出ていき，そのまま玄関からも外に出ていく。母親がフミトを連れ戻し，次回の日程の確認をみんなでして別れる。

　母親面接によると，就学前相談で母はフミトが（当時の）広汎性発達障害である可能性を指摘された。フミトのこだわり等について，今のところ対人関係上の問題は顕在化していないがこの先も引き続き様子を見ていく必要があるという説明を受けたということだった。

　フミトが何のために相談に連れてこられているか，というフミト自身の問いはその場にいる大人全員に向けられていた。フミトの叫びは真っ当なものだった。私は自分がその問いに応えそびれていると感じていた。

【第4回】

　フミトは母親の手をひっぱりプレイルームの中に母親を連れていく。母親は「今日もサッカーゲームあるよ！」と言って机の上にサッカーゲームを置く。フミトは頷いてニコニコする。母親がプレイルームを出て行こうとすると，フミトは「おまえがやれや」と言って笑顔で瞼を震わせる。そして彼は母親の履いているスリッパをとってから，部屋から飛び出し，スリッパを男子トイレに置いてくる。母親が取りにいき，4人が再度プレイルームの入り口に集まったところで，フミトは母親にしがみつく。私が，「フミト君ここに少しなれてきたけど，やっぱりどうしてつれてこられたんやって気持もあるんやろうね。お母さんはフミト君のことが心配で，ここに相談にきてる。それで，僕はフミト君を助ける人。だから，フミト君と一緒に過ごして，フミト君のことをもっと知りたいなって思ってる」と言うと，フミトはしばらく母親の足に顔を伏せていたが，プレイルームの中へ歩き出し，母親にソファを指差し「放り投げて」と言う。母親は一度フミトを抱えてソファに投げ，「それじゃお母さんは話しにいくよ」と言って行こうとするとフミトは母親にしがみついて「もう一回」とせがむ。私は，「フミト君はもうひとりで僕と一緒にいられると思う。けど，フミト君はここに放り出されていくような気持にもなるってことをお母さんに伝えたいみたいだよ」と言う。フミトはしがみつく力をゆるめ，母親にソファに座らせてもらい，母親を見送る。

　この日母親が机に置いたサッカーゲームのフィールドにはスコアボードが

転がっていて，そのままではサッカーゲームができない。フミトはキャラを動かしてボードをどけようとするが，高さが合わず空振りするばかり。私はフミトの延長になって手を出したい気持になりながら，こらえて様子を見ている。フミトはようやく自分の手でボードをどける。その間フミトは私に手伝いを求めることはない。ただ，私と視線は合う。フミトはにっこり笑って，ボールを入れてひとりで遊び始める。そうして私のほうを見てくる。私は，「フミト君，しゃべらないけど一緒にしてほしいって伝えたいのかもしれないね」と言う。フミトは頷く。フミトはお互いのゴールにボールが入るたびに顔をあげて，私と目を合わせようとする。私が，「入ったね」と言うと，フミトはまたボールを取り出して，しばらく遊ぶ。

　フミトはスコアボードをいじり始め，4-4 のスコアにする。お互いの正確な点数とは関係がないようだ。私が，「おんなじ数やね」と伝えると，フミトはすぐに 5-4 に変える。「あ，1 点離れたね」と言うと，フミトは 5-5 の同点にする。私は，「あ，また一緒の点」と言う。こうしてフミトは一点差と同点のスコアを繰り返す。私が，「ちょっとくっついてちょっと離れてだね」と言うと，フミトはニコニコして同じようにする。「フミト君，お母さんとちょっとくっついて，ちょっと離れて。僕ともその間ちょっとくっついてちょっと離れてやね」と私が言うと，フミトは今までよりも元気よく顔をあげ，ニコニコと笑う。私はフミトの反応に自分の介入が支えられる感じがして，彼は先ほどの分離について遊びのなかで折り合いをつけようとしていることを理解する。フミトは 8-0 のスコアにして私に見せる。私は，「とってもたくさん離れてる。フミト君，お母さんと離れてるけど大丈夫って言ってるみたいやね」と言う。フミトはまたニコニコして今度は 9-0 にする。「もっと離れても大丈夫なんやな」と言うとフミトはサッカーに戻り，ボールが足元にないキャラをぐるぐると動かす。　フミトのスペースを確保しようとしているようである。

　この日は終了時間になると外で声がして，母はフミトが出てくるのを待っているようだった。私が「お母さんは外で待ってくれてるみたいやね」と言うとフミトも自分で動き出しプレイルームから出る。

　親面接者によると，フミトは来る途中サッカーゲームをしたいと思っていることを母と話をしていた。少しずつフミトなりに私との作業のとっかかり

のようなものを考え始めているようだった。この回の後半，フミトは2回目のオセロと違って明確に自分から何かを伝えようとしていることがうかがえた。

4. 考察

　当初フミトにとって彼自身の不安は母にくっつくことでしか対処できないように筆者には思われたが，第2回では偶然の出来事を利用して，第4回には自分から，母との分離をフミトがどのように捉えているかを筆者に伝えることができた。こうしたことから筆者は心理療法を通じて，自分のことを人に伝えたいというフミトのニーズを，彼と一緒に育んでいけるかもしれないという希望を持つことができた。

　また，フミトが母を後ろから支える様子（第2回），母親の穴を埋めようとする様子（第2回，第3回）からは，フミトは母にくっつくことで，母を助けようとしている側面もあると考えられた。「お前はオレに何をしてほしいんや！」という叫びは，連れてこられた子どもの当然の思いの発露であると同時に，母の困りごとを自分が解決しないといけないという思いが含まれた発言だったと考えられる。こうしたことから，母の味方が増えることは，フミトが自分自身のことに取り組んでいくうえで重要と考えられた。

　そうしたフミトの能動的で，交流に開かれた部分と同時に，分離に対して受け身でなすすべがなくなってしまったり（初回，第2回），分離した対象に働きかけるのではなく，自分の延長に身を隠すようにして物事を解決しようとする傾向（第4回）も見られた。第4回には自分からプレイルームを出たが，基本的にフミトは自発的な動きを苦手としており，彼がオセロやサッカーボードなど遊びに用いたものは母親が用意したものであった。筆者とフミトが相対したとき，初回に筆者の方が陥った感覚ではあったが，個人として自分が何かできるという感覚が当時のフミトには乏しかったと考えられ，こうした無力感はフミトの受け身的で隠れようとする傾向を後押ししていると思われた。こうしたフミトの両面について，筆者は理解する必要があった。

　おそらくフミトの生来の受け身性から，生活していくうえで母親が手助けする必要のある場面が多かったと思われる。しかしこうした関わりが一面的に切り取られ，母親が手を出し過ぎているからフミトが自分で何もしない，

という批判につながりやすかったのだろうと推測される。もしそのようなな
かで子育てをしなければならなかったとすると，母親とフミトでこれまでお
互いに支え合ってこなければならなかったのは当然のことと考えられる。母
親の援助希求はそうした苦境を打開していくためにどうしても必要であり，
フミトが社会に開かれていくうえでも決定的に重要であったと考えられる。

5. その後の概略

　第5回以降から徐々に，フミトは最初から母親と分離することを試み始め，
筆者との毎週1回の個別の心理療法を母親に支えられ小学校の卒業まで続け
た。やがてフミトは描画や箱庭を使った表現をするようになった。フミトは
小学校高学年になると，初回で見せた直視されない自分を，ピラミッドの中
にいるミイラや，地下の即身仏といったイメージを借りて表現できるように
なった。そして，友達への文句が言えなかったフミトはついに，自分の息を
使って相手に「言ってやった」のだった。フミトが中学入学以降，長期休み
毎のフォローアップ面接を行っている。

誰に，いつ，どのようなサービスを
提供するのか──教育相談における
アセスメントをめぐる課題

【鵜飼奈津子】

1. はじめに

松本氏は，「くっつくことと伝えることを行き来すること」と題して，週1回の心理療法をおよそ6年半に渡って継続し，以後もフォローアップ面接を継続しているフミトの事例の最初の4回を，アセスメントのプロセスとして振り返っている。ただし，この最初の4回の面接は，必ずしもフミト本人とその母親や家族についてのアセスメントを行うことが明確に意図されていたわけではない。むしろ，初回から母子がともに来談し，それぞれが別の担当者と別の部屋で過ごすことを前提とした相談の枠組みが定められた機関で行われたようである。これは，教育相談においてはかなり一般的な設定なのかもしれない。

そこで，ここでは，初回から4回目までのフミトとの出会いの詳細な描写を受け，アセスメントという視点から，特に初回と2回目のセッションを中心にコメントすることにする。

2. 初回

来談時，「母親はフミトに，母親が担当者と話をする間フミトは別の部屋で遊んで過ごすということを伝えて」いたとのことだが，母親はより具体的に，フミトに「どんなところに，どんな目的で」出かけていくのかといったことは前もって話していたのだろうか。4回目までのセッションを通じて，どうもフミトのことで相談に出かけるというよりは，母親が話をする間，フミトが待っているという方向でフミトに母子分離を促しているように思われるが，それはどうしてであろう。むろん，この母親には，夫や夫の両親の理解やサポートが得られず，そうした苦境について話し合いたいというニーズは確かにあったようだが，それはフミトのニーズではない。つまり，母親の

ニーズとフミトのニーズはそれぞれ別のところにあり，それを明確に仕分け
をする作業が，まずはアセスメントの一環として，初回面接において行われ
るべき作業であるといえよう。

　どのような場所に，何をしにいくのか分からない。そして，初めての大人
たちに出会う。そのような状況においてフミトが見せた不安と母親へのしが
みつきは，むしろ当たり前の反応であったともいえよう。セラピストは，そ
うしたフミトの不安を即座に汲み取り，「フミト君，初めての場所やし，びっ
くりしてるかも」と声をかける。そして，ここで注目すべきは，そうしたセ
ラピストのコメントを母親が「フミト，初めての所やし嫌なん?」と受け止
めて，フミトへの理解につなげようとしているところである。母親は，茶化
すような対応を取ることが少なくない一方で，セラピストのフミトへの語り
かけを，このようにして取り入れ，それに応じてフミトへの働きかけを行っ
ている。こうした母親の対応は，このセッションでも以後のセッションでも
随所に見られる。そこからは，この母親がフミトの心の体験について考えよ
うとするセラピストの機能を十分に取り入れることのできる，「心への関心
(mind-mindedness)」(Meins et al., 2003) を十分にもつ人であろうという
見立てが成り立ちそうである。つまり，以後，フミトの心理療法を行うこと
になった場合に，母親は自身の心も使いながら，フミトの心の体験について
考える準備ができている人のようだということであり，これは子どもの心理
療法を継続していくうえでの大切な支えのひとつである。実際，これ以後，
フミトの心理療法を6年半に渡って継続することができたのも，こうした母
親の心の働きに支えられてのことであろう。

　結局，セラピストは「体ごとフミトと母親の間に入りフミトを抱え上げ」
ることで，母親が別室に移動することになる。ここで，半ば強行的な決断を
した背景には，どのような考えがあったのだろう。フミトは，拒否はしてい
るが，ここで多少無理をしても大丈夫であろうという確信がセラピストには
あったのだろうか。フミトとふたりになったセラピストは，なんとかフミト
との関係を取ろうと，人形劇を演じてみたり，さまざまに考えられるフミト
の気持ちについて話してみたりしようとするが，結局は「直視されない」フ
ミトと「直視しない」セラピストが露呈してくる。ここで直視すべきは，や
はり，知らないところにいきなり連れてこられ，母親と引き離されたことに

対するフミトの不安や怒りであったことは間違いないだろう。そしてようやくセラピストは，双方にとって「無理なことをしていると」気がつくわけであるが，ここでセラピストはフミトがイライラと身体を掻くという行為のそのイライラの本質を，セラピスト自身の骨の髄で分かることができたのだといえよう。そして，セラピストは「繊細なフミトを傷つけたような感覚に襲われる」。ここで最初の問いに戻ると，なぜ，この日，セラピストはフミトと母親とを別室に分けて会わなければならないと考えたのか，である。母子同室で，フミトと母親との相互作用をじっくりと観察することもできたかもしれないし，そのなかで，この場所の意味やセラピストたちについて，ともに説明をしながら，フミトのこの場や相談，そしてセラピストたちについての理解を深める作業もできたのではなかっただろうか。

それは奇しくも母親面接で，フミトが「タイミングよく誘われると」友達の輪に入って遊べると語られたことでもある。フミトにはフミトのタイミングがあるのである。

3. 第2回

そこで，2回目には，母子の分離を焦らず，「母親の個別相談のニーズをはかる」ことになる。それではたとえば，母親のみに来談してもらい，まずはこの点に集中して検討してみることも，アセスメントという視点からは可能であっただろうと思われる。つまり，必ずしも母子で来談し，母子で（しかもできれば分離して）相談を進めなければならないというルールはないはずだからである。

実際，この回の母親面接では，母親と父方祖父母との間の葛藤が語られたりしているが，フミトの父親がこうした関係性のなかで，あるいはフミトと弟と両親の4人家族という文脈において，どのような位置を占めているのかということについては話し合われなかったのだろうか。いうまでもなく，フミトを育てているのは母親のみではなく，そこには父親も深く関与しているはずである。たとえば，"仕事に忙しく，ほとんど家族を顧みることはなく，子育ては母親に任せきり"だという"関与"のあり方も含めて，である。フミトが暮らす家族という文脈を考えると，教育相談の場に父親を招き入れることの意味は少なくない。つまり，相談者が"父親にも来談してもらい，フ

ミトについてともに考えたい"という姿勢を基本的なものとして示すことができるのかどうか，そしてそれに対してこの家族はどのように応じるのか。これもまた，家族についての貴重なアセスメントの一要素ではないだろうか。さらには，フミトが問題を呈し，母親の心がかなりそこに占められているであろうこうした状況において，一方の弟の心の状態や発達がどのような影響を受けているのかについても，見過ごせないだろう。ここでの相談者は，あくまでもフミトとフミトの母親ではあるが，このふたりが暮らす家族という視点を抜きにしては，フミトとフミトの母親について考えることは難しいということもまた，事実ではないだろうか。

　とりあえず，2回目のフミトは，初回に比べるとスムーズな分離ができたようではある。母親と分離させられたことはイライラする体験である一方で，セラピストと"何かを一緒にできる体験"を通して，この場でセラピストと楽しく過ごすことのできる可能性に開かれているフミトの姿が見られる。

　一般に，セラピストは，子どもとふたりで時間を過ごすことで，"この子どもとここで何かをしていくことができるかもしれない"という，関係性の糸口のようなものを見出そうとするものだと思う。そしてそれは，今後に続くかもしれない心理療法への可能性として感じられることだろう。それはまた，何かこれまでとは異なる関係性を体験することで，現状ではつまづいている成長・発達が開かれ，促されるきっかけになるかもしれないという，子どものなかの希望のようなものをセラピストが敏感に感じ取っているということでもあろう。

　セラピストは，今はまだ明確にはなっていないかもしれないこうした子どもの希望の担い手になる必要がある。そうした意味で，ここでのセラピストは，フミトのそうした部分をしっかりと担うことができていたのだといえよう。そしてそれは，セラピストが母親担当者と話し合うことで得ていた安心感に支えられていたというのも大切なポイントであると思う。つまり，まずはセラピストと母親担当者の協働関係があってこそ，長期にわたる心理療法が支えられるからである。そして，この協働関係の基盤が，母親をはじめとする家族，そして学校との連携といった形でもその器を広げていくことが望まれるのである。

4. 第3回～第4回

　さて，先に母親のニーズとフミトのニーズを明確に仕分けする作業が求められていたと述べたが，実際，これは3回目のセッションで，フミトの「お前はオレに何をしてほしいんや！」との訴えで，「その場にいる大人全員に向けられ」ることになる。ここで母親は，自分が母親担当者と話をする間，フミトに待っていてほしい旨を伝え，フミトも結局はそれを受け入れたことになった。つまりここで，"この相談はあくまでも母親のニーズを受けた相談であり，フミトはその付き添いで来ている"という，半分は事実，半分は事実ではない事柄が四者の間で明確にされ，共有されてしまったことになる。

　しかし，4回目。フミトは，"お前が相談したいことがあるなら，お前がやればいい"と，母親（そしてセラピストと母親担当者）に，再度，来所の意味についての想いをぶつける。ここでセラピストは，母親がフミトのことを心配して相談に来ていること，そしてセラピストはそうしたフミトを助ける人としてフミトのことを知りたいと思っていると，フミト自身にとっての来談の意味についてストレートに伝えることができた。ここでようやく，フミトが主体となった相談，そして今後の心理療法の始まりのベースが提示されたのだと思う。

5. アセスメント再考

　アセスメントとは，それがどのような現場であれ，本稿のタイトルに示したように，まずは，"誰に，いつ，どのようなサービスを提供するのか"を見極めることである。ここで提示されたフミトと母親の事例では，この部分が検討されることなく，いきなり"フミトは心理療法に適か否か"のアセスメントに入ったものだったといえるのかもしれない。

　フミトは，なんとか母親と離れてセラピストとふたりで時間を過ごすことができたし，母親の来談意欲も高い。そして何よりも，フミトには，"どうして自分がここに連れてこられなければならないのか"と，心理療法にとって最も重要なことがらのひとつであるともいえる，心理療法を受ける本人の動機とニーズについての問いを発する力があった。つまり，ここに提示された4回のセッションを通して，フミトには，心理療法を十分に用いる力があ

ると考えられると結論づけてよかったのだろうと思う。

　さて，セラピストは，フミトには母親を支え，助ける必要があるという文脈で考察を進めておられる。本稿では語られていないそうした家族背景があるのだろうと推察する。しかし，フミトが「母親の穴を埋めようとする様子」は，むしろ筆者には，怒りと不安にさらされたフミトが戻っていくべきは，母親の胎内しかないという極限状態が表現されていたように感じられた。そうして母親と "一" になることで，もう外側から母親を支えるべき役割を担わなくてもよくなるわけである。さらには，今ここで，母親と分離させられようとしている状況に対する究極的な "否" の宣言でもあったのだろう。

6. おわりに

　こうして始まったフミトの長期にわたる心理療法の経過の中で，来談当初の不安や怒りについて，フミトとセラピストは振り返って考えてみる機会を持つことはあったのだろうか。また，当初心配されていた，小学校での適応は実際にはどのようなものであり，そこに心理療法がどのように寄与したのか……本事例報告に対する興味は尽きない。

　相談機関によって，相談の進め方にはさまざまな方法論があるだろう。しかし，繰り返しになるが，どのような機関であれ，アセスメントはすべての相談事例にとって必要なものである。本事例を詳細に振り返ることで，アセスメントという言葉がもつ意味について，読者が考えるきっかけになることを願う。

[文献]

Meins, E., Fernyhough, C., Wainwright, R., Clark-Carter, D., Das Gupta, M., Fradley, E., & Tuckey, M. (2003). Pathways to understanding mind: Construct validity and predictive validity of maternal mind-mindedness. *Child Development*, **74**(4), 1194-1211.

眼差しを向ける他者との出会いと，眼差しのなかの自己の発見

【小笠原貴史】

1. はじめに――教育相談という出会いの場について考える

　本章では，教育相談におけるアセスメントがテーマとなっており，松本氏のアセスメントの記録が提示されている。まず，教育相談という出会いの場について考えてみたい。例外もあるかもしれないが，多くの教育相談機関では暗黙の伝統として，初回から必ず親と子どもを分離させ，子ども担当と親担当のセラピストに振り分けた母子並行面接を始めるという設定があるようである。このような臨床の場が持つ独特の設定をセラピストは理解しておく必要がある一方で，この独特な設定についての再考が求められるかもしれない。連れてこられた子どもが何のためになぜこの場に連れてこられたのかということについて，および，連れてきた家族がどのような背景をもってここに至ったのかということについて，子どもと家族とセラピストで問題を共有することは重要な機会となる。

　アセスメントのなかで生い立ちや背景を聞くということは，単なる情報収集にとどまらない。その子どもと家族の歴史および物語を知るという大切なプロセスである。場合によっては，親自身の生い立ちも詳細に聞いていくことが必要となる。親自身がどのような親子関係や生育歴を経験し，どのような物語を生きてきたのか，それが子どもにどのような影響を与えているのかという視点は，昨今の虐待や愛着の問題を考えるうえでも欠かせないものである。また，子どもの発達的な特性による育てにくさ，子育てに対する周囲の協力や理解の問題など，親がどのような苦労を背負ってきたのかという，親への理解という視点を持つことが，子どもの心理療法を支える親との協働関係の基盤となる場合も，少なくはないように思われる。

2. 眼差しの回復——直視しない対象から真似する対象，そして 共同注視できる対象へ

　実際のフミト君とセラピストの関わりに眼を向けていく。ここでは，彼との間で一貫して垣間見える「直視しない対象」という問題について考えていきたい。松本氏が経験した直視できずに目を逸らしてしまうというセラピストの逆転移体験は，ちゃんと見てもらえないフミト君の体験を理解するための重要な受け皿となるだろう。

　まず，初回面接に母親と一緒に現れたフミト君の様子からは，自分は何をされるのか，一体何のために連れてこられたのかといった不安が感じられる。母親の対応は彼の不安を逸らすような印象であり，そこには彼の気持ちへの注目や不安に対する情緒的な応答が乏しいように思われる。彼も自分の気持ちを情緒的に言葉で表現することはない。セラピストは，彼に対して「見ていてどこか息苦しい感じ」「一瞬生じた感情のやりとりのための空間がすぐに押しつぶされてしまったように感じ，息苦しさは続く」と自身の体験について記述している。それは，言葉にならないものへのもどかしさや直視することの耐え難さのような感覚でもあるのかもしれない。母親はセラピストの言語的応答にひっぱられるかのように彼の気持ちを捉えるための言語的な関わりを始めるが，反応は乏しく，彼とのコンタクトの難しさを感じる。その後，セラピストは母親と離れることができない彼の身体を抱え上げ，その間に母親が別室に行くという強引な母子分離を試みているが，彼と母親の関係性を見るためにこのまま母子同席で続けてもよかったように思われる。

　強制的な母子分離後の彼は皮膚を掻き始め，セラピストはすぐに怒りについて解釈しているが，彼からしたら何のためにここに連れてこられているかも分からないまま無理やり引き離されて困惑したのかもしれない。セラピストもそれを感じ取っていたのであろう。それゆえに，彼の不安を直視できずに玩具のほうへ逸らしている。当時を振り返るコメントのなかでセラピストも再考しているが，当時は完全に彼との間で「直視しない対象」となってしまっていた。彼にとって，母親との間に隙間が生まれることは，直視されない体験，すなわち彼自身が母親の視野の外側に堕ちていく分離性の不安として体験されていると考えられる。そして，母親にしがみつくという隙間を埋

める行為，あるいは，放り出された彼自身が瓦解しないように，すべての外界とのつながりを遮断して自分の皮膚を搔くという自己感覚世界に引きこもる行為によって，必死に自分を保とうとしていることが，ここまでで理解できることである。

　2回目では，母子分離後に皮膚を搔く彼に対して，セラピストは注意を逸らしたくなる感覚に気づくことで彼の姿を眼差しのなかに収めることが可能となり，その後，セラピストは「真似をする」（付着する／同じになる）という関係性をあえて作り出すことによって，彼とのコンタクトを可能とした。彼にとって真似されることは，相手の眼のなかに自分が映っていることを具象的／非象徴的な水準で感じられる体験となったように思われる。分離への不安を感じている彼の姿にセラピストが眼を向けたことで，彼自身も，セラピストの眼の中に映った母親と離れることに不安を感じている自分を発見するかのように，ソファから自分の身体が落ちる遊びや，オセロの磁石の駒が反発し合いケース外にはじき出される遊びを始めている。

　このようなプロセスを経て，3回目では彼が言葉で自分の気持ちを主張できるようになるとともに，「フミト君は何をしにここに連れてこられたのか分からないから，お母さんに訊きたいのと違うかな」というセラピストの言葉によって，彼が何のためになぜここに連れて来られたのかという，本来真っ先に話し合われるべきことが話題にあがってきた。また，サッカーボードゲームを彼とセラピストのふたりで行い，4回目では明らかにプレイルームという空間の中での交流を楽しみにする彼が姿を現わしている。さらに，母子分離の際に，彼は母親に「放り投げて」と言い，自分が母親に放り投げてもらう姿をセラピストに見せることで，自分にとって分離がどのような体験なのかを伝えている。

　これは放り出される体験とともに，遊びというかたちで母親との分離ができるようになったということ，つまり，分離するということが何もない隙間に放り出されて自己がバラバラになってしまうのではなく，ソファ／セラピストという受け皿があると体験し始めたことを見せてくれているようにも感じられる。そこには，ちゃんと眼差しを向け，直視してくれるセラピストへの期待のようなものがあるともいえるかもしれない。両者の視線が合うことが増え，ふたりで眼を合わせ，間にあるスコアボードに共に眼を向けるとい

う共同注視が成立している。このときのスコアボードに示されていたものは，4-4 や 5-5 という両者が同じというスコアから，それが 8-0 や 9-0 という両者の違いを示すものになっていることも興味深い。

3. おわりに
──抱える機能の回復あるいは母親のレジリエンスをめぐって

　最後に，本事例におけるアセスメントという点から，筆者が連想したことに触れてみたい。教育相談という受け皿に持ち込まれたものは一体何だったのだろうか。フミト君自身の自閉的な問題に加え，詳細は不明であるが，なんらかの理由による母親の抱える機能の不全という問題が，ある面での彼の主体性の発揮を阻んでいたということが推察される。アセスメントにおける眼差しを向けてもらう経験を通して，彼が主体的に自己表現できる可能性が示されたように思われる。

　松本氏の事例は，アセスメントという体験が，母親の抱える機能の改善に役立つものであるということを，暗に示す事例であったように筆者は思う。子ども担当と母親担当というセラピスト同士の協働関係に基づいた連携を土台にし，アセスメント面接を重ねるたびに，母親のレジリエンスとでもいうかのように母親が少しずつ変化し，彼を直視し，ちゃんと言葉によって彼の気持ちに向き合うような交流が増えた印象がある。フミト君に対するセラピストの眼差しの回復というプロセスと並行して，彼と母親の間においても，母親が彼から向けられるものに対して母親自身の眼差しを回復させ，それが彼にとって，気持ちを言葉で表現していくうえでの大きな支えとなり，さらにその後の約 6 年半の心理療法を支える基盤にもなったのではないかと想像する。

　　　学生相談におけるアセスメント

【飛谷　渉】

第1節　はじめに

　学生相談では特に最近，発達障がい関連の相談が急激に増えたこともあり，以前にもまして実際的な支援が中心になりがちである。だが，学生相談という現場の特異性を的確に把握すれば，発達障がいの有無にかかわらず，精神分析的理解に基づくアプローチが有用，あるいはむしろ不可欠であり，それが学生の広範囲の問題解決能力向上につながる。ここでいう精神分析的理解に基づくアプローチとは，狭義の精神分析的設定に則った臨床を軸とするが，さらにより広義の精神分析的理解に基づくマネージメントを指している。つまりそれは，困難解消のための打開策を具体的に指南するという対応ではなく，その困難な経験の意味について学生自身がじっくり内省することを促し，自分自身について学ぶことを支援するものである。

　こうした精神分析的学生相談を行うにあたって特に重要となるのは，初回面接において，学生によって持ち込まれた問題の多面性を，セラピストが経験的・直観的に理解して照らし返すことができるよう設定を構築することであり，構築された潜在力のある場（関係）において，学生はなんらかの新しい気づきを得，心理療法への動機を覚醒させることで，相互作用の場がさらに豊かなものとなる。相互作用の場の生成により，さらに深い水準での観察と接触が可能となり，学生相談という限界のある場においても，成長や回復，あるいは再生といった心理作用が生じる精神分析的作業の場が構築できる。本章では，特に精神分析的臨床を自身の職業的アイデンティティとして持っているか，あるいはその修得を目指している心理臨床家あるいは精神療法家（大学保健センターの精神科医師も含む）に向けて，そのような学生相談に

おける導入の実際と，その際のアセスメントのあり方について解説したい。

第2節　学生相談で区別しておくべき二つの相

　学生相談におけるアセスメントには，かなり質の違った二つの相を想定する必要がある。①学生の多面的ニーズを踏まえて包括的マネージメントを精神分析的視点を持ちつつ行う学生相談プロパーの相，②精神分析的心理療法を立ち上げることになってからの狭義の分析的理解の相，この二つの相を想定しておかないと，学生のニーズに合わない心理療法を，セラピストの都合や価値観などによって，一方的に押しつけてしまう危険があることを銘記しておく必要があるだろう。これを学生の立場から戯画化するなら，「駅前で立ち食いそばを五分で啜ろうと店に入ると，いきなりテーブルに座らされ，ナプキンを襟元に掛けさせられて，二時間かかるフランス料理のコースを振る舞われる」といった，なんとも見当違いの賄いとして描かれるかもしれない。ただ，話はそれほど単純ではなく，実際にはこの二つの相を純粋に分割することは大変困難であり，多くの場合セラピストはこれらの相を同一セッション中で行き来せねばならない。

　また，別のより臨床的な次元でたとえてみるなら，学生相談と精神分析的心理療法との関係は，精神科診療と精神分析的精神療法との関係に等しいといえる。したがって，学生相談にも精神科診療と同じように，一般診療に相当する仕事があるということが前提となるが，その区別のない学生相談の現場がまれならず存在するのもまた現実である。学生のことを思うなら，そこは認識を改める必要があるだろう。

　こうした一般診療的なマネージメントにも実は精神分析的アプローチがありうるのであり，それは実に有用でもある。臨床的判断がルーティン的にではなく，個人のニーズや状況のもとで意味深くなされるからである。本章では，①の相，すなわち精神分析的視点を持ちつつ行うマネージメントのほうにいくぶん比重を傾けて解説しようと思う。というのは，この相はあまり探求されることがないからである。その後，②の相について概説するが，紙幅に限りがあるので，この部分は概要だけを提示することとする。

第3節　学生相談という臨床現場の特徴を把握する

　そもそも学生相談という現場が，精神分析的臨床を行うには相当工夫を要する「アウェイ」であることを認識しておく必要がある。それは小中高のスクールカウンセリング（SC）と精神科病院臨床との間ぐらいの位置づけである。教育と治療の狭間という位置である。とはいえ SC も病院臨床も精神分析臨床からするとどちらもアウェイなのであり，ホームから出向いて特有の工夫を要することでは違いはない。工夫するためには，とにかくどのようにアウェイなのかを理解しておく必要があろう。

　まずは設定の特殊性について把握しておく。「セッションが無料である」「面接室が学内にある」「予め年限が決まっている」この三つが通常の精神分析臨床とは際立って異なる点である。

1. 無料であること

　料金は精神分析的セラピーにおける外的設定の根幹を支える要素である。料金とは価値であり，それによってセッションが価値づけられることは明らかで，料金を支払うからセラピーを大切にできるし，場や関係性が重要なものとなる。また，反対に料金を支払うから好き勝手に治療者に怒りや批判を向けることもできる。このように，料金によって，セラピーの安全性を含めたポテンシャルが高められるわけである。ところが，無料となると，治療者の好意に甘えているという空想は大変現実的なものとなり，それゆえ治療者への迎合が避けられない。また逆に，無料だと適当に休んでも遅刻してもよい，というようなセラピー軽視の態度を助長することも珍しくない。

　この料金設定は如何ともしがたいものだが，ある種の工夫によって，セッションのポテンシャルは相当高めることができる。もしかしたら，あらかじめ学生支援部の事務職との合意形成が必要になるかもしれないが，次のような説明をしておくと，料金は無料でも，ある種の価値の共有ができるかもしれない。「この治療（カウンセリング）は，料金が別途かかるものではありません。でも，セラピーを行うとなると，定期的に時間枠を設定することになりますので，学内の健康保険を使っているという認識でいてくださるとい

いかもしれません。全額が保険で賄われる0パーセント負担の健康保険のようなものですね。一つのセッションには何千円か，かかっているものと受け止めておいてください。実際あなたは学費を支払っているわけですし，そこから私は給与をいただいています」。セラピーを始めるのであれば，これくらいのことを前提として共有しておくほうがよいだろう。

しかしながら，無料であることには大きな利点もある。時間に余裕のある学生ならば，そしてセラピスト側にその心得と時間的余裕があるなら，週2，3回頻度のインテンシブ・セラピーだって可能かもしれない。通常の料金だと週1回頻度の支払いも難しいかもしれない若い人たちが，しっかりとトレーニングを積んだセラピストのセラピーを利用できるのであれば，大変好ましいことである。

2. 面接室が学内にあること

学生にとって，もちろんこの立地は便利であり手軽である。だが，この「学内にあること」によって，相当の不利が生じることを知っておく必要がある。大雑把にいえば，それはプライヴァシーの問題である。

来談していることを同級生や教員に知られるのではないか，そうした不安に苛まれる学生は珍しくない。特に相談初期で，この不安はかなり切実なものである。彼らは話すべきことを話さずに済まそうとするかもしれない。もっと厄介なのは，この不安が現実化することがまれでない点である。つまり，担当教員や学生支援担当者などが，なんらかの形でセラピーに割り込んでくることがまれでないのである。これは学生が危機状況にあるなら，むしろ助けになるが，セラピーのバウンダリーの維持には大きな弊害となることがある。常々，セラピーにおける設定維持の意義を多方面の学内スタッフと共有し，学生の心を尊重する学内コミュニティの構築に努めることが重要であろう。

あるいは，学生と学内でばったり出くわすことだってまれではない。食堂や生協でセラピストが隣にいたりすると，それはそれでかなり強烈なインパクトを生じる。通学の際の交通機関でも遭遇することを想定しておく必要があるだろう。あるいは，治療者が授業を担当していることもまれではなく，偶然それを履修することだってありうる。そうしたことは，面接のなかで取

り上げることでそのインパクトやダメージについて共有できるものの，場合によっては深刻なバウンダリー問題を生じる可能性があり，ある種の弊害になりうることは考慮しておく必要があるだろう。

3. 年限が決まっていること

　大学院に行くなら在籍期間は6年間だが，学部4年で卒業してゆく学生の方が多い。したがって，多くの場合，セラピーを行うにしても，期間は全体で4年以下であり，一回生の最初からセラピーを受けようなどという学生はまれなので，多くが二回生以降から始めるとすれば，継続できて2〜3年ということになる。したがって学生相談は，開始時に概ね2〜3年で終結することが明示されているに等しい。

　このことは，しかるべき時期に共有しておく必要がある。こうした短期間では，心理的ワークのできる範囲や深さにかなりの限界があることを受け入れる必要がある。中途半端に終わらねばならないこともあるだろう。とはいえ，あらかじめ期間が決まったセラピーが不利かとういうと，そうでもない。メリットも確かにある。終結時期が明示されていることで，心理的ワークのペース配分が明確になりやすいし，悪性の依存に陥りにくい。そもそも彼らは二十歳前後の若者なのである。青年期にいる若者のパーソナリティは可塑性に富んでおり，変化と成長への潜在力にはしばしば驚かされる。2年間でも，分析的セラピーによって，心の深部から成長する学生は少なくない。

> ## 第4節　設定に関する裁量と現場のポテンシャル
> ### ——セラピスト自身の立場のアセスメント

　精神分析的理解に基づく面接を実際に立ち上げてゆくプロセスついて考えていこう。繰り返すが，いきなり精神分析的サイコセラピーを立ち上げようなどとしないことである。とはいえ，残念ながら学生相談という臨床現場では，心理職の場合は特に，すべてが50分枠で出来上がっており，それ以外の設定の選択肢がない職場が多い。学生数が多く，セラピストも多いところでは，訓練経験やオリエンテーション，あるいは学派などが異なるため，そのような最大公約数構造になってしまいがちなのである。だが，50分の面

接を毎回維持することが不可欠となるのは，精神分析的セラピーを立ち上げてからのことである。保健センターの医師などの場合であれば，面接の時間設定は任されるし，部屋使用に関する裁量も持っている。だが，心理職の場合，専任教員にでもならない限り，時間や部屋に関する裁量はあまり望めないのもまた現実である。これで分析的セラピーを行うのはかなり不利だ。

　学生相談臨床を行う際，実は自分の置かれた立場や現場の臨床文化のポテンシャルに関するアセスメントが重要である。いわば学生相談を行う臨床家としての自分自身の立場を，職場の性質も含めてアセスメントしておかねばならないのである。今回はある程度の自律性のもとで仕事ができ，部屋も時間枠も裁量で使うことのできる職場を想定して，アセスメントをシミュレートして行くこととする。

第5節　初回面接の設定（受付の段階）

　初回面接はサイコセラピーという建物の入り口である。これは比喩だが，実際にも，学生が相談センターにアクセスするところから学生相談は始まる。受付があって，事務職が個人票を手渡し，主訴などを書いてもらうか聞き取るかする，というのが一般的な学生相談の入り口である。

　この時点では，まだセラピストは当該学生には会っていないが，なんらかのコンタクト（投影的コミュニケーション）はすでに始まっている。経験豊かな受付事務職，あるいは保健センター併設なら看護師が，経験に基づく常識的観察から生じる的確な印象を話してくれるだろう。当該学生と最初に会ったスタッフからそうした印象を聞くと，セラピストにはその学生に対してある程度のイメージが生じるものであり，主訴の概要と合わせれば，ある種の先入観による仮説が生じる。相談に関して積極的か，切迫しているか，恐るおそるの相談か，初回面接日時の決定に難航したか，などなど，先入観は，実際に面接が始まった時点で修正されてより現実的なものとなるとはいえ，出会う前のニュートラルな期待の状態は非常に重要である。

　最初に対面したスタッフは，その学生からの非言語的な投影（不安の伝達）を受けているものであり，すでになんらかの接触と観察を経験している。電話でのやり取りからでさえ，投影は強烈なものとなりうるので，これはまっ

たく軽視できないのである。

第6節　分析的設定のセットアップ以前の面接
　　　——「学生相談における精神分析的マネージメント」

　個人プラクティスや心理療法機関など，患者が最初から心理療法を求めて来る臨床現場であれば，初回面接でセラピストが行うのは，精神分析的アセスメントでよい。ところが，学生相談にやってくる学生たちは，さまざまな悩みを抱えてやってくるとはいえ，意識的に心理療法を求めているわけではない。相談の結果，心理療法を始めることが選択肢になることはあるかもしれないが，まずは来談者が何を必要としているのかをより包括的に把握せねばならない。学生相談においては，精神分析的心理療法プロパーのアセスメントよりも，この包括的アセスメントのほうが圧倒的に実用度が高いことを知っておく必要がある。

　「包括的」とはいえこれは，学生の心的生活状況を意識的・無意識的両側面から理解するという意味で，やはり精神分析的である。したがって，「学生相談における精神分析的マネージメント」がその作業の呼称にふさわしい。

1. 初回面接（インテイク）

　まずは持ち込まれた問題が何なのかをできるだけ正確に理解することが肝要である。もちろんそれは，言明されている主訴ばかりでなく，その背後にある無意識的動機を理解することを含んでいる。そしてその問題を把握したら，それに対して，何を始めればよいのかを判断するところまでは，この初回面接一回で是非たどり着かねばならない。そうした判断が可能になるには，その一回のポテンシャルを上げる準備が必要となる。

　まず，申し込み当日に会うことは，よほどの急性期にないかぎり，できるだけ避けねばならない。数日後の面接予約をしてもらうのがよい。別にもったいをつけるわけではない。このことは，むやみに面接を先延ばしにするなどという誤解を招かぬよう，受付スタッフに説明してその意義を共有しておかねばならない。面接を少し先に予定することで期待と不安（ある種のフラストレーション）が高まり，初回面接での出会いの情緒的ポテンシャルが高

くなる。そうすることで，本質的な葛藤を伴った空想が現前しやすくなるのである。最初の出会いは，それがマネージメントのためであったとしても，「お気軽」ではいけないのだ。初回面接の求めにその場で気軽に応じる態度は親切にはならない。

2. 初回面接におけるコンセプトと設定
──マネージメント・インテイク

　学生相談における初期段階は，セラピーの面接であると位置づけないほうがよい。インテイクではもちろん主訴をめぐっての対話となるが，少なくとも最初の数回は，常識的日常的モードを維持し，無意識の解釈や転移の解釈などといった精神分析プロパーの技法は，意図的に差し控えたほうがよいと思う。とはいえ，われわれは精神分析的な研鑽を積んだセラピストである。精神分析的理解を背後で展開させつつ，常識的な意識上の臨床的交流を中心にするのがよいだろう。つまり，来談者との意識的無意識的コミュニケーションを経験しつつ，それを観察するという「精神分析的観察のモード」を内的に維持しておいて，それを解釈という形で外在化するのではなく，マネージメントを方向づけることに使用するということである。

　まず設定だが，学生相談の場合，この時点の面接は一回50分という時間設定を当然のこととはすべきでない。

　保健センターの医師として機能している筆者の場合，「概ね30分から50分程度の時間を使ってあなたの相談をお聞きし，あなたがどのような状態におられて，今何が必要なのか，一緒に考える機会にしましょう」くらいの投げかけで，設定を50分以内の不確定な時間に設定する。これは精神科医療における初診の扱いに似る。もっと別のやり方もある。つまり，時間を初回のみ90分とか120分とかといったかなり長い時間を設定しておくというやり方である。この長時間設定の場合は，一回でアセスメントを終わり，その後の判断をすべてその場で行うという場合でしばしば採られる方法である。こうした長時間設定は，初回面接者がインテイク的アセスメントのみを担当し，セラピストは別に選任されるというシステムを採る治療機関で行われる傾向にある。ロンドンのタヴィストック・センターなどがその例である。

　次に内的設定，すなわちセラピストの心理療法的（精神分析的）態度につ

いてだが，こうしたマネージメントを目指した初期面接では，あまり「ご自由にお話しください」などといった非志向的（non-directive）な深い心理療法のモードにならないよう注意したほうがよい。また，方向づけ（direction）に関しても現症や現在の精神生活への焦点づけにとどめるのが望ましく，いきなり最早期記憶や生育史など聴取するのは好ましくないかもしれない。よほどの急性期にいる学生でないかぎり，病歴聴取に焦る必要もない。むしろ初期には来歴や生活歴，家族歴などの情報収集に焦点を合わせないほうがよい。それよりは非侵入的関係を構築することを優先すべきであり，セラピストが「知らないでいること」に耐えつつ，来談者と波長を合わせていけると示すことのほうが重要な場合が多い。

　まずは，来談学生といかに波長を合わせられるか（engagement）のほうが重要である。ここでは彼らが，新しい状況，新しい対象（セラピスト）との出会いをどのように体験しているのかを感知できるよう精神分析的観察力を働かせることが優先される。

　もちろん来談者が，なんらかの対処を要する差し迫った急性状態にいるなら，その判断と対応はこの場で行う必要がある。その際には種々のリスク・アセスメントを行うとともに，その判断に応じてしかるべきマネージメントを進めてゆく必要がある。精神医療的援助を必要とするのは，急性の精神病状態と自殺企図が差し迫っている場合である。こうした急性状態にないのであれば，本来の学生相談として，持ち込まれた問題にどのように取り組んでゆくのかを話し合うことができる。

3. インテイク時に選択すべきオプション

1）医療機関への紹介（One-off での終了）

　学生相談は一回限りで終了する場合もしばしばある。急性期でなくとも，精神科や心療内科の受診が優先される疾病状態が疑われ，本人も受診を希望もしくは納得している場合，まずは受診を勧め，信頼できる医療機関へと紹介することとなる。もちろん医療受診の間も学生相談を継続してもよい。

2）マネージメントの継続

　実際的な相談をその後数回実施するなかで，問題をより明確にする過程に

立ちあい援助することができる。その際コンサルテーションの設定は 2〜6 回などと限定して提示し，必要に応じて追加するとよい。無目的な馴れ合いのカウンセリングが延々と続くことを防ぐためである。こうしたコンサルテーションでは，学生の持ち込む問題を理解することに努めるが，必要であれば現実的なアドバイスを与える。この場合の設定も必ずしも 50 分でなくてよい。

3）危機介入

　学生相談ではこれがかなり重要である。自殺の危機，精神病発症の疑い，心的外傷の急性状態など，急を要する状態のリスク・アセスメントはこの上なく重要である。日頃から保健センターと連携し，入院治療を含めた救急受診ルートを確保しておくことが望ましい。また，セラピストには，急性精神病状態をそれと感知できるだけの治療経験があったほうがよい。また自殺の危険のある学生には，日頃から学生対応の事務関係者と連携し，対応ガイドラインを共有しておく必要がある。

4）精神分析的アセスメントの提案

　このオプションを提示するに至るまでに，その学生に 1〜数回，コンサルテーションとして会っていることになるだろう。その間われわれは，彼らが自分の状況や問題について，どのように表現し説明するかを既に見ているわけである。またわれわれは，その学生がセラピストのコメントにどのように応答するか，新たに提示された理解に関心を発展させることができるか，そこで得た気づきに基づきさらに内省することができるかなど，考える能力や応答する能力をある程度把握しているはずである。そうした経験からの判断により，その学生に考える時間と空間を，まとまった回数（多くの場合 4〜5 回）提供できることを投げかけてみることになる。

　学生相談において，精神分析的アセスメントのコンサルテーションを提案するのである。これがおそらく学生相談における最大のコンテインメント（Bion, 1962）となるものである。

第7節 学生相談における精神分析的アセスメント

　学生相談において精神分析的セラピーを立ち上げていくかどうかを吟味することが精神分析的アセスメントの「第一の」「表向きの」目的であり，これは通常の精神分析的心理療法アセスメントの手法でとり行われる。「第一の」「表向きの」と括弧でくくったのは，こと学生相談ではそれ以外の副次的目的があり，それがかなり有用でもあるからである。それについては後述する。

　筆者は，現場での経験をふまえて，青年期過程にいる学生の場合，通常の個人プラクティスや心理療法施設で行うものに比して，アセスメントの回数設定をやや多めに設定して4〜6回で行うことにしている。アセスメントを始めるときには，一旦指定した回数で終了することをあらかじめ明言しておく。セラピーを始めるには，仕切り直しと意思の確認がぜひ必要だからである。アセスメントの終了時に，そのプロセスをレビューする機会を持つともっとよいだろう。あくまでも，分析的セラピーを始めるかどうかは本人の意思によるのであり，特殊な場合を除いては開始を強いるのは非治療的である。

　では，学生相談において，精神分析的マネージメントの相から一歩踏み込んで精神分析的セラピーのアセスメントを行う場合，そこでは何を査定することになるのだろうか。このことを明確にするには，まず歴史的に見た精神分析的セラピーの適応の拡張と，それに伴って生じたアセスメントに関するコンセプトの変化を捉えておく必要があるだろう。

　フロイトの時代には，転移神経症を形成することのできる神経症パーソナリティのみが分析の適応であった。だがその後の経験の集積によって，分析の対象は，精神病や境界例にも広げられ，さらに近年では精神分析的心理療法の適応が特定の疾患や状態像に限定されなくなってきた。むしろ，適応の評価は，その患者がセラピーのプロセスを価値あるものとして体験できるか，言い換えれば「理解される」という新しい体験によって「自己知」へと開かれてゆくか，という点に向けられる。そういう意味では，自ずとそれは相対的なものとなっていく。

1. アセスメントの相対性——動機と治療可能性

アセスメントのプロセスは，学生とセラピストが参加するのであって，それは双方によって経験される双方向性の現象である。

まず，当の学生が精神分析的方法に自分の問題を委ねたいと思うかどうか，その学生自身の判断は本質的に重要である。アセスメントのプロセスにおいてこの判断は，学生が能動的に参加することによって，ある種の結論に至らねばならない。これはその学生に，顕在的にであれ潜在的にであれ，自己探求の「動機」があるかどうかということである。また，これはアセスメントの期間中に揺れ動いてしかるべきものである。これがなかなか定まらないのであれば，アセスメント期間を少し延長することもできるだろう。

一方，セラピスト側がこの間に結論に至る必要がある問いは，精神分析的方法からこの学生が，在学期間中のセラピーによって，なんらかの恩恵を受けることができるだろうかというものである。いわば治療可能性の見通しに関してである。これは，古くから大変困難なものだとみなされてきた。双極化された極端な意見は次の二通りである。「分析治療は根拠のある査定の結果と見通しをもって始めるべきだ」というアセスメント絶対視型の意見，そして「治療可能性は治療を終わってみないと分からない」という極端な不可知論型の意見である。

これらはどちらも極端だが，セラピーは少なくとも何の見通しもなく，ただ求めに応じて始め，何の進展もなく延々と続けるべきものではない。学生が持ち込む生活，関係，病気などの歴史，そしてセラピストと出会うことで生じるさまざまな人間的事態（行動化，治療者側の逆転移なども含めて）を観察してみて，この学生と精神分析的作業に乗り出すことが適切だという判断に至るのが現実的だと思われる。

治療可能性の判断もまた絶対的なものではない。その判断は用いることのできる設定によって大きく変わることとなる。たとえば，アセスメント中に破壊的で危険な行動化が生じる学生の場合，非常勤の職場でセラピーを引き受けることにはかなり慎重であるべきだが，自分が保健センターの常勤精神科医あるいは心理職で，他の医師や看護師，あるいは事務職などの協力が得られる現場であれば治療可能かもしれない。セラピーを行う場合，保健セン

ターとの連携はどの程度可能か，事務職の理解や協力はどの程度望めるか，担当教員はどの程度学生のメンタルヘルスの問題に関与してくれるか，そして教員がどの程度バウンダリーの問題を理解してくれるか，さらに，発達障がいの問題を抱える学生の場合では，障がい支援ルームなどの心理職やコーディネーターなどと，どの程度連携できるか，といった学内関係機関との連携可能性が大きく関わってくる。多層性の奥行きあるコンテインメントが働く現場であれば，そうした重症者も学生相談におけるセラピーにより変化の機会を得られるかもしれない。

　また，セラピストのキャパシティによっても治療可能性は大きく変わる。つまり，セラピーを立ち上げるに際して，スーパービジョンや定期的コンサルテーションを受けることができるか，セラピスト自身の経験値はどうかなど，治療者としての能力や使用できるリソースによっても変わってくるのである。

2. アセスメントで知りたい「心のインフラ」の状況，あるいはエディプス状況

　人間的なるものが生まれるところには必ずエディプス状況が立ち上がるのだという発見こそフロイト精神分析最大の貢献であると筆者は思っている。人の心の成長，心の病気の回復に関して，さまざまな形や次元でエディプス状況が展開する。これは心理療法に限ったことではない。人間的なるものの根源には必ずやエディプス神話がさまざまな形において変奏される。

　ここでいうエディプス状況とは，フロイトが述べた性愛的次元ばかりでなく，クライン（Klein, 1932）やブリトン（Britton, 1988）が拡張した乳幼児的な情動的／知的次元を含んだものである。乳幼児が，自分には両親のそれぞれと独立した関係があると同時に，自分との関係とは別に両親間には独自の情動的関係が自分のうかがい知らないところで営まれているという状況に際して立ち上がる情動や，それを知ることを回避するための防衛システムを含んだものである。エディプス状況に関して，達成されるべき心のキャパシティとは，「乳幼児的主体が両親間の性愛的・情動的関係に参加できないことを受け入れ，その原初的疎外による痛みに耐えつつ，両親の関係を想像する力」である。その能力のもとで初めて両親からの恩恵を享受できる。両親

間の性愛的・情動的関係に参加できないフラストレーションと痛みに耐えられれば，それらは知ることのできる対象になり，観察と想像の能力の基盤が生成し，それがパーソナリティの基盤（飛谷，2020）となるのである。

　これらのエディプス状況が体験可能なら，自分自身を体験しつつ観察するという心の基礎的な位置どりが可能となる。そうすることで，構造論的には，超自我と自我の構造化が可能となり，内的対象関係が生き生きと展開する心のスペースを体験できるのである。

　こうした心の基盤としてのエディプス状況は，セラピーの内部では多くの場合セラピストの休暇をめぐって，分離の体験にどう直面できるかという心の能力として顕現する。そして，セラピストやその心的活動をどのように体験するのかといった，より一般的な局面において，患者のエディプス的体験の質をうかがい知ることができる。精神分析において「転移体験とその表現」がこの上なく尊重されるのは，セラピストへの転移体験にその人のエディプス状況がそのまま表れてくるからである。学生相談のアセスメントにおいて，それはどのように知ることができるのだろうか。

　もちろんエディプス状況を含めた転移体験は，精神分析的治療の根幹に関わるものであり，実地の分析的臨床訓練や自らの訓練分析を抜きにしては，なかなか実感を伴って理解できるものではない（飛谷，2016）。そうした限界を認識したうえで，それでもこれをなんとか捉えようとするなら，それはセラピストが，学生のアセスメントにやってくるに際しての不安や，セラピストに対する想像のあり方を，いかに敏感に感受できるかに尽きるだろう。また，これは精神分析的セラピーが始まってからより豊かに知ることになるものでもあるため，アセスメントの段階でどこまで正確にそれを感受できるのかにも限界はあるかもしれない。とはいえ，精神分析的セラピーの立ち上げに際しても，学生のエディプス体験のあり方やそこで生じる空想の質を感受しておくことは何にも増して重要である。

3. 短期心理療法としてのアセスメント（副次的目的）

　学生相談における精神分析的アセスメントでは，青年期特有の心的可塑性がさまざまな形で現れてくるものである。青年期過程というものが，精神的・性的・身体的・社会的な諸次元における激変に伴う「自分とは誰かという問

い」(飛谷, 2019) を内包しているために, 学生たちにとっては, 自分について考えること, そして自分の困難な経験を他者から理解されることが, しばしば新鮮な刺激となり, 大きな変化惹起性を持つこととなるのである。また, 精神分析的アセスメントは本質的に, 理解を指向する作業であり, 学校でありがちな「どうすべきか」という価値観に基づくものとはかなり異なるスタンスを取ることとなる。こうした治療者との作業が, それだけで治療的な気づきのプロセスを開花させることは決して珍しいことではない。

　したがって, たとえアセスメントにおける短期間の作業で終結したとしても, 相当有用な変化のプロセスが生じることがある。これはある種のドロップアウトかもしれないが, アセスメントが短期セラピーとして機能したものと考えることもできるだろう。また, そのときには短期で終わったとしても, より長期にわたる心理療法的作業を求めて再来することもまれではない。

第8節　精神分析的アセスメントの要素

　アセスメントの機会に, できるだけ具体的に把握し, 検討しておきたい主な項目を挙げてみよう。

1. 動機づけと感度（心理指向性：psychological mindedness）

　心理指向性とは, 自らの心の状態を照らし出し考える能力, すなわち内省能力である。これには, 自分の心の状態について表現し考えていくことに関心を持つ能力や, セラピストに理解されることあるいはセラピストのアイデアに関心を持つ能力も加えることができる。多少なりともその能力を持っていることが, セラピーを行ううえで不可欠である。

　この能力は, 学生の病理によって破壊もしくは抑制されうるとはいえ, 重症であったとしても, なんらかの形で保たれているものである。精神病や境界例の学生であれ, あるいは発達障がいを持つ学生であれ, 心理指向性のある者は少なからず存在し, この能力の高い学生は分析的セラピーの良い適応となる。そして, 一見矛盾するようだが, この心理指向性を高めることこそ, 精神分析的セラピーの目的であり, ゴールであるともいえるものでもある。

　心理指向性に抑止が生じている学生の場合でも, セラピストの考え想像す

る力に触れることで，それは呼び覚まされ回復しうる。したがって，アセスメント過程において，セラピストの思考能力（直観力）や想像力に触れる経験は大変重要であり，セラピーへの動機はこのプロセスのなかで生じるといっても過言ではない。セラピーが始まると普段よりも沢山の意義深い夢を見るようになることは，多くの被分析者が経験することだが，これはセラピストの想像力と理解しようとする態度に触れることで本人の無意識領域が活性化されてくることの表れだと捉えることができる。心理指向性には，この無意識領域の活性化の潜在力，つまり「夢見の能力」も含まれるのである。

　こうしたセラピストとのコミュニケーションによって動機（自己探求への好奇心と責任性）という第三の産物が生まれることこそ，生きた精神分析的プロセスなのである。学生が何気なく提示する過去のエピソードに対してセラピストが直観的理解を示すことで，学生はセラピストの精神分析的活性としての思考能力や想像力に触れることができ，自分自身の経験についての好奇心を持つことができる。これは前述したエディプス状況の，アセスメントにおける顕現であり，その体験により動機という主体性が生成することとなる。また，こうした自己知への動機づけは，苦境において何度も破壊されうるが，分析状況において理解されることで再生するものでもある。

2. 自我と超自我の強度，特に欲求不満耐性

　精神分析的セラピーにおけるアセスメントは，形式的な質問を排除した非構造化面接であるが，こうした方向づけのない non-directive 状況を提供することで見えてくるのが，その学生の自我の柔軟性と強さである。あなたについて教えてほしいなどと問われて何を話すだろうか。こうした話はじめの様子によって，彼らがいかなる方向づけの能力を持っているか，自分について表出する能力をどの程度持ち合わせているか，どのような防衛手段を講じるか，など自我の強度をある程度知ることができる。

　アセスメント期間中では，できるだけ面接の休みが入らないことが望ましいものの，やむを得ず休日が挟まれることはまれでない。そうしたときに，その学生が休みに際してどのように振舞うかを観察することは本質的に重要である。アセスメントとの関連をまったく自覚せずに，さまざまな形で自己破壊的行動化が生じることはまれでないが，そうした行動化の質と自覚可能

性により，自我強度や防衛態勢を知ることができる。また，面接の内部における沈黙も，アセスメント面接にやってきた学生にとっては，ある種の心細い分離体験となる場合がある。沈黙からどのように浮上するかということは，面接内での分離性体験を反映するかもしれない。これを観察することで，学生の自我機能，ひいては超自我とのコンタクトの様子を評価できる可能性がある。

3. 心的痛みの体験とその位置づけ

　相談にやってくる多くの学生は，なんらかの心の痛みを抱えている。アセスメントの段階ではそれが何かまでは分からないかもしれないが，まずはそれをどのような形でどこに抱えているのかを知ることが重要である。たとえば，親や同胞などを早期に喪失していたり，別離していたりすることが語られるかもしれない。だが，そうした経験に関する感慨や痛みがどこにも見えないとすれば，そこにはなんらかの否認があり，痛みを回避する心的システムが存在していることがうかがわれる。

　ある学生は，父親がうつ病に罹患し，その対応に困っているという主訴で相談に来たが，数回のマネージメント面接のなかで，実は自身も現実感喪失という離人症症状に悩まされていることが判明した。その後，自らセラピーを希望するに至り，アセスメント面接を始めた。2回目のアセスメント・セッションでその学生は，おかしな夢を見たと言って次のような夢を報告した。「病床にいる父親に余命宣告がなされる段取りになっているよう。ところが，医者からの余命宣告は病床の父に対してばかりではなく，自分に対してもなされたのだった。あなたはあと半年の命です，と宣告されてびっくりして目が覚めた」，と。後のセラピー・セッションのなかで，その学生はアセスメントでの体験を振り返り，自分は父親の病気に悩んでいると思っていたが，セラピーでは，実は自分こそ病気だとわかったと語った。

　このようにアセスメントにおいても，心の痛みの所在は，内的にどこに（誰に）位置づけられているのかを知ることができる。ここでは，痛みや不安を自分のものとして体験できないこと（Bion, 1970），その痛みに苛まれていないあり方こそ，さまざまな病理的防衛の結果であることが分かる。

4. 行動化の危険度と内的外的保護装置の利用可能性

　これまで生活のなかで生じた危険な行動に関して明確にしておくことは重要である。さらに，アセスメント期間に，セラピー内外でどのような行動化が生じるかも重要な指標となるだろう。これもまた相対的な判断を必要とする領域である。ある種の行動化に対して，学内外のスタッフ（事務職員，保健センターの医師や看護師，クリニックの主治医など）が対応でき連携を取れるなら，自殺企図など危険な行動化の既往のある学生でも，セラピーを行うことは可能かもしれない。また，行動化の性質によっては，家族の協力を得ることも視野に入れたほうがよいかもしれない。

　たとえば，低体重の摂食障害の治療も，保健センター内部の医師や心理士であれば一定期間行うことは可能である。ただ，慢性化した低体重の摂食障害患者が2〜3年で完治することは通常まれであり，卒業後の治療の場の選定なども視野に入れて，学生相談において何が可能かについて現実的に検討し，本人や家族と十分に意思疎通しておくことが重要となる。多面的な視野を持っておかないと，学生相談の内部では洞察的思考が可能になったように見えても，気づいてみれば体重はセラピー開始時よりも大幅に減少していた，などということになりかねない。こうした摂食障害における体重の深刻な減少は一面では身体化ともいえるが，実際には身体をめぐる深刻な行動化の一例でもある。

　このように内的変化には痛みがつきものであることを考えに入れてアセスメントを行う必要がある。いわば，心的成長痛が生じたときに，その学生には，どの程度それに耐える力があるのか，誰の助けを借りることができるのか，治療スタッフや学生の周囲の家族や関係者などの協力体制はどうか，こうしたことを評価しておく必要がある。また，セラピストがどのような治療経験と技量を持ち，スーパービジョンなどに関して，どの程度専門家的援助を受けることができるのかを評価しておくことも重要であることは先に述べたとおりである。

5. 対象関係の質と転移

　その学生は，他者とどのような関係を構築する力があるだろうか。内的対

象関係の質は，目の前にいる人をどのように体験するのかという主観的世界体験に反映されるものであり，アセスメントにおいてはセラピストをどのように体験するかに自ずと現れてくる。それは転移体験として顕現してくるものである。学生が，アセスメントに転移体験を反映したような夢を持ってくるなど，転移状況を即座に体験していることがうかがわれるような素材が得られることもあるだろう。たとえば，密着しつつもトゲトゲしい関係にある母親に怯える女子学生は，2回目のアセスメント・セッションに「イチゴのクレープを注文すると，女性の店員が半分以上かじってから自分に手渡してきた」という夢を報告した。こうした場合なら，内的対象関係の質を評価しやすい。だが，実際にはそうした内的素材が数回のアセスメントで必ずしも得られるとは限らないので，それを査定するいくつかの方法のレパートリーを持っておくとよい。

　家族や友人などの対人関係の質を知ることができると，その学生の内的状況を捉えることができる。家族について，あるいは最近の対人関係について語る様子を観察することは，それらの内容の詳細を把握することと同様，大変重要な観点を提供するだろう。あるいは，繰り返される関係の特徴や体験パターンを同定できるなら，そこにその学生の内的対象関係の質が反映されているはずである。アルバイト先やゼミの教員との間で服従的関係，被虐的関係，あるいは依存される関係など共通の性質を持つなんらかの問題が繰り返し生じているなら，その詳細を検証することでその学生の内的対象の性質を知ることができる。

第9節　適応状態

　内的対象関係や転移の能力を査定すること，そして心理療法への動機づけを検討するのがアセスメントの主眼ではあるが，とはいえ，その学生が実際にいかなる学生生活を営んでいるのかを知ることもまた重要である。これを抜きにして，内的状況だけを把握しようとすることは非現実的だ。

　ほとんど授業に出ていないとか，必要な単位を取得できていないなど修学状況に困難があったり，生活費や学費の捻出ために多くのアルバイトを掛け持ちしているなどといった経済状況の問題，サークル活動の様子，友人との

交流などの対人状況の質，あるいは親が失業中であったり離婚の危機にあるなど深刻な家族状況の危機，そうした学生をめぐる状況を把握しておくことは大変重要である。学生生活の現実のなかにセラピーを基礎づけることがアセスメントにおいて最も重要な作業のうちのひとつとなるのである。

第10節　おわりに

　これまで述べてきたとおり，学生相談では，包括的マネージメントと精神分析的アセスメントという二相性のそれぞれ異なる活性を区別しつつ，間口を広く取り，学生のニーズを現実的に見立ててゆくことが重要である。アセスメントでは，面接室における精神分析的観察と情動的接触体験をもとに，学生の生物・心理・社会的な次元での存在のあり方を知り，学生の成長しようという動機と治療可能性を見立てることが肝要であることを論じた。本章において筆者は，心理療法への動機とは，アセスメントの過程でも，セラピーの過程でも，セラピストとの相互交流体験を重ねることで強化されうる動的プロセスであることを示した。そして，治療可能性という難しい要素については，学生とセラピスト双方のキャパシティや状況を考慮することが重要であり，判断は相対的になされてしかるべきものであることを示唆した。

　最後に，筆者の最近10年ほどの経験からの印象を述べて終わりたい。学生総数約5,000人という規模の大学において，1年間に精神分析的アセスメントを行うことになる学生は概ね30人前後である。そのうちで，まとまった期間の週1回もしくは2回の精神分析的心理療法を希望する学生は，年間2〜3人程度となる。このように精神分析的セラピーに至る学生は比較的少人数だが，セラピーのセットアップにまでは至らなかった学生でも，アセスメント・プロセスのなかで，完全ではないにせよ，なんらかの形で彼らなりの発見があるもので，それによりある種の問題解決に至る。これが「副次的目的」として先に述べた「短期心理療法としてのアセスメント」である。これはこれでかなり大きな変化なのである。こうした変化からは，青年期にいる学生にとって，数回の精神分析的アセスメントを経験すること自体にかなり大きな治療的作用が生じうる可能性を見て取れる。こうした変化は，精神分析的治療における転移のワークスルーによるものではないものの，大変興

味深いものである。これにはより緻密な検証が必要だが，今のところ筆者は，思春期青年期過程に行き詰った彼らが，意味を照らし出す「視座」を提供されることで，滞っていた成長の流れを取り戻すことが一因ではないかと思っている。

［文献］

Bion, W. R.（1962）. *Learning from experience*. William Heineman Medical Books. London. Reprinted 1984 by Karnac. London. 福本修（訳）（1999）. 経験から学ぶこと. 精神分析の方法 I——セブン・サーヴァンツ. 法政大学出版局.

Bion, W. R.（1970）. *Attention and interpretation*. Tavistock publications. London. Reprinted 1984 by Karnac. London. 福本修・平井正三（訳）（2002）. 注意と解釈. 精神分析の方法 II——セブン・サーヴァンツ. 法政大学出版局.

Britton, R.（1988）. The missing link: Parental sexuality in the Oedipus complex. In R. Britton, M. Feldman, E. O'Shaughnessy & J. Steiner（Eds.）. *The Oedipus complex today: Clinical implication*. Karnac. London. 福本　修（訳）（2004）. 失われた結合——エディプス・コンプレックスにおける親のセクシュアリティ. 現代クライン派の展開. 誠信書房.

Klein, M.（1932）. The psycho-analysis of children. In Klein, M.（1975）. *The writings of Melanie Klein, vol II*. The Hogarth Press. London. 衣笠隆幸（訳）（1996）. 児童の精神分析［メラニー・クライン著作集 2］. 誠信書房.

飛谷　渉（2016）. 精神分析たとえ話——タヴィストック・メモワール. 誠信書房.

飛谷　渉（2019）. デジタル・ネイティヴ時代の思春期を理解する——思春期臨床への精神分析からの寄与. 児童青年精神医学とその周辺領域, **60**(4), 476-482.

飛谷　渉（2020）. 羨望による体験自己の破壊——再建の足場としての夢, 転移, 逆転移状況. 精神分析研究, **64**(2), 33-45.

学生相談を精神療法化する

【上田順一】

1. はじめに

　学生相談は,大学生の学生生活で生じるさまざまな悩み事に対応している。それはたとえば,履修相談,アルバイトの不払い相談,交際相手とのトラブル解決,就職課ではできない就職活動の相談,そしてメンタルヘルス上の問題などがあり,よく「よろず相談」と呼ばれている。おそらく多くの大学は,「よろず相談」を効率よく捌くために,学生相談室に室員と呼ばれている事務職員を置いて窓口業務を担わせている。そして室員は,相談の主訴によって,心理カウンセラーや弁護士との面接,場合によっては精神科医との面接をアレンジしていることだろう。もちろん場合によっては室員が,窓口対応の延長線上で相談に来た学生に寄り添って話を聞いていることもあるだろう。その際も室員は,学生の話が心理相談なのか,法律相談なのか,メンタルヘルス上の相談なのかをざっくりと見立てながら,どのタイミングで学生を適切な相談員につなぐのかを考えながら,学生の話を聞いているはずである。この室員によってなされる相談の振り分け機能(インテーク面接と言われることが多い)は学生相談においてかなり重要なアセスメント機能を担っていることは間違いない。

　さてこのように学生相談室の室員によって心理相談として振り分けられ,専門家であるカウンセラーに会うように勧められて来た学生の相談を,学生相談室のカウンセラーはどのようにアセスメントするのだろうか。

　筆者の場合,一時的な(単回の困難な出来事による)悩み事の場合,そのSOSの緊急度と学生自身が利用できる解決法や援助資源がどの程度あるのかを見立てたうえで,相談内容の解決を目指して学生を支援していることが多い。一方で,学生の悩み事が過去から繰り返し起きている出来事による不安や葛藤に起因していると思われる場合,①学生が何年生(何回生)か,

②学生が今の自分のこと，これまでの自分のことをどのくらい話せるか，
③ある種の現代文読解のようであるが，物事の対応関係を読み取り，それを
対比や言い換えというスキルで理解していく力をどの程度持っているか，見
立てていることが多い。

　まず，学生が何年生（何回生）であるかということは，理想的な形で相談
が進むと仮定して，その学生があと何回相談に来ることができるかを推し
量っている。このことは言い換えれば，本稿のめあてでもある，精神分析的
心理療法の視点を持った学生相談活動ができるかどうかのアセスメントに
とって重要なことである。精神分析的心理療法は，その治療機序のひとつと
して分離の取り扱いがある。学生相談には，長期休業と卒業という大きな分
離がある。相談に来た学生が，今後の相談活動（精神分析的心理療法）にお
いて，長期休業という分離をその都度織り込みながら，相談者とカウンセラー
という同盟関係をゆっくりと醸成させるには，ある程度まとまった時間を持
つことができるかどうかが重要である。

　次に，学生が今の自分のことやこれまでの自分のことをどのくらい語れる
かということは，精神分析的心理療法の治療機序のひとつである，「頭に思
いつくことはなんでもお話ししてください」という自由連想という語り方に
ついての評価と関係している。学生は相談のなかでは何を話してもいいわけ
だが，そうはいっても自然に自発的に自分の悩み事に関係している話をして
いくことが望まれる。すなわち自然に自発的に話された内容が，過去からの
繰り返しの自分の不安や葛藤となんらかの対応関係がないと，単にカウンセ
ラーとお話をしに来ただけというカタルシスになってしまう。そして話し方
ということとも関連しているのだが，学生自身が自由に話した内容の素材や
エッセンスについて，これまでの自分の不安や葛藤となんらかの対応関係を
見出すには，カウンセラーからの補助線も重要ではあるが，まずは学生自身
が対比や言い換えという基本的な読解スキルを持っていないと（話のなかの
出来事Aと話のなかの出来事Bはなんらかの関係があるのだろう，くらい
の推測がないと），精神分析的心理療法の達成としての内省と洞察は導かれ
にくいだろう。

　このことは少々説明が必要と思われる。精神分析的心理療法における達成
ということを考えるとき，個人的な見解では，それはこれ以上言い換えられ

ないことばが自生している生息域を探索することであるとみなしている。そしてそのプロセスには，対比や言い換えという一里塚が必要だと考えているからである。

　以上が筆者の学生相談において行っているアセスメントである。ここにおいて，精神分析的心理療法の重要な治療機序のひとつとしての関係性（相談者とカウンセラーとの関係性）の取り扱い，狭義の言い方では，関係性における転移と逆転移の利用可能性について，学生相談においてアセスメントしないものなのか，という問いもあるだろう。もちろん筆者はそれができるならしたほうがよいと思うが，筆者は事後的にその関係性の質を評価することしかできていない。ゆえに初期のアセスメントにおいて関係性の質についてなんらかの評価を持つことはしていない。強いていうならば，カウンセラーとして学生の話にどの程度同一化できるか，同一化できないとしたらどうしてなのかと考える程度である。

2. 事例の概要

　個人情報の保護に対する配慮のため，本稿のめあてに支障をきたさない範囲で，仔細を改変してある。

　サクラさん（仮名）がはじめて学生相談室を訪れたのは，2年生の夏休み後であった。そのときの主訴は，「最初集団になじむことができない」「自分の性格について考えていきたい」というものであった。カウンセラーの相談に初めて来たときのサクラさんは，かなり小柄であり，人目をひくようなユニークな服装であったが，本人は自分自身を「人見知り」と説明していた。カウンセラーが求めていないことでもよくしゃべる印象であった。

　この相談室の構造は，ゆったりとした応接セットのソファをしつらえ，学生とカウンセラーが向き合って座る構造である。学生相談のため相談費用は無料である。

1）精神分析的心理療法としての相談を始めるまで

　インテーク面接でのサクラさんの様子から，精神医学上の問題や，すみやかに解決すべき問題もないと判断できたため，長期休業後のサクラさんの一時的な悩みや気持ちに寄り添ったカウンセリングをすることとなった。そこ

で週1回，固定された曜日時間での心理相談が始められた。サクラさんの気持ちに寄り添ったカウンセリングでの相談内容は，女性同士で立ち上げたサークルでの人間関係の話であった。それによれば，そのサークルの立ち上げ時，サクラさんのアイデアをもとにした活動が考えられており，彼女はある意味でそのサークルの中心的なメンバーであった。しかしながらあるときから，立ち上げ時の中心的メンバーのひとりの女の子ヒナコさんから，彼女のサークル内のポジションを奪われたということである。サクラさんは，入学時に入ったサークルを辞めたこと，長く続けていたアルバイトも店長やスタッフの一部が変わったことで居づらさを感じていること，自ら立ち上げに加わったサークルでも居場所がなくなったこと，3年生ゼミの入ゼミ試験でも希望のゼミに落とされ，大学自体にも居場所のなさを感じていること，というように出来事をいくつも列挙し，それらを泣きながら語った。サクラさんの話を数回聞いていくうちに，相談の主訴は「最初集団になじめない（言い換えれば，後には集団の中心になるという万能感を感じさせるものではある）」ということではあるが，カウンセリングのなかで彼女の語る，「集団から排除されてしまう」物語に筆者はかなり引き込まれていたし，彼女の「自分の性格について考えていきたい」という探求心をも今後中心的課題として取り上げていくことができるのではないか，と筆者は期待を持った。そこで筆者は年末年始の短期の休業明けに，自分の性格的なことについて考えていくために，精神分析的な心理療法の話し方をしていくことはどうかとサクラさんに提案した。サクラさんがそれを受け入れたので，「改めて4～5回ほど生育歴聴取や夢の報告等を含めた予備面接をすること」今後の話し方として，「何を話してもよいが，自分の頭の中に思い浮かんだことはすべて話してもらう。そして話すことがないと感じたこと，沈黙になること，面接を休みたくなること，これらすべてに意味があるし，それらをふたりで考えていくことになる」と伝えた。

3. アセスメント過程

【第1回～第4回】
　精神分析的心理療法としての会い方をするために予備面接（精神療法とし

てのアセスメント）を 4 回行った。以下はその要約である。

　サクラさんは地元を離れてひとり暮らしである。両親および弟はサクラさんの実家にいる。父親は地元の企業に勤める会社員で，職場が家庭と近く，母親より帰りも早かったため，母親よりも父親と過ごす時間が多かったという。母親は研究所の研究職で，勤務の関係から仕事がかなり忙しく，サクラさんが母親と接する時間はかなり少なかったという。サクラさんの進路進学関係のサポートは，ほとんど父親が前面に出ていたとのことである。この予備面接の時点ではじめてわかったのは，サクラさんは幼少期，身体の病気の手術を受け，その傷あとが今もあるとのことである。サクラさんは，両親の意向もあり，寒いなかでも上半身裸で生活させ，子どもの体を丈夫にする目標を掲げている保育園に入園した。しかしながらこの保育環境はサクラさんにとってかなり過酷であったらしく，また子どもたちの無邪気さでサクラさんの傷あとを揶揄する園児たちもおり，サクラさんはつらい思いをして保育園時代を過ごしたとのことだった。またサクラさんは両親の仕事の関係で，保育園の迎えには他都市に住む祖父母が来ることが多く，「なんでうちはおじいちゃん，おばあちゃんなんだろう」と，ママがお迎えに来る他児と自分の比較で心を痛めていたようである。小学校時代の記憶はあまりなく，思い出されるのはよくいじめられていたことである。中学校は複数の小学校出身の生徒からなる寄り合い所帯のため，小学校でのいじめられた経験の記憶が希釈され，サクラさんにとっていくぶんか過ごしやすい中学校生活であったようである。女子生徒は苦手だったが，男子生徒とは話が合って，最初は集団に入るのが苦手（相談の主訴）だったが，いつのまにか集団の輪の中心になっていたという。高校はいわゆる進学校に入学した。最初は集団の輪に入れず，のちに不登校になる女の子と仲良くしていた。それでも学年が上がるたびにすこしずつ集団に慣れていくようになった。大学受験は，父親の勧めにより得意科目の利用が功を奏し，希望通りの大学に進学した。予備面接 4 回目では，夢とサクラさんにとって重要な人物との関わりを尋ねた。

夢 I
　ここ 1 週間くらいで見た夢で，TV に出てくる俳優（主役ではないが若手の二枚目俳優）が，大きい会社のロビーみたいなところにいる。そしてサ

クラさんを迎え入れて，その会社の偉い人に会わせてくれる。それでちょっと話をする。サクラさんは楽しみにしている感じ。30代か40代の人であった……。

　そして別の夢を思い出すように促すと，サクラさんはつらそうな表情をしながら次の夢を語った。

夢2
　赤い感じのする夢で，出てくる人はあまり関係がないというか，通っていた保育園の先生で昔の家の近くに住んでいて，会うと会釈する。その先生に何かあるわけではないが，夢のなかでその先生を殺してしまい，逃げている。そして（サクラさんは）追い詰められて，殺されるか，崖から落ちてしまうのどちらか。人には話したことがなく，先生を殺してしまうのが，怖い夢……。

　私はこの報告のあとにサクラさんにとって重要な人物を挙げてもらった。そこでサクラさんはラジオ（地方局のようである）のDJをひとり挙げた。詳しく聞くと，「小学校のとき，夜ひとりで寝るのが怖く，いつもラジオをつけて寝ていた。何が良かったというわけではないが，リスナーのつらいことや悩み事に対してポジティブに返しているのが良かった」と語っている。

　以上の予備面接4回を経て，サクラさんと筆者は，週に1回50分の精神分析的心理療法の会い方をする約束をした。
　さてここで，予備面接で当時の筆者が意識したことを述べておきたい。何よりもハイライトしたいことは，「最初集団に入れない」という主訴の意味合いが，筆者の同一化の仕方よってずいぶんと変化したということである。10回ほどのよろず相談の枠組みでサクラさんの気持ちに寄り添って話を聞いていた段階では，「最初に集団に入れない」という主訴が，「集団に入れてもらえられないという排除される感じとそれにともなう心的苦痛」と言い換えできるものとして感じられていた。しかしながら，精神分析的心理療法の会い方をセットアップするために行った予備面接では，サクラさんの集団か

ら排除される感じとその心的苦痛は，幼少期の手術およびその後の傷あと，さらにはそのことから派生する心的外傷に起因するのではないかと推測することができた。当時の筆者にとっては，会い方（話の聞き方を変えたという意識はなかったのだが）の仕組みを変えただけで，これほど相談者の語る内容が変わり，見えてくる全体状況も変わるものか，と物怖じしたことも確かである。

　次に夢の報告に注目したい。夢1ではサクラさんとカウンセラーの関係性の質というものが現れているように思われた。すなわち夢1は，サクラさんが相談室に話しにくること自体と対応関係があり，サクラさんが自分の生活に心理相談を組み込んでいこうとしているあらわれではないかとうかがわれる。話しにくることで何か良いことがあるらしい，といういささか付着的な在り様を指し示していたり，もしくは設定へのカリカチュアが言明されている可能性も邪推できなくはないが，まずは話しにいこうと思えること自体，心理療法の継続を下支えする要因の第一であるだろう。そして精神分析的心理療法であれ，認知行動療法であれ，その心理療法という体験が継続され，心理療法を受ける人の人生に自然と組み込まれていくことは重要だと思われる。それはワークスルーや馴化という専門用語に言い換えできる類のものだと思う。

　夢2は，本人も言及しているところではあるが，彼女にとって害をなすことのない，無関係な人物として立ち現れている保育園の先生を殺し，その結果自分も追い詰められてしまうというストーリーである。このことを当時の筆者は，羨望の図式で捉えた。すなわち彼女にとって保育園の先生は日頃会釈などもするような良い対象であり，それゆえに彼女は無意識のなかでその良さを破壊したのだろう，という理解である。そして重要な人物についての言及だが，このような問いに対しては，ある程度至近距離，生活空間をなんらかの形で共にする人物像が語られることが多いと思う。しかしサクラさんが自分の人生にとって重要であるとしたのは，一方的に語りかけてくるラジオのDJである。当時の筆者の理解としては，夜の孤独に耐え切れず，なんらかの寄る辺がほしいという彼女の寂しさの言明として捉えた。

【精神分析的心理療法の会い方を設定してから面接終了までの
プロセス（要約）】

　サクラさんは予備面接後しばらくの間，第2希望のゼミに入ったこと，
就職活動の準備のこと，アルバイトの人間関係のことを話題としながら，そ
の都度，集団から排除されてしまう不安や理不尽を繰り返し訴えていた。た
だしそれらの語りは，私にとってはどこか捉えどころのないふわふわとした
もので，つねに輪郭がぼやけていた。そして，サクラさんは時折20〜30
分ほど遅刻したり，2週間ほどまとまって休んだりした。それでもサクラさ
んは翌回には何事もなかったかのように予定時間に現れるのであった。この
ような流れが何カ月か続いていたあるとき，私はサクラさんが前の回に無断
キャンセルしたことを捉えて，「遅刻や欠席することは良いものを台無しに
する行為である」という私の理解を彼女に告げた（ちなみにこの日の面接で
のサクラさんの語りだしは，「就職活動のためのエントリーシートに自分の
性格の長所短所を書くように指示があるのだが，それが書けない」という内
容の話を紋切型の話し方でしていた）。サクラさんは私の理解を聞いて長く
沈黙し，ボロボロと泣いていただけだった。沈黙の間の思考を私が促しても，
彼女はさらに沈黙した。そして面接時間終了近くに彼女は，とぎれとぎれに，
「何もできない，……，なんか，……，自分の核心みたいな部分，それに触
れたくないというか，分からない……」と答えた。私は「サクラさんは自分
の核心に触れるということがなんらかの不安や苦痛を生じさせるのですね」
と改めて彼女に伝えた。すると彼女はまだ泣きながら，「自分の嫌な部分が
出るんです，勝手というか，わがままというか，まわりが悪いって考えちゃ
うんです」と返答した。この日の面接はすでに時間がオーバーしていたこと
もあり，ここで打ち切りとなった。面接の後知恵で私は，サクラさんにとっ
て精神分析的心理療法の設定はかなりのプレッシャーとなっていることに気
づいた。さらに彼女も私も，お互い示し合わせたように，彼女が幼少期に経
験した手術とその傷あとにまつわる心的外傷（核心）については触れてこな
かったということにも気づかされた。また私は，このキャンセルと欠席につ
いての私の理解や私の言葉を吟味することとなり，サクラさんの自己の探求
の歩みが少し進むのではないかと思った。しかし，おりしも時期が3年生
後半，就職活動のシーズンの到来により，就職活動と面接日が重なることが

多くなった。そして彼女は正当な理由を持って面接をキャンセルすることが多くなった。それからのサクラさんは面接に訪れても，就職面接でのエピソードの報告だけを断片的に語るようになっていった。4年生の夏休みが終わりかけた頃，サクラさんの希望どおりではないが，興味を持てそうな企業に内定をもらった。サクラさんは内定をもらったことを報告した回から毎週，約束通りに面接に来るようになった。サクラさんの報告は相変わらず，集団から自分が排除される，という話ではあったが，以前のサクラさんの語りが変わったのは，集団そのものがどういう集団なのか，よく見極め，そのうえで集団へのコミットの程度を考えるという姿勢を持つようになったことであった。ただしそうはいってもサクラさんは面接の終了まで，集団への排除される感じに対する不安と理不尽を語り続けた。

3. 考察

　サクラさんの事例では，学生相談という場において精神分析的心理療法という会い方をするために，4回ほどの予備面接（アセスメント）を行った。そこで明らかになったことは，サクラさんの幼少期の手術およびその傷あとにまつわる心的外傷の取り扱いは，かなり難しいだろうということであった。筆者はこの理解のもと，サクラさんとの面接を，サクラさんの元々の主訴である，集団から排除される不安や理不尽に焦点化した。それはすなわち，サクラさんの幼少期の手術およびその傷あとにまつわる心的外傷を，ある意味で否認したともいえるのである。もしかしたら彼女の最大の心的苦痛は，手術の傷あととそれにまつわる心的外傷の否認がその源泉になっている可能性はあるかもしれない。ただし期間が限定される学生相談の枠組みのなかでは，そのテーマは取り扱いきれなかったであろうというのが，筆者の事後の理解である。

学生相談におけるアセスメントで捉える 転移と無意識的空想

【飛谷　渉】

1. はじめに

　上田氏の事例「サクラさん」が，「最初集団になじめない」「自分の性格について考えたい」などいくぶん漠然とした主訴を持って相談に訪れたのは 2 回生の後期であった。精神分析的心理療法を行うとして，残りの学生生活は概ね 2 年半なので，始めるには良い時期である。上田氏はまず「悩みや気持ちに寄り添ったカウンセリング」と呼ぶ支持的スタンスでの面接から始めている。これは概ねどのケースにも必要となる学生相談に特徴的な初期フェイズであり，いわゆるマネージメントを主眼にした支持的な「よろず相談」の面接から始めておられると見ることができるだろう。

　そうした支持的なスタンスでの面接で明らかになったのは，サクラさんが大学の研究室，アルバイト先，さらには自分で立ち上げたサークル内において，立場が危うくなり居場所のなさを感じているということであった。だが，この「居場所のなさ」というさまざまな場所において繰り返し変奏される対象関係体験の帰結にはなんらかの根深い核心があるのではないかという仮説が共有されたことで，より深い自己探索を目指した精神分析的心理療法のアセスメントが行われることとなる。

2. アセスメント

　まず 4 回のアセスメント面接が行われたが，ここで目を引くのが来歴として語られた幼少期の大きな手術の経験である。しかも，その後の幼稚園での集団体験では，上半身を裸にされ手術痕を衆目にさらされたうえ，揶揄されて傷ついたことが語られる。したがって，解釈として言明するかどうかはさておき，ここで活性化している無意識的空想として捉えておく必要があるのは，このアセスメント面接自体，ある心の層においては，心にメスを入れる

手術として体験されており，しかもその傷跡を晒され揶揄される過酷な体験が待ち構えている場所として恐れられているかもしれないということである。アセスメントやそこでの治療者をどのように体験しているのか，その背景になる過去の経験やその体験の意味を形成する無意識的空想を捉えて理解することが，アセスメントでの重要な心的作業である。サクラさんのような幼少期体験を持つ学生がアセスメントに臨む際，表面的な態度がどれほど礼儀正しく迎合的であったとしても，極端に強い恐怖心と猜疑心を体験していることを理解しておくことが重要である。

　次に小学校や中学校時代の経験が語られ，「最初集団になじめない」という主訴の「最初」の意味が次第に浮き彫りになってくる。人生早期に自分の生命を脅かすような不具合のため手術を余儀なくされ，世界からの拒絶を体験していたサクラさんは，幼稚園時代はその傷跡を晒されて迫害された。さらに小学校時代の記憶は薄いとはいえ，しばしばいじめられていたという漠然とした迫害感が残っている。だが，中学になると，なじめない女子生徒たちとは異なり男子生徒とはうまくやれて集団の中心的存在になったという。これが，「最初」なじめなかったのに後に中心になるという構図の内実のようである。この背景にはもしかすると，「最初，世界（母親）から拒絶されてひどい目に遭ったが，後に父親（男性）には受け入れられ（性的に）崇拝された」というふうに読み替えることができるかもしれない特有のエディプス状況が見えてくる。

　このような固有の無意識的空想からは，母性的拒絶を性愛的な相互理想化によって表面的にカバーするヒステリー的な内的対象関係の存在が示唆される。とはいえ，ここで女児は父親から不本意に性的存在として扱われるので，本人の求める深刻な自己疎外体験の修復はなされず置き去りにされ，存在としての基盤を失ったままとなる。ここでは残念ながら両親との関係についてはあまり多くが語られなかったが，とはいえ幼少時の大きな手術というトラウマをめぐる体験や空想が語られたことで，サクラさんが心の中に持つ，男子と女子，父と母といった集団を構成する核となるペアにおける葛藤が見え隠れする。

3. 夢

　夢1は何を捉えているだろうか。俳優が会社のロビーで迎え入れてくれ，その会社の重役につないでくれる。これはよろず相談から，より核心へと至る精神分析的心理療法への入り口としてのアセスメントの体験を想像させる。いくぶん戯画化されて軽いものになっているのが気になるとはいえ，サクラさんの夢が，面接がシリアスな仕事（会社）へと向かい始めていることを捉えていると考えてよいだろう。つまりこの夢からは，相談者としてのカウンセラー（セラピスト）が同じ人物でありながら，彼女にとってその存在の重要性の次元が変わる局面に来て，それをサクラさんなりに重く捉えていることがうかがわれる。したがって，彼女が精神分析的アセスメントの意義を理解しつつあり，それにある種の期待を持った心の状態にあると考えることができるだろう。

　夢2はより心の深層を捉えた深刻なものである。語り考えることに躊躇するのも無理はない。サクラさんは夢において，保育園の先生を殺して逃げる殺人者として出てきているのである。殺されるか，崖から墜落するかまで追い詰められている。殺人，犯罪，懲罰，死といった原始的体験の層が捉えられている夢素材である。保育園の優しい先生を殺すというのだから，メラニー・クライン（Klein, M.）のいう乳房を噛みちぎるなどのサディズムと，その報復に立ち上がる懲罰的超自我に彩られた早期エディプス空想の領域を捉えた夢である。しかもこれは，心理療法アセスメントに持ち込まれた夢なので，治療者（保育園の先生／良い母親・乳房）を殺す空想により，この治療が大変困難な殺人的なものになるという予告のようでもある。

　こうして，アセスメントを経て，精神分析的心理療法の本面接へと至った。

4. 心理療法プロセス

　本章で吟味する対象はアセスメントだが，上田氏はその後のプロセスも提示しておられるので，最後にそこで生じたことの特徴について考えてみよう。

　やはり葛藤の中心は，「核心に触れられないこと」のようである。自己探求の仕事に乗り出したとはいえ，サクラさんはゼミやアルバイトでの人間関係における疎外感を語るのみで，あまり心理療法を有効に使うことができな

い。また上田氏も，サクラさんと早期の心的外傷を扱ってゆくには設定がゆるく期間も足りないというご判断があったようである。その後の心理療法プロセスでは，たくさんのことがあったに違いないが，上田氏がそのクライマックスとして描写しておられるのは，サクラさんが面接に遅刻や欠席をして良いものを台無しにしているという理解を告げた局面である。このことで彼女は，わがままな嫌な部分が出てくることが不安で，踏み込めないでいることを吐露する。しかも，そうしたわがままな自分が出ると周りが悪いと思ってしまうという。

　逆説的なことだが，実はここで心理療法はある種の核心に触れていた。心理療法を彼女の「心の手術」だとみなすとすれば，幼児の彼女が外科医師や看護師の処置をどのように体験していたのかが見えてくる。幼児の彼女には手術や入院が，助けなのか殺人的処罰なのかわからない。医師や看護師に殺されると感じたかもしれない。空想では母親に殺されると体験していたかもしれない。そして，「わがまま」つまり「自分のままでいること」が「悪い」とみなされる核となったのが，早期の侵襲的手術の体験であったとも考えられる。周囲が悪いと考えてしまうのは，幼児の彼女にとっては，自分の心身の生き残りに是非必要な防御の方法であったかもしれない。こうした幼少時期での手術をめぐる体験は，心理療法への強い抵抗として顕現してきていたものと考えられる。

　ここでいくぶん一般化すると，身体奇形や病気などにより早期に重大な手術を必要とした人たちの心の状態は，そのときに「瀕死の自己」が心のどこかに仮死状態のまま安置される形でカプセル化されていたり，瀕死の状態を包み込んだトラウマ体験が心や体のどこかに封じ込められたまま，のちの人生を送っていることが多い。そのような身体的病気のサバイバーが，ひとたび心理療法に乗り出すと，多くの場合，治療を欠席したり遅刻したりするなど，設定を破壊する行動化が生じる。心身未分化部分の投影的攻撃が生じるからである。つまり，そうした体験があまりに具象的身体的であるために，転移空想としてメンタライズされがたく，「心理療法の体としての設定」に対する攻撃として，すなわち「欠席」「遅刻」「料金の不払い」「部屋にダメージを与える」などの行動によって，治療者にその体験をセラピー・バージョンで追体験させる形でコミュニケートすることから始めることになるのであ

る。これは身体体験と区別のつかない原始的な無意識的空想の投影同一化の
ひとつの形だと理解できるだろう。

5. おわりに

　サクラさんの心理療法アセスメントからは，無意識的空想を理解すること
が学生相談でも大変有用であることがわかる。心理療法が始まってからの遅
刻や欠席などの行動化の背後には，アセスメントで報告された夢2における
保育園の先生（セラピスト）の殺害という無意識的空想が活性化し，部分的
に現実化していたことがうかがわれる。それゆえ面接の内部では触れ難いタ
ブーとなったのである。こうした背景をふまえて，トラウマの核心に踏み入
れることは，この設定と期間では難しいという判断が，現場において，サク
ラさんとセラピストとの間で無意識的合意ができたものと思われる。これは
容易に表面的な性愛化を被る局面だったはずだが，上田氏が理解する活性を
失うことなく持ちこたえられたことが奏功したものと思われる。ただ欲をい
えば，これは意識的合意にまで引き上げておいたほうがよかったかもしれな
い。

青年の心理療法アセスメントにおける
プロセスの価値

【松本拓真】

1. 学生相談と精神分析的心理療法

　学生相談は心理療法のみが求められるわけではないが，心理療法の考えが有用である職場であり，精神分析的なセラピストにとって魅力的な領域である。上田氏ははじめにその特徴についてていねいに論じ，単発から数回の相談，精神医学的な問題が想定される緊急性の高い相談，よろず相談モードもありえることを述べたうえで，精神分析的心理療法に導入した事例のアセスメントを紹介している。学生相談で働くうえで，このバリエーションがあることを認識し，上手く使い分けることができないと，来談した学生とのニーズがマッチしないだけでなく，同僚や上司などから「あの先生は自分のやりたい形の心理療法に学生をねじ込もうとする」といった批判を受ける危険性があるだろう。

　しかし，大学生の多くが青年期後期にいることを考えると，学生相談において精神分析的心理療法が貢献できる可能性は大きい。中学生や高校生はグループ心性に没頭するのがある意味では「普通」であるために一対一の心理療法に向かない場合が多いが，大学生の多くはアイデンティティの構築のプロセスの動揺による悩みと考えられる相談が多いため，一対一の心理療法にとどまりやすい。学生相談には長期休みと卒業という大きな分離があり，精神分析的心理療法にとって分離の扱いが治療の鍵となるという上田氏の指摘には筆者も賛成である。筆者はここに，子どもだった自分との内的な分離を付け加えたい。大学生は経済的・情緒的に大人に依存していた子どもとしての自分との分離を部分的にはしながら，どう過去の自分（重要な他者との関係を含む）と新たな自分を統合していくかが課題であるために，分離への反応は重要である。「はじめに」の説明から推測すると，サクラさんの事例は室員がインテーク面接を行い，その後にカウンセラーとしての上田氏を紹介

されたのだろう。

　この構造は，サクラさんの夢１のように「偉い人に会わせてくれる」ものと体験されると同時に，初回の緊張感の高い話を受け止めてくれたインテーカーとの分離が含まれているが，その体験は見てもらえていないようだった。筆者にはこのケースは「見てもらえないこと」が大きなテーマであり，サクラさん自身も自分の一部を見てこれなかったことに苦しんでいるように考える。

2. プロセスをしてみるアセスメント

　上田氏の事例を読んで，予備面接の位置づけが筆者のやり方と違うのかもしれないと感じた。４回の面接の内容が生育歴，現在の主訴，そして夢の報告による本人のプライベートな世界といった流れにそれぞれまとめ直される記述の仕方は，多くの読者には違和感はないかもしれない。しかし，これではプロセス，つまり，１回目に何が話され，２回目にはどう展開したかが分かりにくい。ワデル（Waddell, 1999）は，青年期のアセスメントにおいて，生育歴や現症歴をまとめて聞くという手続きよりも，プロセスとして見る視点を推奨しているが，筆者はこのプロセスこそがアセスメントの大きなポイントだと考えている。

　第４回目の面接はプロセス的に記述されているので，このプロセスとして見る視点を適用してみたい。前提として，筆者はアセスメント面接を行うときに，「私たちが面接をしていくことがＡさんのお役に立つかどうか，Ａさんも考えていただきたいですし，私も考えていきます。４回が終わった後に振り返りのセッションを持ちますので，そこで改めてどうするのがよいかふたりで話し合いましょう」などと伝え，学生から断れる可能性とセラピストから心理療法の導入を断る可能性もあることを伝える（もちろんこれは精神分析的心理療法を断るということであって，必要だと考えられる面接は行う）。すると，途端に継続が約束された出来レースではなくなるために，転移・逆転移が色濃く現れやすくなる（伝えなかったとしても学生は気に入られなかったら中断させられるといった空想を持つ場合が多い）。４回目の面接というのは，学生には終わるのか続くのかの瀬戸際で非常に不安が高まるがゆえに，問題の中核がプロセスのなかに浮かび上がってきやすい状態になる。

さて，サクラさんはまず夢1によって，面接への好意的な印象を伝える。インテーカーからセラピストを紹介されたこと，よろず相談モード（大きなロビー）から精神分析的心理療法（偉い人の部屋）を紹介されたことへの誇らしさと期待が含まれると考えられるだろう。しかし，その後で保育園の先生を殺す夢が報告される。その先生に何かあるわけではないとはいうが，保育園は上田氏が述べるとおり，寒さと傷への揶揄にさらされる外傷的な時期である。守ってくれるはずの保育士が会釈しかしないとしたら，保育士になぜ助けてくれないのかと疑問に思っていただろうし，そのつらさは殺人的な憎しみすら抱かせたかもしれない。

　「集団の中のポジションを誰かに奪われる」という主訴の体験は，殺人の罪から逃げ回り崖から落ちるか殺されるといった体験なのかもしれない。その後のDJが重要な人物という話は確かに寂しさも感じるが，ラジオというのは付けるのも消すのも自分のペースで行えるツールであり，サクラさんの支配下に置ける。また，DJは直接の関わりがないので，自身の殺人的な衝動により影響を受けない点も安心だったのだろう。つまり，サクラさんは「私は面接を楽しみにしていますが，面接をすると傷がさらされ，守ってもらえない体験が再燃し，セラピストに対して殺人的な憎しみが高まります。それは恐怖なので，私は逃げ回りますし，先生は私がオンにしたときだけ存在するDJになってもらいます」と表現していることがプロセスから読み取れないだろうか。これが予備面接の最終回という状況により掻き立てられ表現されたサクラさんの心の世界だったのではないだろうか。どんな悩み事にもポジティブに返すDJというのも，筆者は精神分析的心理療法をためらう材料と考える。精神分析的心理療法が再発見するものはポジティブなものだけではないために，セラピストは必要な介入をためらう圧力にさらされただろう。また，ラジオは一方的であるために，相互的な関係へのためらいがこの段階からも語られていたと考えられる。

3. 別の視点からプロセスを眺めるための転移・逆転移理解

　このような理解は，筆者が後の情報を知っていることと転移プロセスのなかにいないから可能になっただけだろう。筆者も上田氏がいう，学生相談において関係性の質の評価は困難であることについては完全に同意する。それ

はピック（Pick, 1988）が指摘したように青年期は青年とセラピストの双方の「心を奪う（carry away）」力があることに加え，学生相談は，セラピストの大学の職員という位置づけが，授業の関係や就職活動によるキャンセルは，陰性転移の現れではなく仕方ないものだと考えさせるよう作用することにより，関係性について考える思考を鈍らせるからである。

　しかし，関係性の質の評価が精神分析的心理療法には不可欠であるため，たとえ困難であっても転移について考えるしかないと筆者は思う。たとえば，サークルのなかでポジションを奪われる（ライバルの出現）や，店長やスタッフが辞める（共働きで関心を示せなくなる両親）といった主訴の体験をセラピストとの関係でも体験していなかったのだろうか。インテーカーからの交代，よろず相談から精神分析的心理療法への移行はそれを強めた側面はないだろうか。手術の傷跡にまつわる心的外傷が最大の苦痛だったというのは筆者も同感だが，この心的外傷は，裸なのに見てくれない対象に対する憎しみのために，自分から離れていかざるをえなかったことではないだろうか。キャンセルは良いものを台無しにする羨望ではなく，セラピストへの不満を見えにくい形で表現していたのではないだろうか（エントリーシートが書けないことは助けてほしいという表明である可能性があり，上田氏の解釈の後にまわりが悪いと考えていることを告白している）。

　そして，見られない存在はこの心理療法では弟である。年齢が書かれていないが，弟が生まれたのがサクラさんが保育園の頃だとしたら，母親は産休によって家にいたかもしれない。また，かぎっ子のような生活で孤独というが，弟も家にいたのではないだろうか。弟だけは孤独でないならば，サクラさんの嫉妬は弟の存在を心理療法のなかから殺すぐらい強いものだったことが推測される。しかし，実際の家族では情緒的に離れていったのはサクラさんのほうだったのだろう。その点では，心理療法はオンオフにより距離を調整しながらも最後まで離れることなくあり続けたということは貴重な体験だったと思われる。

　青年の自立は家庭のなかだけで完結せず，より広い社会の中で達成されていくように，学生相談における心理療法は面接のなかだけを見たら少し物足りない終わり方をするのも臨床的な事実であるように思う。サクラさんは集団から離れずにいられるようになるという大きな変化をしており，その集団

の中で心理療法で得た芽が芽吹いていくことが重要なのだろう。

[文献]

Pick, I. B. (1988). Adolescence: Its impact on patient and analyst. *International Review of Psycho-Analysis*, **15**(2), 187–194.

Waddell, M. (1999). Assessing adolescents: Process or procedure—the problems of thinking about thinking. *Psychoanalytic Inquiry*, **19**(2), 215–228.

第6章　児童養護施設におけるアセスメント

【平井正三】

第1節　はじめに

　本章では，児童養護施設で心理士が心理療法を行う場合のアセスメントについて述べていく。

　児童養護施設に入所している子どもの多くは虐待など不適切な養育を受けて育っている。そのような子どもの大半は情緒発達上の課題を抱えており，通常の養育では十分に対応できないことが多い。そのような場合に，心理士が心理療法による援助の可能性を検討することになる。

　児童養護施設において子どもの心理療法のアセスメントを行う場合，心理士は主に2種類の困難に直面すると考えられる。一つは，施設という組織の中でそれを行うことに伴う問題である。別の言い方でいえば，その施設の中で心理療法や心理士の専門性がどのくらい認められているか，それが施設の養育全体のなかでどのような位置づけを持っているかという問題である。我が国の児童養護施設では心理士も養育に関わる場合も多く，心理療法の仕事のみを行っていない場合も多い。そのような場合には，転移を扱う精神分析的心理療法を行うことは非常に困難になる。心理士が，心理療法のみを行う場合でも，生活職員たちにとって難しいと感じる子どもをなんとかしないといけないというプレッシャーから心理療法が役立つかどうかを見極めるアセスメント過程を設けずに心理療法に引き受けてしまう場合もあろう。子どもを心理療法に引き受けるかどうかも含めて検討するアセスメント過程の考えを生活職員に認めてもらうためには施設の中で心理士の専門性が十分に認められている必要がある。そのためには，普段から心理療法で心理士が何を行っているか生活職員に理解してもらう研修会などの活動も大切であろうし，の

ちに述べるようにアセスメント過程で子どもの理解を生活職員にフィードバックして話し合う機会を設けることも役立つであろう。

　心理士が直面する二つ目の困難は，アセスメントする子どもの持っている心理学的問題の重篤さと複雑さである。こうした子どもの心理療法自体が難しいわけであるが，それゆえにアセスメントを通じてそれぞれの子どもの心理学的問題の見立てを適切に行うことが通常以上に肝要である。しかしながら，まさしく施設の子どもの心理学的問題の見立ては最も難しい課題のひとつなのである。

　本章では，こうした困難に直面する心理士に少しでも役立つだろうと思われる事柄を述べていきたい。

第2節　アセスメントを始める前に

1. アセスメントの目的の理解

　さてアセスメントは始める前にその目的を生活職員に十分に理解してもらう必要がある。しかし，その前に，心理士自身にそれを何のために行うかが明確になっている必要がある。アセスメントを行う一番重要な目的は，心理士が特定の子どもに関して心理療法の専門家としての自分なりの考えをある程度持つことである。つまり，生活職員から頼まれたから心理療法を導入するのではなく，心理療法の専門家として，子どもを独立して見立てて，心理療法が役立つと判断した場合にその子どもに心理療法を行い，そうでない場合は別の選択肢を生活職員と一緒に考えていく。これは，専門家として子どもに対して責任ある態度をとることを意味しているし，心理士は，このようなアセスメントを行うために，自分なりの子どもの見立て方，そして心理療法に引き受けるか引き受けないかの基準を明確に持っている必要がある。

　心理士がこのような明確なアセスメントについての考えを持ったうえで，それを施設の職員に理解をしてもらうことが大切である。具体的には，生活職員が普段の養育のなかで気になる子どもであったり，扱いにくかったり，問題行動を起こしたりしている子どもの相談を受けることから始めることが実際的であろう。そのなかで心理療法を行うことが役立ちそうな子どもをアセスメントしていくことになる。その場合，明確にする必要があるのは，心

理療法が適応でないという判断の可能性もあること，しかしその場合もアセスメントから分かったことを基にその子の理解を職員にはフィードバックし「困っていること」に関する意見は述べること，などを職員に理解してもらえればよいだろう。

2.「主訴」をめぐって

　さて，生活職員から，どうしてその子のアセスメントを望んでいるか，あるいはセラピーを受けさせたいのかを尋ねることは必須である。その際に，まず「なぜ今なのか?」という問いが重要になる。その子どもが施設で生活しているなかで，なぜその時点でアセスメントを依頼されるのか，その背景を考えることはしばしば重要である。特に，一定期間すでに施設で生活しており，それまでは問題にならなかった子どもが突如アセスメント候補に上がってきた場合，検討を要する。両親との外出や外泊などが頻繁になっていたり，再統合が近づいていたり，あるいは施設内での職員の異動や，子どもの構成の変化などが背景にあるのかもしれない。あるいは，施設で一定程度安心感を持てるようになったので，かつて家庭で受けていたトラウマ性の問題が表面化し始めたのかもしれない。このように子どもが問題を表出し始めた背景や文脈を押さえておくことは大切である。

　心理士は，生活職員に，アセスメントを希望する理由である「困りごと」を尋ねる。その際，その「困りごと」の性質は何なのかを考えることは重要である。つまり，「困っているのは誰なのか?」という問いである。それは職員かもしれないし，その子ども自身かもしれない。そして「痛みは誰が担っている?」という問いも重要である。それは職員かもしれないし，子どもかもしれないし，まわりの子どもかもしれない。これらの問いを考えることが大切なのは，一つは，「問題」の背景にしばしば組織としてその施設がその子どもに対して特定の反応をしている場合があり，その点を吟味するためである。

　たとえば，ある施設において組織が非常に不安定になっているなかで，特定の子どもが，いわばスケープゴートになってしまい，その子どもを「悪者」にしてしまう力動が働いているかもしれない。心理士はそのような背景をきちんと見立て，安易に子どもに問題を位置づけアセスメントを始めないほう

がよいかもしれない。このように問題が主に組織にない場合も，施設に入所している子どもの多くは，被虐待家庭で育つなかで，混乱した対象関係を内在化させており，それを職員集団に投影し，職員集団に混乱が生じている場合もしばしばである。そうした極端な場合以外にも，職員やまわりの子どもとどのような関係を持ち，どのような痛みを与えているかを見ていくことで，その子どもの心理学的問題のおおまかな姿がある程度把握できる場合もある。たとえば，職員にある種の嫌悪感を与えている子どもはそうした対象関係が基軸になっているとみれるだろう。逆に，問題行動を起こしているものの職員からは好かれている子どももいる。あるいは，小さな子どもに対して恐怖を与えている子どももいる。これらはそれぞれその子どもの対象関係の重要な側面を表していると考えられる。

3. アセスメントを始める前に知っておきたいこと

アセスメントを実施することになった場合，その子どもに実際に会う前に，心理士はできるだけその子どもについて知ることのできる情報は得ておくことが望ましい。

まず，生活職員から施設入所してからのその子どもの様子と，現在のその子どもの様子を教えてもらう。特に子どもの人間関係の性質を把握することは重要である。以下に重要な項目を挙げる。

1）施設での人間関係

職員や他の子どもとの関係について知ることは大切である。特定の職員とのアタッチメント関係を持っているかどうかは非常に重要である。また，年上の子どもとの関係，同年齢の子どもとの関係，年下の子どもとの関係などを把握していく。

2）学校での様子

クラスの中でどの程度適応できているか，授業についていけているか，学校行事に参加できているかなどを見ていく。友達関係や教師との関係もできれば把握しておきたい。

次に施設職員からは知ることのできない子どもの家族背景や生育歴，入所
の経緯などは児童相談所の資料などから把握に努める。以下の点に注目する。

3）入所の経緯
　子どもが入所に至った経緯を詳細に把握する。その際に子どもが主観的に
どのように経験したのかを想像することが大切であろう。

4）家族背景，生育歴
①家族背景
　両親がどのような人物であったかできるだけ把握に努める。精神疾患や薬
物依存，犯罪などについては注意を払う。しばしば両親のどちらかが子ども
時代に虐待を受けていたり，施設養育で育っている場合があり，それにも注
意を払う。きょうだいについても同じように，虐待を受けていた場合といな
かった場合，同じ施設に入所している場合とそうでない場合などの事実も重
要である。すべてその子どもにとってどのような経験なのか想像することが
大切である。
②生育歴
　生育歴についてはできる限り詳細に把握することが望ましい。特に，2歳
までの養育は子どものその後の情緒発達の基盤が形成される時期であるので
極めて重要である。しかし，この時期の詳細が分からないことが，施設に入
所している子どもに多いのが実情である。この時期について見ていく場合に
最も大切なのは，安定した養育が提供されていたのかどうかである。安定し
ていない場合，それは次々と養育者が変わっていったということなのか，あ
るいは特定の養育者の情緒や振る舞いがとても不安定であったのか，あるい
は虐待やネグレクトがあったのかという点である。産後鬱などの可能性も着
目点である。
　簡単にいえば，アタッチメント関係がどの程度形成されており，その質が
どのようなものであったと推測されるかであるといえるだろう。またこの時
期の虐待やネグレクト，そしてトラウマ経験は深刻な影響をのちに残すこと
が多いことも留意する必要があろう。それらは，のちになって，子どもが不
可解な形で暴力的になったり，あるいは幻覚経験のようなものが引き起こさ

れる原因になっている場合がある。

　こうした早期の経験は，アセスメントや心理療法過程のなかで表現される
わけであるが，セラピストがあらかじめ事実関係を知っていれば，予測もで
き，セッションで起こっていることをより的確に把握しやすくなる。

　2歳以降の子どもの経験ももちろん非常に大切なので，できるだけ詳細に
把握に努める。虐待やネグレクトだけでなく，面前DVなどの経験の可能性
にも留意する。一時保護，祖父母に預けられるなどの経験，母親のパートナー
や継父との関係なども重要であろう。性的虐待の可能性にも注意を払う必要
がある。

5）乳児院育ちの子ども

　乳児院育ちの子どもについては，しばしば実親に注意が向けられてしまう
が，こうした子どもにとっての育てられ経験の中心は乳児院の経験であり，
保育士との関係が子どもの「親経験」であることを忘れないでいることが大
切である。特定の保育士と親密な関係にあったのかどうかなどは重要であろ
う。そして特定の保育士とアタッチメント関係にあった場合，児童養護施設
に移っていった際に別離経験が外傷的である場合が多いのでそれにも注意を
払うことが大切である。

4. 背景知識から考えておくとよいこと

　このようにしてその子どもの背景情報を収集していったうえで，心理士が
考えておく必要があることを挙げていこう。

1）その子どもの育てられ経験はどのようなものなのだろうか？

　この問いを考えていく際に肝要なのは，その子どもの養育の連続性と養育
経験の性質である。その際に，子どもは身体的虐待を受けていたのか，ネグ
レクトされていたのか，心理的な虐待を受けていたのか，性的虐待を受けて
いたのかは重要であるが，しばしばそうした目立った特徴以外のいわば普段
の関わり方がどうであったかも大切である。児童相談所の記録には現れない
愛情深い面を母親は持っていたかもしれないしその逆もありうる。また，非
常に混乱した養育を行っていた場合もあり，それも記録には表現されていな

いかもしれない。子どもの育てられ経験にとって決定的に重要なのは,「自分のことに関心を持ち考えてくれる大人」をどの程度経験しているかということであり,そうした視点で生育歴を見ていくことが役立つ。

2）その子どもは施設での生活や人間関係をどのように
経験しているのだろうか？

　先に述べたように特定の人物に対してアタッチメント関係を持っているかどうかは特に年少の子どもの場合極めて重要である。それが育っていない場合,そうした関係を持てるということ自体が援助の目標になる。

　また「施設社会」にどの程度適応しているのか,仮にしていてもそれは表面的なものなのか,服従的なものなのかを検討することが役立つ。ほかの子どもをどのように経験しているのかを見ておくことが大切である。子どもは成長していくなかで新しい世代の社会を形成していく。つまり,大人とではなく,同世代とどのような関係を持っていけるかが,その子どもが将来社会の中でどのようにして生きていくのかと関わるという点で,重要なのである。

3）その子どもはどのような子どもであろうか？

　以上のことをふまえて,その子どもの自我の力,考える力,コミュニケーションの力,関わる力,防衛の性質など,その子どもがどのような子どもなのか予想しておくことは役立つ。実際のセッションでは,予想と異なるその子どもの姿に注目していく。あるいは,予想はいったん忘れて子どもに会うことが大切かもしれない。予想は,むしろ「こんな子どもだろうか？」という問いであり,その答えは実際に子どもに会うことで得られると考えるべきである。それでも,あらかじめこのような問いを立てていた方が,子どもをしっかりと把握できると私は考える。こうした予想は実際に会うなかで裏切られ,驚かされるためにある。その驚きにより私たちはその子どもをもっと知りたいと思うのである。

第3節　心理療法アセスメント

1. 心理療法アセスメントの始め方について

　さて，いよいよアセスメントを始めることになる。担当職員から，本人に
あらかじめアセスメントについて話しておいてもらうことが望ましいだろ
う。そのために担当職員と本人にどのように伝えるか話し合っておくべきで
ある。

　アセスメント面接の初回には，職員も同席し，上記のようなことを話し合
う時間を設けることが望ましい。心理療法においては，始めるのも，終わる
のも常に話し合いが基本であり，子どもが意見を表明する機会を設け，そし
てその意思はできるだけ尊重する姿勢を示し続けることが肝要である。

2. 心理療法アセスメントの構成

　心理療法アセスメントは，基本的に心理療法と同じセッションを子どもに
提供する。職員との導入面接ののち，3〜4回の個別のセッションを設けた
のちに，振り返りのセッションを行う。振り返りのセッションも導入セッショ
ンと同じように職員と一緒に会ってもよいだろう。これとは別に，職員とア
セスメントで分かったことを話し合う，フィードバック面接を設けることも
必須である。特になんらかの理由でアセスメントのみで終わる場合，これが
重要になる。継続心理療法になる場合，生活上の注意点などを話し合ったり，
心理療法が進んでいくうえで予測される困難についても話し合っておくこと
も大切であろう。

　個別セッションでは，子どもに，「あなたのことをよく知りたいから」な
どと伝えて，目的と回数などの見通しを明確に伝える。それ以外は，通常の
プレイセラピーと同じように進めていく。

3. アセスメント・セッションでの着眼点

　アセスメントでは，通常の心理療法セッションを設けて，子どものそこで
の振る舞いをよく見ていくことで，子どもの心理学的特徴や問題を見立てて
いき，心理療法が役立つか判断していく。その際に着眼したい点を，子ども

の振る舞い方や関わり方，そして子どもが表現するものに分けて述べていく。

1）子どもの振る舞い方や関わり方

　施設に入所している子どもの大半は象徴的表現が不十分にしかできない。そのような場合，子どもの振る舞いやセラピストとの関わり方がその子どもについての多くを語っており，セラピストはそこに詳細な注意を払うことが要請される。

①"よく知らない大人とふたりだけで部屋の中にいる状況"への反応として初回の導入部での子どもの反応を見てみる

　施設内で顔見知りであってもアセスメント状況で会うのは馴染みのない状況である。こうした場合に，その子どもの基本的な対象との関係が通常現れやすい。たとえば，子どもが不安や緊張をみせるのかを見てみる。不安や緊張をみせる場合それにどのように対処しているのかを見る。そしてセラピストが，「初めてなんで少し緊張しているかな」などの言葉をかけるとそれを聞き，不安の緩和がみられるのかに注意を払う。つまり不安状況で他者の理解をその子どもが役立てうるのかを見るのである。

②子どもが不安や緊張をみせない場合，時間が経つなかで少しは不安や緊張に接触できるようになるのかに注目する

　不安や緊張の影響はどのような形で現れているのかを見ることも大切である。そして不安や緊張にどういうやり方で対処しているのか見ていくことも重要である。

③"自分に関心を持ち，考えようとする大人"をどう捉えるのか，という視点で子どもの振る舞いを見る

　心理療法セッションの特徴はセラピストが「子どもの気持ちに関心を持ち，子どもの気持ちを考え理解しようと努める大人である」という点である。つまり，子どもに内省活動を促進する対象なのであり，子どもがそのような対象に対してどのように関わろうとするのかを見ていく。こうした点を見るためにも，セラピストは子どもに「あなたがどんな子で，どんな気持ちか考えたいと思う」と明示することが大切である。多くの被虐待の子どもは，見られること，関心を持たれること，そして語られることを自分への非難や攻撃と受け止めがちなことに留意する。それは子どもの理解や心理療法

の見通しを考えるうえで重要である。

④"心理療法の枠組み＝社会的交流の枠組み" にどう反応するのかという
　視点で子どもの振る舞いを見てみる

　時間と場所が決まっており，一定の態度で接する，心理療法の枠組み，特に精神分析的心理療法の設定の本質は，社会的交流の基本的な枠組みである[*9]。このような枠組みに子どもがどのような反応を示すのかを見ていくことは，後に詳しく述べるように，子どもが発達障害系か境界例系かという見立てをする際に役立つ。時間が決まっていること，つまり開始まで待たされることや終了時間に退室しないといけないことへの反応は，どのような分離不安が現れているかを考える手がかりになる。また，部屋の中にとどまらないといけないことへの反応にも注目する。部屋を出て行きたがることは，後述するように虐待を受けた子どもに頻繁に見られる閉所恐怖の表れと理解できる。

⑤自我の力，関わることで変われる潜在力を評価する

　自我の力，関わることで変われる潜在力を評価することも肝要である。それには，どの程度セラピストの様子を見ているか，そして言っていることを聞いているかをも見ていくことが重要である。それらは，心理療法という新しい関係経験から，子どもがよいものを取り入れていくことのできる力を見ていく指標となる。その際に，全体的な印象も大切である。「なんとなく聞いている感じがする」「なんとなくつながれた感じがする」のか，あるいは「なんだかつながれている感じがまったくしない」「聞いているようで，まったく聞いている感じがしない」「結局，何を考えているかまったく分からない感じがする」のかに注目する。多くはこれらの間のどこかに位置づけられるだろう。このように，セラピストが雰囲気や非言語的な交流で感じているものがえてして大変重要である。

⑥セラピストとの関わり方を見る際に，どのようなしかたでセラピストと
　関わろうとしているのかに注意を払う

　子どものセラピストとの関わり方は一方的なのか，相互的なのか，支配的なのか，それとも従順なのかを見ていく。さらに情緒的な接触感に注目する。

＊9　精神分析的設定の心理学的意味については，平井と西村（2018，第2章）を参照のこと。

やりとりにおける手応え感があるのかないのか，また相互的な関係性があるのか，などである。

⑦逆転移に注目する

　子どもと会っていて，セラピストが表層的な感情しか引き起こされないのか，強いもしくは深い感情を動かされるのかは，投影同一化がどれくらい作動しているのかをはかるために，しばしば重要である。

⑧子どもの遊びの表現のしかたに注意を払う

　子どもの遊びが，象徴的か，非象徴的かの吟味は大切である。施設にいる子どもの多くの遊びは象徴的に見えても深みがなかった(喚起的でなかった)り，一方的であったりし本質的にそれらは象徴的ではない。

⑨遊びの継起や遊びと遊びのつながりに注目する

　唐突に遊びが変わったり，新しいテーマが導入される場合に注意を払う。そこに防衛的な動機が認められるのか，あるいはある種の破綻の表れなのかを検討する。非常に唐突で動機が分からない場合トラウマ性の問題が現れている可能性がある。

2）子どもが表現しているもの

　アセスメント・セッションにおいて子どもは，人形遊び，ごっこ遊び，描画などを通じて心のなかにどのような人物イメージ，すなわち対象を抱いているか表現する。それらが母性的対象なのか父性的対象なのかを見極め，その性質を吟味することが肝要である。その際，以下の点に留意する。

①遊びに表現される，対象の性質と機能に注目する

　よい対象はいるのかどうか。見守ってくれたり，抱っこしたり，癒してくれる対象はいるのか，悪い対象はどのような性質を持っているのか，攻撃してきたり，騙すのか，などの問いを考えていく。しばしば被虐待児の心の中には非常に脆弱な対象がある。こうした脆さを持つ対象を，攻撃し破壊してくる対象と区別することは，このような子どもを理解するうえでしばしば重要である。

②遊びに表現される，自己の性質にも注目する

　多くの施設の子どもは極端に低い自己価値感を持っており，しばしばそれは自己憎悪というべきものになっている。特に遊びのなかで，赤ん坊人形な

どで表される乳児的自己が，どのように扱われるかにそれは端的に表現される。

③遊びに表現される，関係の性質にも注目する

遊びのなかで表現されている関係性が，支配的なものか，攻撃的なものか。それとも友好的，相互的なものかに注目する。多くの子どもの遊びにおいて現れるキャラクター同士が話し合うことはなく，一方的である。そしてひどい目に遭っていても「楽しい」と言ったりして倒錯的であることがしばしばである。

第4節　見立てについての覚書

個別のアセスメント・セッションでの子どもの様子や，子どもが表現したものに基づきながら，事前に得た子どもについて背景情報とつき合わせて，子どもの見立てを行っていく。子どもの見立ては，子どもにレッテルを張るのが目的ではなく，心理療法で子どもの表現を理解するための枠組み，どのような介入をいつするのかの判断，そして治療目標の設定につながるものなのである。

子どもの心理療法において見立てる場合に，最も基本的な視点は，その子どもが，どの程度情緒的に「通じ合える」感触があるかという点である。これは具体的には，先の「アセスメント・セッションの着眼点」で述べた，関係性がどの程度相互的なのか，セラピストをどの程度ちゃんと見ており，話していることを聞いているか，子どもの情緒表現がどの程度セラピストの心に訴えるか，そしてやりとりがどの程度噛み合っているのか，などである。こうした情緒的疎通性が十分あるかどうかが，その子どもがクラインのいう抑うつポジションの機能状態にどの程度あるかと関わる。あるいは，その子どもの心理学的問題がいわゆる神経症水準かどうかと関わる。しかしながら，児童養護施設の子どもの大半は，こうした疎通性はあまりない。

ここで述べている情緒的疎通性は，その子どもが人と意味のある関わりを持ち，社会の中で自己を実現していける基本的な力であると考えられる。その意味で施設の子どもの多くは，こうした社会とつながる基本的な力が不十分もしくは不適切なのである。それは，心理療法セッションでは，先に述べ

た，心理療法の枠組みとの関わりに端的に現れる。つまり，そうした枠組みにのってくることができないか，あるいは枠組み自体を壊そうとするか，である。前者を発達障害系，そして後者を境界例系とここでは呼ぶ。さらに，両者の混合型も現在増えてきている。私は施設の子どもを心理療法で見る場合，こうした分類で見立てることが有用であると考える。以下にそれぞれについて詳しく述べていく。

1. 発達障害系

発達障害系は，自閉スペクトラム（AS）と概ね類似した臨床像を呈する子どもである。これらの子どもは象徴的な遊びができず，コミュニケーションや象徴化の能力は十分ではない。

1）サブタイプ

発達障害系には，感覚過敏や思考の固さが見られ，器質性が強く影響していると考えられるタイプと，そのような典型的な AS 特性は見られないタイプが含まれる。施設の子どもには後者が多い。

2）生育歴上の特徴

養育におけるネグレクトが生育歴上の主要な特徴である。乳児院の子どもにも頻繁に見られる。なかにはひどい虐待，不連続な養育などの背景がある場合がある。多くはひどい養育的背景のわりに，境界例系の特徴を持たない。子どもによっては，セラピーを通じて自閉特徴が薄れていくと，激しい暴力や精神病的な部分が出現する場合もある。

3）アセスメント・セッションでの特徴

このような子どもは先に述べたように「枠組み」にのることができない。それは，このような子どもの心には，コンテイナー（Bion, 1962）が適切に形成されておらず，つながっていく力が不十分であるためである。以下にその特徴を列挙する。

　（1）遊びは貧困であり，象徴的な遊びはほとんどないか，あっても単純

な構造である。絵を描いたり，何かを作っても，表層的で，やっつけ仕事感，適当感がかなりある。これらは象徴化の能力の不全を表す。

(2) セラピストに情動を喚起することはあまりない。表層的な感情は引き起こすかもしれないが，境界例系のように激しい情動はまず喚起されない。これらは投影同一化の能力の不全を表す。

(3) 「落ちる」「崩壊していく」「ばらばらになる」などが基本テーマである。これらは象徴的に表現されているというより，具象的に示されていると考えられる。それらは，このような子どもたちが人とのつながりにおいて極度に無力であり，抑うつ的であることと，そして自己感が脆弱であることを示している。

(4) セラピストの言葉は，表層的にしか理解されないか，ほとんど理解されない。やり取りはあまりかみ合わない。

4）理解の枠組み

発達障害系と見立てた場合，心理療法セッションにおける子どもの多くの振る舞いは，「自己」のまとまりを維持することであると理解することが大切となる。こうした子どもにとって常に他者は自己のまとまりにとって脅威となる。こうした意味で，セッションにおいてセラピストは子どもの自己への脅威であり，子どもの振る舞いの多くはその脅威に対処しているという点で理解できる。それらは，バラバラになる，落ちる，崩壊する，まとまらない，といった主題として現れる。心理療法が進んでいくと，子どもはセラピストの心に抱えられるという経験を積んでいく。そして課題は，セラピストの心の中にいる，保持されていると子どもが感じられるかということに移っていく。

このような子どもを理解するうえで肝要なことは，象徴的意味を読み取り過ぎないということである。大半は，心のなかに保持されているか否か，自己がバラバラなのかまとまっているのかといった非常に原始的な主題に終始しており，かつそれらは象徴的な表現様式では表現されない。分離不安は，セラピストの心から落とされる，バラバラになる不安が主要なものである。

5）介入の指針

このような子どもとの心理療法においては，枠組み，すなわちコンテイナーを安定して維持することが最もものをいうように思われる。そして介入としては，子どもが行っていることや起こっていることを記述する記述的解釈（Alvarez, 2012），そして子どもの行っていることの情緒的な意味を膨らませる拡充技法（平井，2011）などが主になる。

分離不安に関しては，「先生があなたのことを忘れてしまうと心配になるんだね」ではなく，「先生があなたのことをちゃんと覚えているとは思えないんだね」というように肯定的な面を前面にした形の解釈（Alvarez, 1992）が望ましい。

6）進展の目安

発達障害系の子どもの心理療法の進展は，定型発達的な子どものそれとは大きく異なる。まず，重要な目標としては，休みや分離の経験があってもバラバラにならずにまとまっていられる，もしくはバラバラになってもすぐに回復できる，ということが挙げられよう。さらに，セラピストにさまざまな感情を喚起する，投影同一化が可能になる，ということも挙げられる。そして少しずつ象徴的表現，コミュニケーションが可能になっていくことができれば，心理療法は役立っているとみてよいだろう。

2. 境界例系

ここで用いている境界例という概念は，現実（社会的現実）との関係で，それをまったく無視している精神病状態でもないし，それとしっかりとつながっている神経症もしくは健常な状態とも異なり，両者の間にある状態であるということを指す。

1）サブタイプ

境界例系の子どもはすべて迫害不安に脅かされているが，大雑把にいって，基本よい対象をどこかに保持しており，抑うつ不安による迫害が主であるタイプ（DT）と，よい対象はほとんど見当たらず，迫害不安，もしくは破滅

不安が主であるタイプ（PT）とに分けるのが便利である。さらに解離が目立つタイプや，トラウマ性の問題が大きいタイプなどにも留意するべきであろう。

2）生育歴上の特徴

　境界例系の子どもの生育歴は，養育が極端に不連続であったり，虐待を受けていたりしていることがその特徴である。しばしば，母親がパーソナリティ障害などの精神疾患を持っており，母親自身が被虐待経験やトラウマ経験に苦しめられている。このタイプは，アタッチメント研究の崩壊（D）タイプと関連づけられるだろう。

　このような子どもはしばしば，母親の混乱した養育や人との関わりに強く影響されている。したがって，母親の人との関わり方の特徴，コミュニケーションの特徴，思考の特徴を把握できることは子どもを理解するうえで役立つ。こうした子どもは病的もしくは歪曲された家族関係のなかで育てられており，しばしば明瞭に世代間伝達が認められる。これらは，心理療法の関係，そして施設職員も含めた関係に再演されうることにセラピストは注意しておく必要がある。

　DTの子どもには，一定程度，安定したそして良質の養育関係が存在していた可能性が高い。PTにはそれがほとんど存在していなかったと思われる。しばしば，これらの違いは，児童相談所からの情報では明らかではなく，心理療法を通じて初めて推測される場合がある。

3）アセスメント・セッションでの特徴

　以下に境界例系の子どものアセスメント・セッションでの特徴を列挙していく。

①迫害不安や猜疑的不安

　このタイプの子どもは，子どもの心に関心を持ち考えていくという分析の枠組みやセラピストに対して，迫害的もしくは猜疑的になる。ほとんどの場合，ごく初期にそれは閉所恐怖という形で現れる。しばしば，当初，表面的には友好的・従順な関係を持つが，時間や部屋という枠，さらには分析的態度（様子を見る，気持ちに関心を向ける，話す）が明確になっていくと迫害

的になり，非常に攻撃的になる。迫害不安は，人形遊びなどで，激しい攻撃といった形でしばしば表現される。もしくは，欺き，裏切り，盗み，誘拐，毒，爆弾といった主題で表現される。あるいはセラピストを攻撃したり，部屋から逃げていったりするかもしれない。

DT においては，迫害的とみられるものには，根底に抑うつ感，罪悪感があることが見てとれる。このような子どもは躁的防衛と理想化が主たる防衛手段である。PT においては，迫害は，対象のさらなる分裂と増殖，そして自己の解体不安につながる。このような子どもは，分裂と理想化が主要な防衛手段である。

②病的に低い自己評価

病的に低い自己評価は先に述べたように，特に赤ちゃん人形など，乳児的自己への激しい攻撃という形で表現される。さらに，自己を表す表象（人形，動物のフィギュア，描画など）を攻撃したり，蔑んだり，ゴミや糞便扱いしたりする。

③思考の混乱と歪曲

こうした子どもは通常万能感思考が優勢である。それは無力感の裏返しであり，虚勢をはるという形で表現されるのが通常である。躁的防衛がきわだっている子どもも多い。あるいは，攻撃的で威圧的な態度でセラピストを脅かすかもしれない。セラピストは，こうした振る舞いの背景に無能感があることを理解することが大切である。それは，このような子どもが意図性を持った行動を維持できていないという事実に現れる。彼らの遊びや遊びの流れはよく見ると寸断されており，しばしば何がしたいのかわからなくなる。これはアタッチメントの崩壊型の子どもに見られるのと同じ特徴である。

④象徴化の能力の貧困，もしくは部分的破綻

多くのこのタイプの子どもは，ほとんど象徴的な遊びができない。一見象徴的な遊びをする子どもも，一方的に遊び続け，相互的なやりとりに開かれておらず，セラピストがそれらの象徴的な意味を解釈すると遊びを止めてしまうか，無視するか，あるいは怒り始めたりする。

⑤激しい投影同一化

このタイプの子どもは通常セラピストに強い感情を生み出す。つまり，いわゆる逆転移の問題を引き起こす。それらは，怒り，無力感，劣等感，絶望，

恐怖，脅迫されているなどの感情である。

⑥解離の出現

　このタイプの子どもには解離症状のある子どもも多い。子どもがぼうっと
している状態にそれは現れるが，そのほかにもセラピスト自身がぼうっとし
てしまう状態もしばしば子どもの解離状態の表れでありうる。また，セッショ
ン中の子どもの様子の豹変にも注意を払う。

⑦トラウマ性の記憶や経験の表れ

　トラウマ性記憶や経験の表れが疑われるのは，脈絡なく残酷な，もしくは
破壊的な主題が現れるような場合である。あるいは突然，セラピストに攻撃
的になる場合などもそうした可能性がある。

4）理解の枠組み

　DT は神経症的構造を一定程度持っているので，通常の言語的コミュニ
ケーションが可能である。しかし，抑うつ的な主題と関わると，迫害不安が
生じ，言語的コミュニケーションは困難になる。PT は，通常の言語的コミュ
ニケーションが多くの場合困難で，常に迫害的になりやすい状態である。こ
のようなわけで，このタイプの子どもの理解の多くは，逆転移を通じて起こ
る。したがって，セラピストにとって，自身のなかに喚起される感情を把握
する努力が，このタイプの子どもを理解するうえで最も重要になってくる。

　このタイプの子どもたちは，自己が脅かされている状態であり，DT では
よい対象の絶望的な脆弱さが問題になっていること，そして PT はよい対象
そのものがほとんど確立されていないことが問題になっている。後者では，
分裂と理想化が確立されることがまず必要であるという理解が必須である。

5）介入の指針

　このような子どもとの心理療法においても，分析的設定を守ることが肝要
になる。しかし，同時に，こうした子どもたちは設定を迫害的なものと経験
しがちで，時には自我破壊的な超自我と区別がつかなくなる問題があること
を理解する必要がある。枠や設定をめぐる子どもとのせめぎ合いが，このよ
うな子どもとの心理療法の主要な仕事となる場合が多い。

　逆転移の問題はしばしば，セラピストの心に混乱を引き起こし，子どもが

もはや子どもと感じられず，「怪物」や「虐待者」のように感じられてしまう場合がある。これは，メルツァー（Meltzer, 1967）のいう「地理上の混乱」（投影同一化による，自己と対象，子どもと大人の混同）にあたる。ひどい扱いを受けてもひどいと感じなくなる，よいと悪いの混同も含めて，こうした混乱，場合によっては倒錯の仕分けが介入の主要な焦点となる。これを行うには，逆転移における混乱の仕分け作業が必須であろう。

　このタイプの子どもとの心理療法においても，記述解釈が基本となる。そして子どもではなく，セラピストに起こる感情や役割に言及する「バックミラー」技法（平井, 2011），セラピスト中心の解釈（Steiner, 1993）が肝要になる。こうしていわば逆転移を収集していく作業（平井, 2011）が，転移の収集（Meltzer, 1967）と並行して必要になる。

　結局，このタイプの子どもとの心理療法は，逆転移における仕事が中核になる。しばしば，セラピストがセラピスト（関心を持ち，考えられる人）として「生き残る」ことが心理療法の成否を握ることになる。その意味で，「治す」「変える」のではなく，持ちこたえ，応答することが重要になる。

6）進展の目安

　DT の場合，子どもの躁的防衛に共謀することなく，分析的スタンスを維持することで，内的対象の脆弱さが変容していく。そうして抑うつ，喪の仕事が可能になる。これに対して，PT の場合，まずは安心できる関係（理想的対象関係）を持つことが肝要である。そうして，少しずつ，内省的に考え，言葉で気持ちを伝えることができるようになっていく。つまり，抑うつポジション的な機能状態に近づく。

　トラウマはトラウマ性が徐々に減じていくことがその進展の目安となる。つまり，セッションの流れのなかで，問題となるような主題に触れても，唐突に遊びの流れが変わったり，子どももコントロールできない激しい表現が展開するようなことがなくなっていっているかどうかである。しかし，傷自体はなくならないという認識も重要である。何か大切なものが決定的に失われてしまったという喪の仕事も心理療法の重要な仕事になるかもしれない。

7）性的虐待についての覚書

発達性トラウマという視点で性的虐待を見た場合，性的虐待の事例の多く
は，性的虐待そのもののもつトラウマだけでなく，性的虐待の背景となる養
育者によるネグレクト，歪曲された家族関係，虐待的養育関係，養育者の精
神疾患などの問題があることを心にとどめる必要がある。

性的虐待の主題は，しばしば強迫的に手を洗ったり掃除をしたりすること，
つまり「汚染」を恐れることなどで表現される。あるいは，強烈な男根的イ
メージ，侵入される恐怖などで表現される場合もあるが，解離され表面的に
は何も現れない場合もある。

3. 混合型

混合型は，一見，セラピストに攻撃的になったり，迫害的な内容の遊びを
したりして，境界例系の特徴を見せるが，その表現に深みはなく，遊びも単
純で一本調子であり，基底に発達障害の傾向があると見なせる子どもたちを
指す。その生育歴や特徴も両者の特徴をどちらも持っているが，見立て上の
最大のポイントは，セラピストに激しい逆転移を引き起こしているかどうか，
全体的に情緒が薄っぺらく表層的であるかどうかである。

第5節　おわりに

本章の冒頭で述べたように児童養護施設において心理療法のアセスメント
を行うには，心理士はその専門的力量を最大限に発揮する必要がある。それ
は，子どもを心理療法という独自の視点で見ることで施設養育，ひいては子
どもの健やかな成長に寄与できるという確信に基づいているべきであろう。
そうした確信を基に，子どもをアセスメントして，生活職員にとって有益な
理解を提供できるようになる。また，アセスメントを通じて子どもをきちん
と見立てることで，子どもの心理療法をより的確に行うことができる。

どのような子どもを心理療法に引き受けるべきか，あるいは引き受けるべ
きではないかについては本章ではほとんど述べなかった。施設の子どもの心
理療法の場合，心理療法に引き受けない場合の多くは，子ども自体というよ

りも，子どもを取り巻く他の要因により，その時点で心理療法に引き受ける
のが適切でないと判断できる場合であると思われる。

[文献]

Alvarez, A.（1992）. *Live company*: *Psychoanalytic psychotherapy with autistic, borderline, deprived and abused children*. London: Routledge. 平井正三・千原雅代・中川純子（訳）（2002）. こころの再生を求めて――ポスト・クライン派による子どもの心理療法. 岩崎学術出版社.

Alvarez, A.（2012）. *The thinking heart*: *Three levels of psychoanalytic therapy with disturbed children*. Routledge. 脇谷順子（監訳）（2017）. 子どものこころの生きた理解に向けて――発達障害・被虐待児との心理療法の3つのレベル. 金剛出版.

Bion, W. R.（1962）. *Learning from experience*. William Heineman Medical Books. London. Reprinted 1984 by Karnac. London. 福本修（訳）（1999）. 経験から学ぶこと. 精神分析の方法 I――セブン・サーヴァンツ. 法政大学出版局.

平井正三（2011）. 精神分析的心理療法と象徴化――コンテインメントをめぐる臨床思考. 岩崎学術出版社.

平井正三・西村理晃（編）（2018）. 児童養護施設の子どもへの精神分析的心理療法. 誠信書房.

Meltzer, D.（1967）. *The psycho-analytical process*. Clunie Press. 松木邦裕（監訳）. 精神分析過程. 金剛出版.

Steiner, J.（1993）. *Psychic retreats*: *Pathological organizations in psychotic, neurotic and borderline patients*. Routledge. 衣笠隆幸（監訳）（1997）. こころの退避―――精神病・神経症・境界例患者の病理的組織化. 岩崎学術出版社.

早期から分離体験を重ねてきた児童養護施設に入所している女児のアセスメントについて

【中島良二】

1. はじめに

　筆者の勤務している児童養護施設には常勤2名，非常勤2名の心理士が勤務している。常勤の心理士は学習場面や夕食場面などの生活場面にも入っているが，セラピーを実施している児童のいる寮には入らないようにしている。しかし，下校時や施設内での行事など生活場所で顔を合わせることはよくある。施設の入所児童の定員は90名近く，一部屋しかない心理室をなるべく多くの児童が使えるようにという思いが筆者にあり，セラピーは隔週の設定であることが多かった。

　今回提示するケースも隔週ケースであり，セラピーは継続するものという思い込みが筆者にあり，継続することを前提として始めている。アセスメント面接として設定していないが，1回目の前の顔合わせと最初の3回をプレイセラピーの導入部として考えたときに，それぞれのセッションでどのように考えられ，それらをつなげて考えたときにアセスメントとしてどのように考えられるのか，また，隔週であることやあらかじめ継続することが決まっていることについて振り返り，検討したい。

2. 事例の概要

1) 家族歴・生育歴

　家族歴・生育歴に関しては，アキ（仮名）の育成の記録をもとにしているが，個人が特定されないように配慮した。アキの母は結婚と離婚歴が数回あり，アキの上と下に異父きょうだいがおり，アキと同じ児童養護施設に入所している。母方祖父母は離婚しており，母と祖母の関係は良好でない。母は転居が多く，母子交流は不定期であり，交流が続いたり，急にキャンセルになったり，途絶えたりしており，予測できないものであった。待っていたが，

連絡もなく，結局母が来なかったということもあった。アキの父に関しては不明な点が多い。

　アキは生後3カ月のときに，母が経済的な理由により養育困難となり，乳児院に入所となった。乳児院では人見知りが強く，初対面や見慣れない人や，男性には固まってしまい，発語が少なくなり，表情が乏しくなることが多かった。乳児院の担当職員には，生後9カ月頃から後追いをしたり，抱っこを求めたり，就寝時に時間がかかったりと甘えが出せていた。担当職員の膝に乗っているときに，他児も座ろうとすると怒ったり，他児がアキの物に触れたりしていると怒って噛みついたりすることがあった。しかし，年下の児童には頭をなでたり，笑いかけたりする面倒見のよい一面もあった。タオルケットや，ぬいぐるみなど手触りのよいものを好んでいた。

　2歳のときに，年齢により児童養護施設の幼児寮に入所となり，入所の1カ月前に乳児院の担当職員と一緒に施設を見学した際には，緊張した様子で表情が硬いままであった。児童養護施設に入所するときには母，乳児院の担当職員も付き添い，別れるときは，泣くこともできないほど緊張していた。乳児院の担当職員とは小1まで外出や手紙などの交流があったが，小2以降は途絶えている。施設入所直後は緊張しており，おやつに手をつけようとせず，担当職員がおやつを口に入れてあげるとようやく食べていた。初日の就寝時は担当職員が部屋から出ると泣き，担当職員の部屋で就寝したが，翌日以降は担当職員の添い寝により自室で就寝した。日中も担当職員のそばにいることが多かった。

　施設に慣れていくにつれて，おもちゃを譲らない頑固な面が見られた。言語の理解はよく，言葉の量も多かった。食事は小食なところがあるものの，排泄，着脱は大きなつまずきは見られなかった。

　幼稚園入園後は，友達もでき，担任にも上手く甘えることができた。就学前に幼児寮から少人数の園外のグループホーム（以下 GH）に移動した。小学校入学後にある女児に対して，下校の際に引き留めて帰さないことなどがあった。中学年になると，学校で友達が離れてしまい，ひとりになることが多くなった。担当職員はアキの言葉での自己表現の苦手さを心配し，施設内でのプレイセラピーを検討するために施設内で寮舎担当，嘱託の精神科医，心理士でケースカンファレンスを実施した。カンファレンスでは，アキが思っ

ていることや気持ちを言葉で表現できず，担当職員の手を叩いてくるなど行動で示してくることから，気持ちを言語で表現してほしい，思っていることを言葉で伝えられるようになってほしいとの思いが，担当職員から語られた。また，特定の他者との関係が薄いことも心配され，継続的に関わりながら，一対一の個別で心理士がアキの気持ちを汲み取っていくことを目的に，施設内でのプレイセラピーを開始するに至った。

　プレイセラピーは隔週1回50分であり，本園の事務所前で待ち合わせをして，別棟にある心理室に移動する。セラピー終了後はアキのGH（自転車で5分程度の距離）まで自転車で一緒に戻る。心理室にはアキ用の箱を用意し，中には画用紙，色鉛筆，粘土，作品を入れるクリアファイル，カレンダーが入っている。他のおもちゃは共有となっている。部屋には箱庭の場所，ドールハウスの場所，テーブルの場所，人形（パペット）の場所の四つの場所（スペース）がある。

3. 事例

【顔合わせ】
　1回目の前に施設の本園の事務所にある面会室で，担当の男性職員にも同席してもらい，アキと話をする。担当職員から言葉での表現が苦手と聞いており，私と一緒に考えたり言葉にしたりすること，困っていることや悩んでいることを話す場であることを伝え，初回の日程を書いたカードをアキに渡し，2週間に1回会うことを伝える。アキはカードを手に持つと，くるくる回す。私の顔は見ず，顔をそむけていたが，話は聞いているようであった。担当職員に退席してもらいふたりで話をすると，アキはカードに書かれた日付の翌週もあるのか質問し，私は1週空くことを伝え，その次の回の日にちを伝える。アキは「毎週来たら？」と聞き，私は「毎週来たいんだね。でも2週間に1回ね」と答える。アキの緊張している様子が伝わってくる一方で，他者を求める気持ちがあるように私は感じていた。

【第1回】
　1回目にアキは5分前に待ち合わせ場所で待っている。時間になり，私

が「もう待ってたんだね。早く来たかったんだね」と声をかけて，心理室の
ある建物に行こうとするとアキは立ち止まり，私は「行きたい気持ちと緊張
した気持ちがあるんだね」と話す。入室すると，アキは箱庭の棚に行き，倒
れている動物を「死んでる」と言って，立て直していく。私は「死んで倒れ
てたんだね。死んでるのが嫌だったんだね」と話す。動物を立て終えると，
アキはパペットの場所に行き，「カワウソ，かわいい」と言ってカワウソの
パペットに手を入れ，拍手するようにカワウソの手を動かし，私は「喜んで
るみたいだね」と伝え，心理室に来ることになって喜んでいるように感じる。
パペットを一つひとつ見ていき，「気持ち悪いのもある」と言って，ワニや
カメレオンの口の中に手を入れており，私は「手を齧られてるみたいだね」
と話す。喜ぶ気持ちもあるが，不安もあるようであった。巣に入ったツバメ
のパペットがあり，巣の上に親鳥を置く。私が「親鳥が守ってるんだね」と
言うと，近くにあったフクロウを近づけ，「敵が襲ってきたのかな」と言うと，
アキは「違うよ。仲間だよ」と言い，守るもの，助けるものが多く，私が理
想化されているような感じがする。アキはチョッパーの人形に興味を示し，
チョッパーが持っているキノコのぬいぐるみをチョッパーに食べさせると，
「毒キノコ」と言い，「（食べた）ここ（4分の1）だけが毒だった」と話し，
与えられるものが栄養になるものなのか，毒なのか疑っているようであった。
箱庭に戻ると，ドラゴン2体を入れて「戦ってる」と言い，その隣にこび
ととすみっコぐらし4体（ネコ，シロクマ，ペンギン，トンカツ）を入れ，
私が「戦いの近くにいるんだね。危ないね」と言うと，アキは「大丈夫」と
言って砂に線を引いて区切る。攻撃的な世界と仲間のいる世界があるが，しっ
かり区切られている。棚からUFOを持ってきて，すみっコぐらしのネコを
UFOの中に入れ，ドールハウスに移動する。アキは家の中に家具をすべて
出し，すみっコぐらしの残りの3体をドールハウスに持ってくる。アキは
背後にあった棚からサングラスを手に取り，「かけて」と言って私に渡す。
私がかけようか迷っていると，「これ女の人の」と言って別のサングラスを
渡し，私が「女の人だったらよかったのにと思ったんだね」と言うと，サン
グラスを棚に戻す。箱庭の棚から木を持って家の前に置いて，「庭」と言う。
枯れた木の上にすみっコぐらしを置き，その横に葉の付いた木を置いて，「ご
飯」と言う。私は終了時間を伝えることを忘れており，時間であることを伝

えると，「やだ」と言う。「もっといたかったんだね。突然終わりと言われて，びっくりしたし，納得いかない気持ちもあるんだね」と話す。私はアキがすんなり心理室に適応したように感じており，プレイが展開されている間に，時間を伝え忘れていた。アキは家の中に家具とすみっコぐらしを入れていき，「ここに来ることになって，家みたいなアキの場所を作りたかったんだね」と話し，退室する。新しい場所，人（私）に不安を示していたが，アキから「仲間」，よい対象を求める気持ちも感じており，私の言葉にも反応しているように感じ，私はアキの次々と展開されるプレイに言葉で返しながら，それについていかなくてはという思いになっていた。

【第2回】
　2回目もアキは待ち合わせ場所ですでに待っており，「やっと来た」と言い，私は「待ってたんだね」と返す。入室すると，箱庭の棚からすみっコぐらし4体とこびとを手に取り，ドールハウスの場所に移動する。「家，出して」と言い，私が家を出すと，「ここはお客さんの寝るところ」「お客さんと話すところ」と言って部屋を作る。アキは箱庭に行き，花が咲いた木3本を箱庭に入れる。木のまわりを工事用の三角コーンで囲み，「立ち入り禁止なんだね。アキには踏み込んでほしくないところがあるんだね」と言うと，棚から別のこびと2体を見つけて箱庭に入れるが，三角コーンを越えて，木の近くに置く。私が「立ち入り禁止だけど入れるんだね」と言うと，「こびとは入っていいんだよ」と言い，「入っていいのと，入れないのがいるんだね」と話す。踏み込まれたくない思いとともに，そこも扱ってほしい，見てほしい思いも感じる。今回見つけたこびとのうち，1体を「凶暴」と言って砂に埋め，私が「凶暴なこびとは砂に埋めるんだね」と言うと，「違うよ。見つけに来るんだよ」と言って，もう1体のこびとも砂に埋める。アキはドールハウスに戻り，家ができると，すみっコぐらし4体とこびとを持って，箱庭に行く。家から来たこびとが砂に埋まっているこびと2体を見つけ，私は「無事見つけてもらったね」と話す。アキに凶暴な面があることも，私に分かってほしいようであった。箱庭の棚からイルカを入れ，イルカの上にすみっコぐらしのネコを乗せる。箱庭に警察官を入れて「偽物」と言い，「警察だけど偽物なんだね」と言うと，工事している人も「コンクリを壊してる」

と言って入れ，「工事の人なのに壊してるんだね。直す人なのに壊してるんだね」と話す。偽物であったり，（本来の役割とは）逆に壊したりして機能するものが機能しない。女性の看護師を入れると，イルカを奪って棚に行き，「助ける看護婦さんがいいものを奪う悪い人なんだね。中島さんも助けない，悪い奴と思ってるのかな」と言うと，看護師は警察官に捕まる。警察官を再び入れ，「見回りしてる」と言い，私が偽物の警察官なのか聞くと，「本物だよ」と答え，「本物の警察官が来たんだね。偽物が本物になったんだね。看護婦さんみたいに悪い奴が来ないように見張ってるんだね」と話す。よいものを奪うかもしれない私への警戒心も感じられる。箱庭の下の箱からワニを見つけると，「アリゲーターガー知ってる?」と聞き，私がどんなワニなのか聞くと，「肉食の凶暴なワニだよ」と説明する。カワウソは「コツメカワウソ」と言い，前回のパペットにもカワウソがいたことを伝える。アキには大人しい面と攻撃的な面があることを伝えているようであった。箱の中からカメ，カエル，トカゲを出していき，分け終えたところで時間であることを伝えると，「やだ」と言う。私が「折角分けたし，もっといたかったんだね」と言うと，アキは箱庭に行き，入れたものを片付け始める。私が「時間になったから，そのままでいいよ」と言うが，アキは「どうせ直しちゃうんでしょ」と言い，「中島さんに直されるくらいなら，自分で直すんだね」と話す。アキに大人しい面と攻撃的な面があることが表現されており，私がどちらの面も理解する「本物」なのか，それとも理解しない「偽物」なのかという疑念があるように感じていた。

【第3回】
　3回目は30分前にすでに本園に来ており，10分前に再び私がアキの前を通ると，アキは自転車に乗ったまま心理室のある建物の前までついてくる。ついてくることに，私は侵襲されるような感じがする。部屋の用意をするので，あと10分待つように伝えて私は建物に入る。時間になり下に降りると，建物の外で自転車に乗ったままアキが待っている。私が「ここでずっと待ってたんだね」と言うと，自転車を下りて「蚊に刺された」と言い，私を指して「蚊」と言う。「アキを待たせた中島さんは蚊みたいな悪い奴なんだね」と話し，建物に入る。入室すると，箱庭の下の箱からカメ，カエル，トカゲ

を出していく。探しながら，箱の縁にネコやウマ，ウシなどの動物を掛けていく。私が「落ちそうだね。落ちそうでドキドキするね。落ちないか不安だね」と言うが，アキは無視してその後も動物を箱の縁に掛けていく。カメ，カエル，トカゲをすべて取り出すと，縁に掛けていた動物を箱の中に落とす。「落ちちゃうんだね」と言うと，「大丈夫だよ」と言う。カメ，カエル，トカゲを箱庭に入れ，棚からすみっコぐらし4体も入れる。カエルは一列に並べ，カメは向かい合わせに置き，「授業してる」と言う。カエルが先生を決めると言うが，誰が先生になるかで揉める。アキはパペットの場所から大きいカエルを持ってきて，「先生」と言う。カエルのパペットを棚に戻すと，ワニに手を入れ，私の指を齧る。次にハムスターを手に取って私の指を齧り，「かわいいけど，攻撃的なところもあるんだね」と話す。齧る面もあるが，指を握られるように感じられ，距離の近さに戸惑う。箱庭に戻ると，すみっコぐらし，カエルなどを棚に戻していく。全部戻すと，室内を移動し，私がアキの後を追うと逃げ，追いかけっこになる。時間であることを伝えるが，そのまま室内を移動し続け，ドアに来るのを待って退室する。自分のことを受け止めてくれるのか，見捨てられるのではないかという不安が感じられた。また，つながりを求める一方で，怒りや攻撃性も抱えているように感じていた。

4. 考察

　平井（2018）は，心理療法アセスメントでのセッションにおいて，子どもの理解を立ち上げる際に注目すべき点として，「子どもの振る舞いや関わり方の特徴」と「子どもの表現」を挙げており，「子どもの振る舞いや関わり方の特徴」として，セラピストやプレイルームに対する態度に注目することを指摘し，「子どもの表現」として，セラピストが，子どもが自分に伝えてきているとどこか感じるかどうか，またなんらかの質問やコメントをすると子どもが答えてくるかどうかが重要であるとしている。

　アキは1回目の入室後に倒れている動物のフィギュアを見て，「死んでる」と表現していたり，パペットに自分の手を噛ませたりして，不安を表現していた。私に対しては，「親鳥」や「仲間」のようにアキのことを助けてくる，守ってくれる理想的な存在のように見ているように感じていたが，「毒キノコ」も出てきており，そのような良い存在であるのか，実は毒を与える悪い

存在ではないのかという疑念があることも表現していた。その後の箱庭の表現で見られるように，良い世界（すみっコぐらしの仲間のいる世界）と悪い世界（ドラゴンの戦いの世界）はしっかり区切られているが，私は1回目で出てくるサングラスのように後者の悪い世界については，見ないようにしていたと考えられる。そして，私はそのことにより，良い世界ばかりを見て，アキが心理室に適応しているように感じていた。そのことが終了時間を伝え忘れるということにつながったと考えられる。そこには，終了を伝える罪悪感や終わりの言いづらさがあり，良い対象であろうという思いが強かった。

アキの「やだ」という反応には，次があるのか，本当に続くのか分からないという思いもあったであろう。それは，アキが1回目から時間前から待ち合わせ場所で待っていることに関しても同様であったように思い，私は楽しみにしていることや，期待のほうに焦点を当てていたが，母子関係において，待っていても来なかった体験があり，本当に私が来てくれるのか不安もあったと考えられる。待っても来ない，待たされるということに，怒りや攻撃性もあったと思われる。1回目の前の顔合わせの際に，アキが「毎週来たら？」と聞いたのも，自分がどのくらい待つことになるのか，来ない間もセラピストは待っているのかを確認したかったとも考えられる。

アキは私の言葉に対して，「大丈夫」「違うよ」など反応しているように感じていたが，私はアキがプレイで表現したものを言葉にして返さなければならない思いに駆り立てられており，すぐに言葉にして返すという作業にとらわれていたように思われる。その背景には，セラピーを開始するにあたってのケースカンファレンスにおいて，「思っていることを言葉で伝えられるようになってほしい」という担当職員の言葉に引きずられていたところもあった。

平井（2018）は，子どもの視点から見ていくことが大切であるとし，それが私に欠けていた視点であり，アキが発した言葉や表現について思いを巡らす，情緒まで考える，情緒に触れることが乏しかったと思い返される。しかし，それがまさにアキが気持ちや，思っていることを言葉にできないということであったと考えられる。アキにとっては，表出したものをそのまま押し戻される体験になっていたとも考えられる。上述の待つことの不安や，怒りが私に理解されないことも大きかったであろう。そのことは，2回目で出て

くる偽物の警察官や，イルカを奪った看護師が，そのような機能しないセラピストとして表現されていたように思われる。その後に出てくるコツメカワウソとアリゲーターガーは，アキの大人しい面と攻撃的な面であろうが，後者を出すと，見捨てられてしまう不安もあったように思える。不満や不安を表出することで，相手を傷つけてしまい，相手がいなくなってしまう不安が，言葉での表現のしにくさの背景にあったように考えられる。それは，3回目での箱の縁から落とされる動物の見捨てられる感じにもつながっているであろう。そこには，母，乳児院の担当職員，施設の担当職員の異動や退職，寮を移動したことによる別れの体験が積み重なってきたこともあると考えられる。自分のことを受け止めてもらいたい思いもありながらも，たとえ受け止めてもらったとしても，その対象はいつかいなくなってしまうことに，諦めの思いもあるのかもしれない。また，自分が取り残されるということは，すみっコぐらしのように所在無い感じに通ずるものでもあったろう。このようにアキには象徴的に表現する力があったように思われる。

3回目において，パペットで私の指を齧り，指を握られるような感じがあったが，乳児の頃に怒りの反応として，噛みついていたことが連想され，その怒り，攻撃性には，隔週であること，待つ時間が長いこともあったと考えられる。

アキのように，頼れると思えた対象が存在し続ける体験が少なく，また，そのような対象との分離と別れを重ねてきたことまでを踏まえて，枠の設定を検討すべきであった。本来はセラピーの目的，頻度を含めて，子どもと検討すべきであり，私はセラピストとしての主体性が持てずにいた。このことは，アキにおいても，これまでの環境などの周りの変化は能動的なものではなく，プレイセラピーについても担当職員や私によって始まったものであり，主体性が持ちにくかったことと重なるように思われる。すみっコぐらしのように寄る辺ない感じに触れたり，待つことの不安，言葉にすることの不安まで理解したりしたうえで，アキにも，そのような思いや考えを一緒に考えることを改めて伝える場が必要であった。

そのためにも，まず，アキのことを理解するためのアセスメント過程を枠として作っておき，その内容を伝える場も設定しておくことが必要であったことを痛感している。セラピーを継続することに関しても，継続ありきでは

なく，平井（2018）がいうように，アセスメントを通じてそれが望ましくないと判断される可能性もあることを明確にしておくことにより，セラピストの主体性も保つことになるように思われる。アキの「言葉での表現の苦手さ」には，アキがこれまで経験してきた分離の体験や不安が関連しているかもしれず，そのことを担当職員と共有し，担当職員が感じたことや思ったことを話し合うことにより，アキのことを多角的に考える機会になったかもしれない。

　そのような段階を踏むことで，私としても，表現されたものをすぐに言葉にしてアキに返すのではなく，アキの表現の背景にある情緒に立ち止まって一緒に考えることにもなっていたかもしれないと考えられる。

［文献］
平井正三（2018）．第Ⅱ部のまとめと児童養護施設の子どもの心理療法アセスメント　平井正三・西村理晃（編）．児童養護施設の子どもへの精神分析的心理療法．誠信書房，pp. 259-268.

言葉にならない痛みを捉えること
──外傷的な別離の痛みを巡って

【平井正三】

1. はじめに

　本章の概論のところで，児童養護施設において心理療法アセスメントを実施する際に，心理士は2種類の困難に直面すると述べた。本事例の中島氏もそうした心理士のひとりに見える。

　本事例においては，心理士がその子どもに会う前に，プレイセラピーを行うというだけでなく，隔週という形で頻度まで決めてしまっている。この子どもが，どのような心理学的問題を抱えており，それにセラピーが役に立つかどうか，心理士が実際に会ってみて，自分の考えを持ってから本人の意向と，生活職員の考えを付き合わせてから決めるという手続き，つまりアセスメント過程を設けていない。

　こうした形でセラピーを始めることは，一般的にセラピーを役に立つ形で立ち上げていくために望ましくないというだけでない。子どもと関係のないところで，子どものニーズが十分に考慮されることなく子どもに関する重要な決定が一方的になされるということになる。これでは，施設に入所している子どもにとってその主体性をないがしろにされがちであるという，それまでの育ちの流れと同じことになってしまう。えてして，心理士も，恐らく生活職員も，なんとなく「こうすることになっている」というものに従わざるをえない流れに身を任せてしまいがちであることはよくある。

　組織の中で働くということにはそういう弊害がある。それは，子どもたちが最も感じており，彼らの主体性を見えない形で圧迫するものになっているかもしれない。

2. 事例の背景について

　事例の背景を読んで一番注目されるのは，アキが生後3カ月から乳児院に

預けられたということである。そして乳児院のときの様子もその特徴が伝わってくるしかたで語られている。これは，この間にこの子どもについて関心を持ち，考えていた大人がきちんといた証左に思われる。実際，アキの乳児院での担当職員はアキが児童養護施設に移っても交流が続いたとある。さらに，乳児院で人見知りが強かったとあるのは担当職員とアタッチメント関係が形成されていたことを示唆している。

　このようにアキが，実質的に意味のあるアタッチメント関係を持ってきたことは，のちに述べるように，アセスメント・セッションでの情緒的疎通性のよさに裏書きされている。アキの心には，ある程度よい対象が保持されているように見える。しかし，彼女の生育歴を見ていくと，生後3カ月での母親との別離，そして2歳での乳児院の担当職員との別れと，養育者とのおそらくはトラウマ的な別れを少なくとも二度も経験している。さらに，彼女は，乳児院で，見慣れない人や男性に対しては固まってしまい発語が少なくなった。そして，今回職員が心配したのは，小学校中学年で友達と離れひとりになることが多いうえに，「言葉での自己表現が苦手」であることであった。

　以上，背景の情報で目に付いたところを押さえておいて，セラピーの最初の3回を詳しく見ていこう。

3. 職員との同席面接

　この面接で注目したいのは，アキが，翌週もあるのか，と尋ねてきたことである。ここに関係の連続性に関する不安が現れているわけだが，こうした不安を言葉でのやりとりで表現できるところにこの子どもが人とのつながりに一定程度の信頼を置けていることが示唆される。

　興味深いのは，セラピストが隔週であることを伝えると，アキは「毎週来たら?」と答えた点であり，ここにこの子どもが防衛的に混乱を用いているのが見られる。セラピーに来るのはアキであり，またそれを欲しているのも彼女であると思われるが，それらは逆転されている。このように，この子どもには関係の連続性に関して強い不安があり，それに対して，自己と対象とを逆転させるか，両者の違いがないかのように振る舞うことで対処する面があることが示唆されている。

4. セッションの検討

1) 第1回

このセッションの冒頭，アキは箱庭の棚の倒れている動物を「死んでる」と表現する。これがこの子どものセラピーセッションの最初の言葉であることは大変重要であろう。それはしばしば子どもを理解する鍵となる。アキの場合，彼女を脅かすものがあるということ，そしてそれは攻撃してくる対象ではなく，死んだ対象なのである。アキは，倒れていた動物を立て，カワウソのパペットを手にして「かわいい」と口にし，自分自身を立て直すことができることを示す。そして再び「気持ちの悪いもの」に戻って行き，ワニやカメレオンの口に手を入れてまるで齧られているような仕草をする。

それは，おそらくはいわゆる口愛的攻撃性，すなわち飢えた赤ん坊の攻撃性と関わると考えられる。それは最初の対象の死の主題とつながっているのだろう。アキはこうした不穏な主題が現れると，すぐさま「ツバメの巣を守る親鳥」を出現させる。ふくろうが現れ，セラピストが「敵が襲っていたのかな」と言うと「仲間だよ」と答え，再び，否認によってこの子どもは対処することが示される。しかし，それはすぐに「毒キノコ」という猜疑的主題に導かれる。キノコは，「4分の1だけが毒だった」と言い，悪い部分を特定し区分する努力が見て取れる。それは，箱庭での，戦うドラゴンとすみっこぐらしの間に線を引いて区切ることに続く。さらに，UFOを用いてドールハウスに移動する手段に出る。

以上の素材は，この子どもが，「死んだ対象」すなわち対象との外傷的な別離経験に脅かされていることを示しているのではないかと思われる。それは乳児水準では，「噛み付く口」すなわち飢えによる怒りによってもたらされたと感じられており，より年長の子どもの水準では，激しい闘争によってもたらさせると感じられているように思われる。それに対処するのは，否認であるが，それによって対象はよいのか悪いのかわからなくなる。「UFO」による移動は，心の状態の移行，おそらくは解離と関わるのかもしれない。と同時にこれは乳児院から児童養護施設への別離経験を思い起こさせる。

ここで注目されるのは，アキが，サングラスをセラピストにわたし，「かけて」と言っている点である。一読して，いったいどちらがそれをかけるの

か分からない。

　サングラスをかけることは見ないこと，すなわち否認することを表すように思われるとともに，先の「毎週来たら」と同じく，セラピストと子どもとの区別がなくされていると考えられないだろうか。つまり，自己と対象との区別をなくすようなやりかたでアキは対処しないといけない，強い不安，おそらくは別離と関わるトラウマ性の不安が潜在的に喚起されていると思われるのである。

　このセッションの終わりにかけて，アキは「庭」をハウスの前に作り，枯木，すなわち死んだ対象の主題を再び表現する。とともに，葉の付いた木を置き，「ご飯」と言う。家の外側に置くことは心の内側にあることを避けているともいえるが，このように新しいスペースを作り出し，そこに問題となっている主題を表現し，最後は食べ物という取り入れの主題を見せている点に，この子どもがセラピーという新しい関係経験を利用していく力があることが見てとれる。実際，このセッションでのセラピストとのやりとりの記述から，この子どもが一定程度相互性に開かれており，情緒的疎通性があることが読み取れる。

　セッションの終了に関して，セラピストは終了時間を伝え忘れていたこと，おそらく終了時間に気づかないでいたことに気づく。セラピスト自身が，時間という現実の枠組みを忘れてしまうという逆転移の行動化が起こっていることに留意される。これは先に述べた，自己と対象の区別をなくすやり方と類似した，分離経験の脅威に対するこの子どもの対処方法と関わると考えてよいだろう。

2）第２回

　２回目に注目されるのは，ドールハウスに「お客さんの寝るところ」「お客さんの話すところ」を作ったことである。１回目にも見たように，この子どもが新しい関係経験に開かれていることが分かる。そこには，「話すこと」が重要な特徴であることも見てとれる。そして，前回の「枯木」は，「花が咲いた木」に取って代わられ，そこは守られるべき聖域のようなものとして表現される。ここにも，背景のところで述べた，よい対象がこの子どもの心の世界である程度根づいていることが見てとれる。しかし，そこには「凶暴

なこびと」が入り込み，それは埋められる。これはある種の対象との融合を示しているのだろうか。

　セラピストが，「凶暴なこびとは埋めるんだね」と言うと，アキは「違うよ。見つけにくるんだよ」と答える。先の「毎週来たら」や「かけて」と似て，ここでも，主語が明確でないし，話は噛み合っていない。セラピストはアキの行為を指摘しているのだが，アキの言う「見つけに来るんだよ」の主語が誰なのか分からない。彼女の話だったのが，まだ見ぬ違う人の話に変わったように見える。これらは，この子どもにとって，自己の「凶暴な」面が露わになり，見られることは，おそらくは守るべき「花の咲いた木」にとって，そして自己にとって破局的なことにつながることであり，避けられるべきことであることを意味するのだろうか。

　そののち，ハウスのほうからこびとを持ってきて「凶暴な」こびとを見つけ，セラピストは「よかったね」と言う。しかし，その後に，よいように見えて実は悪い「偽物」の主題が現れる。否認とその後に「毒」の主題が現れた1回目とよく似た展開をここに見てとれる。そして，再び，ワニという口愛的な攻撃性の主題が続く。

3）第3回

　2回目の終わりには，アキは「やだ」と終わりたくない気持，すなわち分離の痛みを表現した。3回目には彼女は30分前に現れ，セラピストは侵襲されたと感じる。逆にいえば，アキは，前回，「追い出された」と感じていたことを示唆する。このあとの，「蚊に刺された」や箱庭の縁に動物を並べ落としていく遊びは，分離の痛みと破局的経験を表していると考えてよいだろう。と同時に，多くの動物を落としていることは，ライバルの他の子どもを落としているとも考えられる。「授業」の遊びでは，「誰が先生になるか」子ども同士の争いが起こり，ライバルの子どもとの競合という主題が浮き彫りになってくる。これはまた「誰がセラピストか」「誰が母親なのか」を明確にすることへの反発であり，初回から続いている主題でもある。それは，セッションの最後の「追いかけっこ」という形で，誰がこのセッションを仕切っているセラピストなのか明確にせず，終わりを明確にしないことにセラピストも共謀させられることにつながっているように思われる。この点でセ

ラピストが自らの逆転移を吟味することが，この子どもの分離の痛みを理解していくために必須であろう。

このセッションでもうひとつ印象的なのは，終盤にアキがワニでセラピストの指を齧ったことである。セラピストは手を握られているようにも感じる。ここで，初回から見てきた「口愛的な攻撃性」は対象の破壊のためだけではなく，対象を離さない，この子どもの対象への愛情，そして生への執着のようにも思えてくる。それは裏返すと，対象を失うことへの激しい痛みも意味し，セラピストはそれをどこかで感受し，それをどこかにやってしまうために「追いかけっこ」にのったのかもしれない。いずれにせよ，逆転移の精査が必要な部分であろう。

5. 見立てについて

この子どもは，相互的やりとりに開かれており，情緒的疎通性もかなりあり，よい対象が一定程度根付いていることが見て取れる。しかし，その分離不安は子どもの主体を脅かすほど強烈であり，トラウマ的な性質を持っており，部分的に自己と対象の区別やアイデンティティも混乱する傾向がある。おそらく，解離傾向も認められる。私の分類では，抑うつ不安が優勢な境界例系と見なせる。

アキは，母性的対象への希求（「花の咲いた木」）を意識すれば，他の子どもとの激しい競合状況により排除されるか攻撃されるかするという迫害不安が喚起される。さらに見ていくと，攻撃によって死んでしまった母性的対象（「枯れた木」）による迫害不安がおそらくより基底にある不安であり，それは先に述べたトラウマ性の経験と関わるのではないかと思われる。こうした不安に対処するために，アキは主に否認に頼るわけであるが，それが逆に対象が良いのか悪いのか分からない猜疑的な不安を引き起こしているように見える。

セラピーの課題は，このようなトラウマ性の分離不安をセラピストが逆転移のなかで受け止め，それを考えていくことであると考えられる。それは，この子どもと共に，言葉にならない痛みの経験を言葉にしていこうと努めることであるだろう。このような仕事を行うには隔週の頻度では十分ではないかもしれない。この子どもが痛みを否認する傾向があることは先に述べたが，

施設の職員，そして中島氏も同様にこの子どもの痛みを過小に見ようとしていないか考えてみる必要はあるだろう。

　子どものアセスメントをしっかりと行うことは，セラピストが子どもの痛みを過小評価せずに把握し，（介入しないことも含めて）必要な介入はどのようなものなのかを熟考するということである。その際にセラピストは，子どもの痛みを見ないでおこうとする施設の組織防衛からの圧力，そして自身の痛みをないようにしようとする子ども自身からの圧力，さらに何よりもセラピストの自身の防衛的な心の動きに影響されないようにすることが肝要であろう。それが，それぞれの子どもの心の福祉に責任を持つ心理士としての職務を全うすることであろう。

欠落への内省的接近
——主体性の回復，あるいはその発達

【西村理晃】

1. はじめに——欠落への内省的接近

　本稿で提示されている臨床素材は中島氏が明示しているようにアセスメントケースではない。したがって，本書の趣旨の点でも，精神分析的心理療法におけるアセスメントという例示の内実においても，ここには本来あるべきものが欠けている。中島氏はそれを自覚したうえで，「それらをつなげて考えたときにアセスメントとしてどのように考えられるのか」を論考の中心に据えようとしたようであるが，幸いこの試みは失敗している。アセスメントの根幹は，心理療法導入前の限られた枠組みのなかで，できるだけクライエントの現実（内的・外的現実）に接近することである。アセスメントではないものをそれとして捉える試みは，すなわち現実否認にほかならず，アセスメントひいては精神分析的態度に相反する。

　一方，中島氏が実際に展開している論考は，提示素材を"どうしてアセスメントを行うことができなかったのか"という観点から検討することに費やされており，この試みは重要な洞察を導いている。それは，このケースを行うセラピストに精神分析的な臨床家としての主体性が欠けていたという認識である。さらにこの内省的洞察は，アキがその主体性の発達を助ける対象および環境を，これまでの彼女の人生で十分経験することが難しかった可能性もその射程に含んでいる。実際，この洞察から臨床素材を見渡したとき，そこには本来あるべきものがない，あるいは不足している状況が通奏低音のように流れている。したがって，氏の論考は，提示セッションが行われた時点では目を向けることのできなかった領域を振り返り，実際に生じていたことへ内省的接近を試みる精神分析的営みと捉えることができる。

　以下，私は中島氏のこの内省的接近の試みに焦点を当て，提示素材に見えてくるものを考えていく。

2. 精神分析的臨床家としての主体性

　まず氏の論考で目を引くのは，氏が精神分析的臨床家としての主体性の欠落をアセスメントを行うか否かの点で考察しているところである。確かにアセスメントの欠落は専門家主体性欠如のあらわれである。ただ，精神分析的臨床家としての主体性の欠落は，アセスメントを実施すれば解消するという類の問題ではない。

　精神分析的臨床家の主体性とは，セラピスト自身が精神分析プロセスをクライエントとして経験し，系統的な精神分析的心理療法の訓練を積むことを通して，セラピストのなかに発達していくものである。

　アセスメントは自らが実施する専門的介入によってクライエントの状態を見立て，専門的介入の有効性を確認する営みである。したがって，実施者が精神分析的心理療法について経験から学んでいなければ（あるいは経験から学ぶプロセスに関与していなければ）成り立たない。中島氏が考察で触れているように，アキとのセッションのなかでセラピストが陥っている半ば条件反射的な解釈（これ自体に精神分析的思考を行う主体性の不十分さがあらわれている）にあらわれる形骸だけに沿った介入は，このケースの場合，アキが対象に対して疑う擬似性を強調し，背後にあるはずの主体へのアクセスを困難にするだろう。アキが提示セッションの中で示しているように，擬似性を帯びた対象は，クライエントの主体性の発達を促すどころか，主体を置き去りにした適応状態を促すか，あるいは対象に対する懐疑心を刺激し，侵入的関わりを促すと思われる。

　したがって，アキの主体性の発達を促すのであれば，セラピストの精神分析的臨床家としての主体がいかに未熟な体をなしていようとそこから話しかけることは大切である。しかし，それはセラピストが精神分析的心理療法を経験から学ぶプロセスに深く関与し，その主体性の発達が支えられていなければ，とても困難な営みとなる。

3. 施設の集団力動を見立てる重要性

　次に，これも中島氏が触れているところであるが，中島氏の，専門家としての主体性を持つことの困難には，中島氏が臨床を行っている児童養護施設

の組織のあり方が少なからず影響しているようである。「施設入所児童の定員は90名近く，一部屋しかない心理室をなるべく多くの児童が使えるようにという思いが私にあり」という氏の記述が示しているのは，子どもに提供できる物理的資源，そして心的資源が限られており，子どもの個々のニーズに対して十分に応えることができない施設環境であろう。極めて限られた資源を多数の子どもで共有しなければならない状況は，心理療法に限らず，この施設の子どもをめぐるさまざまな側面についても当てはまるだろう。特にアキのように，原家族で主体性の発達の基礎部分を形成する良性の早期対象関係を持続的に経験することが困難だった子どもの場合，一定した養育対象が持続的かつ長期的にかかわることが困難である乳児院，児童養護施設の中で，その発達を促していくことは，組織およびその成員それぞれが，その問題に意識的かつ主体的に取り組んだとしても困難な営みとなる。

　ここにおいても，子どもの心の発達を促す養育環境として，本来あるべきものがそこにない，あるいは本来あるべきものがそこに不足している状況があるように思われる。しかし，児童養護施設は私達の社会において，その少ない資源のなかで，そういった深刻な困難を抱える子どもたちのニーズに応える養育を提供しなければならないという，半ば不可能なことを求められている。そのような組織で働く人たちは，得られるともしれぬ不確かなもの（高頻度の心理療法はそのひとつだろう）を探索して子どものニーズに応じようする主体性よりも，限られた資源のなかで組織から求められることを従順に行なっていくという受動性が促されやすいだろう。そこで募るのは，子どもの個々のニーズに答えることができないことから生じる罪悪感，そして何よりも慢性的な無力感だと思う。

　慢性的な無力感は，慢性的な受動性を促し，個人において主体的な思考，理解の営みを困難にする。限られた資源をそれを必要とする子どもたちに平等に提供する試みが，その背景にある過酷な現実，その認識から生じる無力感，罪悪感といった感情から切り離されて，金科玉条のように正当化されるとき，それは表面上どんなに優しく真っ当な顔をしていようと，その内実は全体主義による圧政の相を帯びるだろう。

　この種の組織では，ニーズを有する個人の主体の出現を可能な限り抑圧するため，本来のニーズが自由に表れることは許されず，それらは落とされ続

けることになる。主体なき無思考から生じる従順さは，こういった組織においては往々にして適応的なあり方となる。このような組織において，精神分析的臨床家がその主体性をもって精神分析的心理療法を行うことは，ときに組織の安定を乱すことになりかねず，それゆえ集団に反するものとなるかもしれない。現実的な妥協点は必要ながらも，このような組織において何よりも優先されるのは組織の安定であり，実際の"現実"を主体的に思考することは組織の安定を揺さぶりかねない営みになるため，それを模索すること自体非常に困難なものとなる。したがって，精神分析的臨床家がこのような組織で精神分析的心理療法の提供を試みるのであれば，臨床家がその内外でこの集団力動から自由となれる対象とつながり，自らの置かれている状況（特に集団力動）を見極め，考え続ける状態を維持しておく必要があるだろう。それが維持できないとき，いかに訓練を受け，経験が豊富なセラピストであっても，彼が行う心理療法は，精神分析的心理療法とは名ばかりの，子どもという主体はその視野から落とした，組織の安定のための営みと化してしまう危険さえある。

　しかし，ひるがえれば，精神分析的臨床家がその主体的，内省的思考を維持し，それを組織内で共に働く同僚と共有することができるとき，彼の仕事はその組織自体が，個々の子どものニーズを考え，そこにある情緒を感じ考え，それぞれの主体の発達を支える集団に変わっていくことに貢献できるかもしれない。

4. 主体性の欠落が促す転移−逆転移および内的対象関係

　これらのアキを取り巻く環境における主体性の欠落，それを維持することの困難に注目したとき，アキが心理療法の空間で最初に示している遊びは非常に興味深い。彼女が心理療法の部屋に入室してまずその目にとめるのは，倒れている動物であり，「死んでいる」と言葉にする。内的対象関係の観点からいえば，彼女の内的世界には「死んでいる」とされる対象がいる可能性がここに示唆されている。ここで注目すべきは，彼女はもちろん，セラピストも「死んでいる」対象が何かを考えることができていないことである。つまり，アキにとって「死んでいる」対象とは何を意味するのかに焦点を当て，考える対象がそこにいない。それは心をもって考えられ，感じられる代わり

に，即座に立て直すという形で修復させられている。

　セラピストが認めているように，躁的に修復することによって，「死んだ対象」はその主体が持つはずの心で考え，感じられるのではなく，快−不快の感覚レベルで処理されている。続く素材は，彼女を取り巻く対象がそれに対して盲目であることを示唆しており，これは中島氏の考察が示しているように，セラピスト自身，この点に関して盲目となっている。対象の盲目は，先述のように，セラピストのこの段階での精神分析的臨床家としての発達，およびこの施設の集団のあり方が影響して，セラピストの精神分析的臨床家としての主体性の欠落のあらわれを示しているようであり，その点では，アキの言う「死んでいる」対象とはまさに主体性を欠いた対象を示唆しているようである。

　この観点においても，アキが理想化により躁的にこの対象を修復しようとしているのは興味深い。つまり，この心理療法導入の表面上の目的である"アキが思っていることや気持ちを言葉で表現できる"ことを考えたとき，必要なのはたとえばアキが固まったり，顔をそむけていたりしているときにアキの心に何が生じているのかを目を背けず一緒に感じ，考える対象である。この本来そこにいるべき対象がいないこと，転移の中ではセラピストが主体性を欠いた「死んだ対象」そのものになっていること，に目を向けることができないとき，セラピストがその盲目の対象そのものになることによって，起こりえもしないことが生じているかのように振る舞う，という擬似状態が生じているようである。

　そのスパイラルのなかでは，この心理療法が目的としているものはまさに盲目的理想であり，アキはそれを現実的にセラピストとの間で経験することはかなわない。さらに，対象の盲目によって促される理想は，当然，自らの現実に所属しない外にあるものとして経験されるため，アキにおいて対象への猜疑心が刺激され，侵入的対象関係を促しているようである。対象はこれらの背後にある迫害感，破壊衝動，といったものに対しても盲目であるため，遊びの中では，それらは埋められるか，落とされるか，あるいは暗い箱の中に入れられている。さらにそれらは，転移関係の中では行動化によりセラピストの注意が向けられることがないまま発散されている。ここで目を引くのは，アキが表現する対象の「良い−悪い」の分離が一定していないことであ

るが，これがアキの内的な混乱を示しているのか，対象の盲目を覆う表層膜のようなものであるのか，はこの段階では判然としない。それは，この類の探索を可能とする安定したセッティングがセラピストの内外にある程度保証され，それに基づいて定点観察を行わなければ接近できない領域のように思われる。

5. おわりに──主体性の発達，あるいはその回復

以上，中島氏が示した内省的接近に軸足をおき，アキと中島氏との間に何が生じていたのかについて私の考えを述べてきた。一通り考えをはせていると，アキを巡る対象関係に見えてくるのは，主体的に生きることが困難となっている自己および対象の存在である。それを巡って種々の防衛システムが構築されているようであるが，提示セッションの間でもそれらはさまざまな形を示していることより，それほど強固なものではないといえそうである。ただ，その中核には主体性が脆弱な対象には耐えることが困難な情緒，つまり無力感が存在しているようである。これがアキと中島氏との関係のなかにある情緒的現実の中核部分をなすのではないだろうか。中島氏が示している洞察はこの無力感が抱えられ考えられるという内省のプロセスを経ていなければ導きえないものである。

私はクライエントのものであれ，セラピストのものであれ，真正さを備えた主体はここで中島氏が示している試みを通して回復される，あるいは発達していくものであると思う。施設心理療法士はそもそも無力感を感じてしまうと押しつぶされ，機能破綻をしてしまいかねない困難な現場で，こどもの中に存在する深い無力感に向き合っている。そのため，児童養護施設の心理療法の場合，それは精神分析的心理療法の訓練だけでなく，施設内外の同僚，彼らとの協働関係によってセラピストが支えられていなければ成り立たないだろう。こうしたセッティングが構築，発達していける見通しがあるのであれば，おそらく精神分析的心理療法はアキの主体性の発達を促す形で機能しうるひとつの専門的介入となるのではないかと思う。

第7章

母子生活支援施設における
アセスメント

【代　裕子】

第1節　はじめに

　母子生活支援施設に心理療法担当職員を置くことができるようになったの
は，2001年9月のDV法施行がきっかけであった。筆者はその制度の当初
に採用された心理職のひとりである。現在も同じ施設に非常勤として勤務し
18年目となる。同じ現場で働く心理職同士で学び合ったり，スーパービジョ
ンに助けられたり，さまざまな学会や研修会で学ぶことを参考にしたりして
現在に至っているが，新しい臨床実践の現場であるこの分野についての研究
や文献はまだ極めて少ない。私の乏しい経験と見聞からまとめたこの章が，
同じ現場で働く，あるいはこれから志すみなさんの，いくばくかでも参考に
なれば幸いである。先達によって積み上げられてきた心理臨床の知見を踏ま
え，自分の力量の範囲で誠実に，それぞれの現場の事情に即しつつ，各自の
持ち味や創意工夫の活かされた独自の新しい実践がクリエイトされてゆくこ
とを切に願う。なお，本文中の事例は，実際に経験した事例を，本質を損な
わない程度に一部変更するなどして，個人を特定できないように配慮してい
る。

第2節　母子生活支援施設とは

　母子生活支援施設は，1947（昭和22）年に制定された児童福祉法第38条
に定められた児童福祉施設で，（原則として）18歳未満の子どもを養育して
いる母子家庭，または何らかの事情で離婚の届出ができないなど，母子家庭
に準じる家庭の女性が，子どもと一緒に利用できる施設である。1998（平成

10）年の児童福祉法改正により，「母子寮」から「母子生活支援施設」に名称が改称され，その目的も，「保護する」から「保護するとともに，これらの者の自立の促進のためにその生活を支援する」と改正された。2004（平成16）年の児童福祉法改正では，「退所した者について相談その他の援助を行うことを目的とする」と規定され，支援の対象者は退所者まで拡大した。2002（平成14）年に厚生労働省から出された「母子家庭等自立支援対策大綱」により，母子生活支援施設は，地域で生活する母子への子育て相談・支援や，保育機能の強化，サテライト型などの機能強化が求められ，施策が進められている。またドメスティック・バイオレンス（DV）被害者保護においても，一時保護施設としては，母子生活支援施設が最も多くなっており，DV被害者の保護から自立支援を進めるための重要な施設となっている（社会福祉協議会ホームページ）。児童福祉施設で生活している全国の子どもの数は約4万人であるが，そのうちの6,346人が227カ所ある母子生活支援施設を利用している（厚生労働省，2019）。

第3節　母子生活支援施設における心理支援の特徴

　心理職を置いている施設はここ数年でずいぶん増えてきた。臨床心理士や公認心理師の資格は特に求められていない。施設によってその活用のしかたは大きく違っている。非常勤で個別のカウンセリングのみを任されている場合もあるし，常勤として夜勤や日常の生活支援から事務処理など一般職員と変わらない働きを求められている現場もあり，その間でさまざまなバリエーションがある。常勤心理職がケースに応じて非常勤心理職の専門的な心理療法をマネジメントするスタイルもある。

　そうした事情から，以下の記述は，筆者の勤務する施設における心理支援の実際についての極めて個別的なものであることをご承知おきいただきたいが，いくばくかの普遍性もそこには含まれていると思われる。

　母子生活支援施設は，子どもたちが母親やきょうだいと家族単位で一緒に暮らしているという点で，他の児童福祉施設の子どもたちへの支援とは，その形が大きく異なる。すなわち，子どもたちへの直接の支援のほか，母親への支援や親子・家族関係へも直接の支援が可能であり，また不可欠な事例も

ある。

　子どもたちの衣食住など身の回りの世話は基本的に母親が行う。施設内保育を利用する乳幼児と，放課後の施設内学童を利用する児童生徒には，その時間帯に施設の保育士や少年指導員が直接関わる。施設内外での行事に参加する体験も子どもや母親に援助的な効果をもたらす場合がある。母親からの子育て相談に応じる形で間接的に支援することも多い。また，さまざまな事情で養育機能が落ちている母親への支援により，母親の余裕や笑顔を増すことが，子どもたちに直接関わらずとも結果として治療的に作用することも少なくない。

　10年以上の利用が認められる自治体もある一方で，契約期間を2〜3年と限っている自治体もある。退所後のアフターケアがあるとはいえ，入所時同様のきめ細かい支援や集中的なセラピーは限られた入所期間中にしか行うことができない。

　したがって，母子生活支援施設では，決まった利用契約期間内で，利用者はどのような支援を求めており，客観的にはどのような支援が必要であるか，何が可能で何が不可能か，利用者やその家族等の状況や施設の特徴，施設のある地域で活用できる資源，利用者が退所する先での資源など，必用なあらゆる情報を精査したうえで，退所＝自立のイメージを利用者と共有できるようなアセスメントを入所後早い時期に行い，状況に応じて変更，更新しながら，退所時にもまとめて退所先地域の支援チームと共有することが求められる。これは，嘱託精神科医や心理職のほか，福祉，保育，教育，身体医，警察，司法，自治体，就労支援機関や職場などあらゆる必要な専門家との協働を通して行われる仕事である。したがって，アセスメントは，心理療法のためだけに行うのではなく，支援全体をどうするかを考えるためのものであり，その一部として心理療法を組み入れる場合には，そのためのアセスメントも加わるということになる。

　心理療法を行うことになったケースでは，施設内の決められた場所で個人や家族で行う場合もあるが，専用に作られた部屋であることは滅多になく，ほかの目的で作られた部屋を兼用している施設が多いようである。しかも，生活の場の中にあり，居室と地続きであるという特殊な構造は，転移関係にさまざまな影響を及ぼす。また「生活場面面接」という枠があり，必用に応

じて，福祉職や心理職が居室に赴いて面接や家事等の生活支援を行う場合も
ある。さらに，施設により，ストレスマネジメントや各種のグループワー
ク*10 が取り入れられているところもある。

　心理療法が必要と見立てられたすべての利用者に対してそれを行う時間は
確保できないことも多い。また可能であっても利用者がそれを希望しなかっ
たり拒否したりする場合もある。その場合は，毎日の生活支援に関わる福祉
職へのコンサルテーションを通した側面支援を中心に行うこととなる。その
ためには，毎月行われているケース会議のなかで，アセスメントを職場全体
で共有したり，他の職員からの質問に直接答えたり，利用者と心理士の面接
の前後の時間の何気ないやり取りのなかで職員へ向けて何か提案してみたり
するなどの方法をとることができる。

　外部機関との連携に専門家としての知見を活かして協力すること，職員へ
の研修やエンパワーに協力することなども業務に必要で，実際多くの時間を
割いているが，そうした部分は本書の趣旨には含まれないので割愛する。

第4節　アセスメントと支援の実際

　母子生活支援施設におけるアセスメントは，前述した心理支援の特徴から，
その目的も，枠組みも，どの職種が（心理職か福祉職か外部の専門家か）誰
に（子ども個人か母親個人か家族全体かその一部か）というのも多種多様で
あり多層的である。したがってアセスメントの情報源も面接室の外，入所以
前の支援機関や入所後の施設内での生活状況，保育園・学校・母親の職場な
どから否応なしにもたらされるし，見直しを迫られるタイミングも多々ある。
その都度，更新したアセスメントは支援チームと共有され，支援方針も柔軟
に変更されていく必要がある。以下はそのような例を挙げながら，さまざま
な情報を活用したアセスメントと支援が実際にどのようになされるか，具体
的にイメージしていただけるように記述したい。

---

*10　たとえば，臨床動作法を用いたストレスマネジメントグループ，SEP 訓練（自尊感情回復プ
　　ログラム），アートセラピーなど（子どもの虹情報研究センター，2014）。

1. 入所前の情報

　施設利用にあたり,担当自治体の母子支援員や一時保護施設,女性センターなどからの事前情報がある。その量や質はさまざまであるが,ジェノグラムや支援につながるまでのおよその経緯,経済状況などのおおよそを知ることができる。しかしそこまでに,心理の専門性のある支援者が関わっていないことも多く,利用者の与える表面的な印象から,支援チームが誤ったイメージを持っている場合も少なくない。

　たとえば,利用者自身,暴力被害についてさまざまな程度の否認や躁的防衛を使っていたり,過剰適応していたりすることによる表面上の適応の良さから,自立が容易であると見積もってある場合がある。こうしたケースでは,暴力から逃れ安心することでかえって急激に抑うつ症状などが発現し『悪くなった』と思われてしまうことがある。

【事例 1】

　A さんは幼児の娘ふたりと共に入所した。堪え性がなく仕事の続かない夫は家にいることが多く,一家の生計は A さんがある企業の管理職として働くことで維持されていた。A さんは日常的に夫から暴言や殴る蹴るの暴力を受けて耐えてきたが,ある日彼女に向けて投げられた花瓶が近くにいた下の娘の顔をかすめ,娘たちへの危険も実感したのをきっかけに,保護を求めて逃げたのであった。仕事で高い評価と収入を得ていた A さんなので,早期に新規就労して退所自立できるだろうと支援者集団は考えていたが,入所後まもなく彼女は深い抑うつ状態となり起き上がれず,家事も育児もままならないばかりか,特に長女が可愛く思えず虐待してしまいそうだと SOS を出したのである。施設の嘱託医の薬物療法を併用して,心理職が週 1 回 50 分の個人心理療法を行うなかで,以下が判明した。A さんは実母からきょうだいのなかでひとりだけかなり酷い虐待を受け,学校でも小中高といじめに遭い続けた。卒業と同時に上京して就職した会社で,初めて人に親切にされ評価されたのが夢のように嬉しく,以来 10 年以上その職場で頑張ってきたのであった。彼女が家を出た後,夫が会社に怒鳴り込むことがあり追及や加害の危険から,そこで働き続けることは不可能となった。A さんにとっ

て唯一の居場所であった職場を失った喪失感は想像を絶するものであり，存在自体を脅かされる恐怖体験で，「戻れないなら死にたい」とまで思いつめた。長女は落ち着きがなくそんなAさんをひどく苛立たせた。心理職は，Aさんとは，それまで誰にも話せなかった幼いころの辛い情緒体験を面接室で共有した。また，洗たく物をたたむのが特に憂うつで困るというAさんの訴えがあったので，面接の時間に，心理職がAさんの居室（生活場面）に入り，子育てなどの悩みを聞きながら，あるいはもっとたわいもない話をしながらその作業を一緒に行ってみた。すると，その時間のなかで，Aさんが実母とあまり体験してこなかった温かい情緒交流を積み重ねることになり，それがAさんの基本的な安心感や健康な自己愛を育むことにつながったように思われた。長女は，衝動コントロールの弱さもあったが，Aさんのネガティブな情緒を受け取って傷ついてもいたので，長女のプレイセラピーも並行して同じ心理職が行った。2年ほどして，それまで怒りや恨みで塗りつぶされていた実母イメージのなかから，忘れられていた温かい情緒を伴った美しい思い出が想起されると同時に，長女を愛おしむ気持ちもあふれるようになった。退所後は新しい職場でよく適応し，長女も学校の部活で活躍するなど，親子3人元気に過ごしている。

　上記のような事例とは逆に，クレーマー的な言動が目立ったり，家事が苦手だったり，子どもへの虐待があるなどして，母親の機能が低く見積もられ，母子分離の可能性を検討されているようなケースでも，心理的な不安の内容や，発達の偏りなどのアセスメントに基づいて支援することで母子の成長発達および社会適応が相当程度よくなることもある。

【事例2】
　Bさんは，入所以前は支援機関の窓口で怒り出し声を荒げることが多い母親で，ひとり娘を虐待していることも公言してはばからなかったので，入所前までの支援チームはパーソナリティの問題を疑い，母子への支援が早期に中断してしまうことを危惧していた。言いたいことが溢れていたBさんの希望で週1回50分の心理職による心理療法を開始すると以下のことがわかった。Bさんは幼いころ実家の貧しさから親戚に養女に出されたが，非常

に有能だったため，養母の自慢の娘となった。養母はBさんを自分の思い
どおりに支配し，装飾品のように扱い周囲に自慢したが，彼女はそれに見事
にこたえてきたばかりでなく，経済的にも施設に入所する直前まで依存され
ていたことがわかった。自分の子ども時代と同じように母親の望みどおり何
でもてきぱきやらない娘に対して，わざと自分を困らせていると思い込んで
その報復として虐待を繰り返していたし，支援機関に対しても同様の迫害感
情を抱き，怒りを爆発させていたのだった。心理職が「Bさんは，まるで養
母の母親であるかのように，甘えられ，おっぱいを吸われ続けてきたようだ」
と伝えると，憑き物が落ちたかのように彼女の周囲への攻撃性は和らいだ。

2. 入所時ガイダンスで家族に直接会って得る情報

　入職当初は，職員からの依頼に応じて対象利用者との個別面接を実施して
いた。しかし，面接開始前にある程度のアセスメントが必要であるという至
極当然の事実を次の事例を経験して思い知らされることになった。

【事例3】
　18年前の勤務初日のことであった。1日の勤務に当初定められた面接枠
の2コマは既に職員の采配により埋まっていた。父親が母親に暴力をふる
うのを目撃し傷ついている姉妹の面接依頼であった。1枠目は小6女子C
ちゃん，2枠目がその姉の高1Dさんであった。妹は可愛い顔立ちであった
が服装は地味で真面目そうな少女だった。母親と姉がいつも喧嘩するので
困っているという主訴だった。その直後に来室した姉は，いかにも苛々した
様子で，ほとんど目を合わせることもなく，いくつかの質問にも無言のまま
で重苦しい時間を過ごして帰った。妹とはその後数回のセッションを共に過
ごしたが，姉は二度と来室しなかった。その後職員から，本当は指導の難し
い姉だけお願いしたかったが，妹が自分も受けたいというので入れたこと，
1日目が終わって，母親が姉妹にカウンセリングがどうだったか聞いた際に，
妹が「すごく楽しかった」というのを聞いた姉が「カウンセラーもCのほ
うが可愛いんだ」と怒ってしまったことを聞いた。すなわち，このケースで
は，心理職に出会う前からすでに母親転移が生じており，妹が母親のお気に
入りのポジションを独占し姉を排除することで，余裕のない母親のなけなし

の愛情を得て安心するという対象関係が，カウンセラーとの間にも持ち込まれたものと考えられた。その結果として，姉妹双方と母親に対して最も必要かつ適切な支援を行うことができなかった。

　この失敗を踏まえて，筆者の勤務する施設では，入所後なるべく早い段階で心理職が家族全員と50分の面接を行うことにした。そこではまず入所後の住み心地や，困ったことや気になることがないかを尋ね，心理援助サービスのラインナップと使い方についてのガイダンスを行う。残り時間は子どもたちに描画，ブロック，粘土など好きな遊びをしてもらい，見守りながら関わってみる。50分のなかで，家族それぞれの個性やお互いの関係性が少し見えてくる。次の回に母親と一対一で50分の面接を行い，前回観察した子どもの魅力や，母親が苦労していそうなポイントなどを推測して伝え共有するとともに（ここで一気に心理職への信頼感が高まることが多い），子ども同席では話せなかった入所に至る事情などを聴きとる。
　この2回のガイダンス面接で得た情報と，入所前の情報，福祉職員からの情報などを総合して，当面，誰が誰にどのような支援を行うことが必要かを考えることができるようになる。そこから母親や子どもの心理療法がすぐに開始されることもあれば，そうでないこともあるが，一度ゆっくり顔を合わせておくと，その後必要に応じてスムーズにつながることができる。

3. アセスメント面接での情報

　心理療法を開始することになれば，原則として標準的なアセスメント面接から始めるが，受けた暴力や虐待が甚大で症状が激しかったり，感情や言葉があふれ出て止まらなかったりするような状況では，まず，安心・安全であるという実感が持て落ち着くまで焦らず時間をかけてお付き合いする。

【事例4】
　父親から母親と本人に激しい暴力と虐待のあったE君のプレイセラピーは当初混迷を極めた。部屋中を落ち着きなく歩き回るかと思えば，遊具を乱暴に扱い，人形をボールとして扱いサッカーや野球を始めたり，心理職に投げつけたりする。電気を消して真っ暗闇の中で心理職を叩いたかと思うと次

の瞬間にはドアを開けて外に飛び出す。終了しぶりも激しくなかなか終われないなどは，児童養護施設や専門相談機関の臨床でもよく経験する状況かもしれない。心理職は非常に緊張を強いられ，へとへとになり，強烈な陰性の逆転移が起きたが，E君が，強固で揺るぎのない枠にしっかりと守られたいのだろうと気づいた。E君にはプレイセラピーと児童精神科医による薬物療法を併用した。並行して同じ心理職が母親にも週1回の面接を行い，主として子どもとの関わり方について一緒に考えることを行った。母親は「この子をまっとうにする」という強い意志があり，父親がしていたような身体的虐待こそ行わなかったが，厳しく叱責することが多く，ベタベタと甘えを求めるE君には冷たくしがちであった。心理職との話し合いを通して，厳しい指導で枠を保障することも，甘えを十分に体験することも，ともに安心・安全を実感する効果があるという理解を共有した母親は，しっかり褒めることや抱きしめることも迷わず行うことができるようになった。退所後は学校でも枠をしっかり提示する指導に徹することをお願いした。E君は無事高校まで卒業し，企業就労して頑張っている。

4. 施設内の母子支援員，少年指導員，保育士からの情報や　外部機関からの情報

　家族が施設での生活を始めると，日々の情報共有や月に一度のケース会議を通して職員からさまざまな情報が得られる。福祉職が対応に困る場面の相談を受けることもある。ケースによっては，学校や保育園の担任からも情報や相談が飛び込んでくる場合がある。これは施設における生活臨床の特徴であり，面接室の中だけでは見えてこない，より多面的で全体的でリアルな対象者像に基づくアセスメントおよび支援が可能となる。

【事例5】
　DVから逃れてきたGさんは，面接室の中で終始「良い子」を演じ，息子F君もどんなに賢く優しい子であるかをさまざまに語り続け，DVによるPTSD症状が軽快し，新規就労先が決まったところで面接はいったん終結となった。しかし，F君は保育園や学校では乱暴であり，持ち物や提出物が揃わないことも心配である旨の連絡が施設に入ってきていた。Gさん自身

も家事をほとんどせず部屋がごみ屋敷化していることや，毎日多量に飲酒していることに職員は気づき心配していたが，それらについて困っているということを，心理職にも福祉職にも決して訴えることはなく，頑なに否認し隠し続けた。ついに学校からF君に医療機関を受診させるようにとの提案を受け，再び面接室に現れたGさんは号泣して学校の無理解や受診させることへの抵抗を訴える一方で母親としての罪悪感も語るなど激しい混乱状態を示し，心理職による心理療法を再開することにした。何度か面接を重ね，F君の医療機関受診とGさんの担当とは別の心理職による施設内プレイセラピーの開始につなげることはできた。再開したGさんの面接では，初期の面接でも話題になった自身の子ども時代の傷つきについてさらに詳細に語られ，辛い情緒体験を共有したが，「良い子」の枠を決して外すことはなかった。過量飲酒やゴミ屋敷問題ついては，心理職もその事実を知っている可能性が否認され，心理職がその話題に触れてはならないという強い暗黙の圧力が漂い，常に核爆弾のスイッチを前にしているかのような緊張感に襲われたし，現実場面でもまったく変化が見られない状況が続いた。F君は，セラピーの中であらゆる種類の不安や恐怖をさまざまに表現し，助けを求め続けた。「このままで大人になって人殺ししたら嫌だ」と自分の攻撃性への恐れを口にし，そうならないためにセラピーも使おうとしているようだった。通っている小学校では，通級学級での指導も開始されることとなった。F君の不安には，母親の問題も強く影響していることは明らかであると考え，心理職が覚悟を決め，母親面接のなかで現実の問題を扱おうと試みた瞬間，母親の強い怒りが生じ，それはその後の45分間を怒りに震えながらじっと沈黙するという形で表現され，セラピストをも強烈に脅かした。Gさんは次の面接で「前回の面接では，先生との間で生まれて初めて『反抗期』をやることができた」と肯定的に枠付けして感謝を述べ，それをもって面接から「卒業」すると宣言し，中断となった。一方F君は退所を目前に控えセラピーが終わってしまうことについて「今までなかったことがないから（セラピーがない生活が）考えられない。これからどこへ相談したらいいんだ」と嘆いた。退所後に通う小学校や子ども家庭支援センターには事情を伝えて支援の継続をお願いし，Gさんには地域の教育相談室でF君のセラピーを継続するようお願いした。Gさんは，おそらくアルコール依存の問題を抱えていると考えられ

たが，この見立ては，生活場面からの情報や，母子に関わる多機関との連携と情報共有なしには見えてこなかった可能性もある。このアセスメントによって，F君への切れ目ない支援が可能となった事例である。

5. 心理検査で得る情報

　発達の遅れや偏り，病理水準などを客観的に評価するため，心理検査を実施したいケースもある。子どもについては就学相談など無料で受けられる機会が多いが，大人の場合，外部での検査はお金と時間のコスト負担が母子家庭には大き過ぎる場合が多い。そこで施設内で，母親向けに必要と希望に応じて心理検査バッテリーを実施するようになった。

【事例6】

　DVから逃げてきたはずのHさんであったが，当初から夫と暮らしていた家に帰ることを強く望み続け，入所前から通っている精神科で投薬を受けながら，週1回50分の心理療法を継続したが，施設の生活にまったく馴染めないまま抑うつを深め，契約期限が近付いても自立の道筋がまったく見えなかった。小学生のI君は幼児期から発達障害の疑いで入所以前から医療機関を受診していたが，施設内学童では迫害的な思い込みによる訴えも多く，Hさんはそれを鵜呑みにして職員や他児を責めることが続いた。I君のほうは，母親担当者とは別の心理職により週1回のプレイセラピーを受けながら，学童担当職員の受容的だが毅然とした指導をよく受け止めた。すると学校での適応や成績も上がり，特別な支援はさほど必要ないと感じられるまでに成長した。Hさんは，自分だけが置いてきぼりのような状況になると，「私にも息子と同じように気持ちをうまく言葉にできないところがある」と，心理検査を受けることを希望したので，心理療法も担当している心理職が実施した。WAIS-Ⅲの結果から著しい偏りのあることが明らかとなり，本人や施設職員，自治体の母子支援員らに共有された。そこからは面接室での心理療法もSST的な，具体的で実際的な形に変更し，見通しを持つことが難しいせいで苦手だった炊事を生活場面で心理職と一緒に練習することも取り入れた。その後Hさんにはようやく笑顔が増え，職員を信頼するようになり，なんとか退所の見通しを立てるための支援ができるようになった。

6. 生活場面に入ることで得られる情報

　利用者の居室はプライベートな生活空間であり，基本的には自治体の福祉担当者と施設内の担当支援員との「自立支援面談」のとき以外に職員が入ることはない。しかし，特別な事情があり利用者が希望する場合には居室におもむいて面談や家事支援を行うことがあり，それは「生活場面面接」という支援区分になっている。たとえば，体調不良や発達障害などの特性により，家事や子どもの世話に著しく支障が出ているときに居室で一緒に行う場合や，子どもが居室内で特に聞き分けがなくどう対応してよいか分からないという母親からの訴えを受けて，居室で介入する場合などがそれにあたる。しかし一度居室に足を踏み入れてみると，そこが情報の坩堝であることに圧倒される。趣味や価値観や生活スタイルはもちろんのこと，においや空気感などが生々しく体感される。面接室での入所時ガイダンスでは分からなかった家族の関係性が露になることもある。

【事例7】

　小学3年生のJちゃんは賢く器用で，入所時ガイダンスで母親のKさんは「親子というより友だちのような関係」と自慢していたが，学童担当の福祉職員はJちゃんが子どもらしくなく良い子過ぎることを心配したため，母子の同意を得て心理職によりJちゃんのプレイセラピーを週1回で継続し，別の心理職がKさんと月1回程度会うことになった。次第に施設内学童でも子どもらしい表情を見せるようになってきたJちゃんだったが，夏休み明けに突然登校しなくなってしまった。学童担当の職員は宿題をやっていなくて提出できないのが原因ではないかと見ていた。Kさんは「Jの机の上が汚い，いくら言っても片付けようとしないからこんなことになる」と文句を言うので，母親担当の心理職が「一度3人で一緒に片付けてみようか」と提案したところ受け入れられたので居室に入ることになった。すると，驚いたことに「友だちのよう」と対等な関わりをアピールしていたにもかかわらず，居室はKさんのひとり暮らしの部屋のようで，その趣味やスタイルの反映された空間でほぼ占められており，Jちゃんのスペースは学習机ひとつ分しかなかったのだ。机上には教科書やノートやプリントの他，ランドセ

232

ルに体操着袋に玩具や漫画など衣類以外のすべてが積み上がっていて，片付けようにも収納するスペースがないのだった。まるでJちゃんなどこの家にはいない，という雰囲気なのである。「これはちょっとさすがのJちゃんでも難しいかも〜」とプレイフルな雰囲気でKさんに伝えると，Kさんはペロッと舌を出し，「うふふ，そうかな?」と悪びれずに答えた。とりあえず，カラーボックス2個を用意してもらう約束をして，紙袋などを使ってそこに収納する準備を3人で行い，50分のセッション中に学習机は綺麗に片付けられた。Jちゃんはその翌日から何事もなかったかのように明るい表情で元気に登校を再開した。すると今度は，Kさんから「Jがひどく反抗的で全然いうことを聞かない」という訴えが起きた。「私が一所懸命料理しても『不味い』と言って食べない」というのである。そこで今度は夕食時に居室に行って様子を見てみることにした。食卓には温かく具沢山なミネストローネが用意されていた。心理職が「野菜たっぷりで美味しそうね」と言うと，Jちゃんは「こんな不味いもの食べられっこない!」と言い放ち，Kさんの表情は一瞬にして険しくなり，居室の空気は凍り付いた。心理職が緊張しながら「どんなふうに不味いのかな」と尋ねると驚いたことにJちゃんは「辛すぎる!」と言った。またしてもKさんは悪びれずに「私辛いのが大好きだからタバスコをドバドバ入れちゃうんだよね」と微笑んだ。心理職は「そうか，こんなに美味しそうなのに辛すぎて食べられないのは残念だね。お母さん，今度作るときはお鍋にタバスコは入れないで，盛り付けた後でお母さんの分だけドバドバ入れましょうか」と提案するとKさんは「あ，その手があったか。次はそうします」と素直に従い，Jちゃんも笑顔を見せた。これらのエピソードは，KさんがJちゃんに対し強いネガティブな気持ちと攻撃性を向けていて，ネグレクト状態であることを示していた。そのことが治療者に伝わり状況が変化した体験がJちゃんの力になったと考えられる。その後Kさんの面接では，Jちゃんの祖母（Kさんの実母）がJちゃんばかり可愛がり自分にひどく冷たいことが激しい気持ちとともに語られたのだった。

7. 退所時の申し送り

　退所までに，特別な支援を受ける必要がない程度に自立を達成する家族もあるが，さらに支援チームの協力を継続していくことが必要になるケースも

少なくない。そうした場合には，退所先の支援機関に，文書や電話で，あるいは先方に赴いて，これまでの支援の経過と現在の心理状態に関する心理職のアセスメント情報と今後必要と考えられる支援について，申し送ることがある。

【事例8】

5.の心理検査の項で登場したHさんとI君親子が1年の利用延長を経て退所となった。Hさんもようやく元の家に戻れないことを受け入れ，新天地への転居が決まった。Hさんは一見すると大人しく素直で理解もよさそうに見えるが，話したことを記憶に留めることが難しく，主観的に歪めて理解してしまうこともあるために，これまでは，関わる人々から次第に違和感を持たれるようになり，やがてトラブルに発展しお互いに陰性感情が強まり修復が難しくなってしまうということが繰り返されてきた。転居先では長く落ち着いて暮らすことが望まれるので，そのようなことを防ぐためにも，支援チームでこれまでの支援の経過や今後必要なことを共有しておくことにした。I君が通う予定の小学校で支援会議を開き，新旧の支援チームで上記のような心理アセスメント情報も共有し支援方針を確認し合った。その後親子はその土地で穏やかに暮らし，アフターケア訪問でも幸せそうな笑顔で迎えてくれた。

第5節　おわりに

ここまで見てきたように，母子生活支援施設における心理支援は，かなりソーシャルワークに近い[11]側面が大きく，アセスメントも，心理面だけでなく，環境や経済的状況も含めた総合的なものである必要がある。福祉や保育，教育，法律などの多職種との協働は欠かせない。母子生活支援施設は治療ではなく自立を目的とする契約期間の限定された短期入所施設であるか

---

[11]　心理的側面のみならず，生活上の諸問題の具体的な支援も行うことが利用者の安定や成長発達によりよく寄与すると考えられることがある。たとえば，生活場面での家事支援や，外部の関係機関との連絡調整，調停や裁判に使う報告書や意見書の作成など多岐にわたる。心理力動などの知見を活かしたそれは，福祉職のワーカーが行うそれとの意味や効果，役割の違いがあることをチームで共有し分担することにも意義があると考えている。

ら，構造化された心理療法を施設内で実施することのできない母子も多い。

　しかし，そういった場合でも心理の視点，とりわけ精神分析的オリエンテーションによる力動理解は，その屋台骨を支えるものとしてよく機能すると考えられる。生活支援や学童の小集団指導の場面で，心理力動的な見立てを活かし，利用者にとって安心安全で有効な支援を，心理職自身が行うことも有効であるし，福祉職が行う場合の側面支援としてコンサルテーションに活用できる。たとえば，アリシア・リーバーマン（Lieberman et al., 2015）のいうように，転移は，面接室以外のあらゆる場所で起きていると考えられ，施設内での人間関係のなかでも当然起こっている。そのため，母親や子どもたちと関わるなかで，福祉職にとっては不可解であるとか理不尽だと感じるような状況について相談を受けたときに，起きていると考えられる転移状況についてわかりやすく解説することで，腑に落ち，落ち着いて関わることができるようになることは多い。後者の仕事は，職員全体に心理支援の考え方や方法論を理解してもらえると同時に，彼らが日常的に，複雑で重篤な心理的課題を抱える利用者たちに関わるなかで感じる不安や疲労や無力感を減ずることにもつながる。ダイナミックでクリエイティブな現場であることは間違いない。

　しかしその反面，構造が不安定で柔軟な対応が求められるとき，心理専門職として適切に機能できているのか，どこまで踏み込んだり引いたりするべきなのか，生活支援や支持的な変法を導入することが心理療法や家族の機能にどのような影響を及ぼすのか，といった疑問や不安と常に向き合うことになるし，心理臨床家としてのアイデンティティすら揺らいでしまうことになる危険性と隣り合わせであるともいえる。

　加えて，福祉の現場の待遇は恵まれているとはいえない。スーパービジョンなどを受けたくても，時間的経済的に余裕がない現実も考えられる。

　今後ニーズがますます大きくなると推測される福祉領域で，心理支援に関わる人間がよく機能できるような待遇やシステムの改善が望まれる。

　ところで，子どもの虐待が社会問題となり久しく，哀しい事件の報道も後を絶たない。虐待死事件の背景にはDVにより抵抗できない母親の存在があることも注目されるようになってきた。一方で虐待に対応する児童相談所と専門職員の数の不足や，児童養護施設の空きがない現状も問題となり，それ

らの数を増やすなどの施策も進められつつある。しかし，命を守るなどの必要に迫られてとはいえ，親子分離は親子双方を傷つける。残念ながら，再統合した後に事件が起きてしまうケースも報道されている。それはおそらく，かつて虐待を受けるなどして傷ついた子どもであった親たちの，その傷つきをケアするシステムが確立できていないことも影響しているのではないだろうか。子どものケアのみならず，親たちの心の奥底に取り残された傷ついた子どもの部分のケアを試みることができるのが母子生活支援施設である。こうした支援は，分離−再統合によって起きてしまう虐待の再発や，暴力の，世代間や，学校や社会で身近なより弱いものに向けられる連鎖を断つことにも貢献できるのではないだろうか。

　もう一点，今どうしてもアセスメントについてふれておきたいことがある。それは 2012 年，両親の離婚時に，別居親と子どもの面会交流についての取り決めをしなければならないことが法律に明文化され，共同親権の考え方が広まってきたことにまつわることについてである。そのこと自体は，一般的には子どもの福祉に寄与するので賛成である。別居親が子どもの養育に責任を持って関与するためにも，子どもが両親双方に見捨てられていない，愛されているということを実感するためにも必要なことである。しかし，DV や虐待の加害者である親についても，一律に何の義務も課されず，その権利だけが主張され尊重されている現状については，どうしても賛成できない。欧米ではそうしたケースの場合，加害者に少なくとも 1 年にわたり 50 回以上の再教育プログラムに参加することなどを義務付けているところもあるのだが，日本に輸入された際にどうしたわけかその部分は無視されてしまった。おそらくその理由のひとつには DV や虐待を訴えられた相手方がそのことを認めない，ということがあるだろう。

　実際に「冤罪」であるとか訴えた相手の「頭がおかしい」などと主張する向きも多く聞かれるし，その一部はそのとおりなのかもしれない。しかしそうであるならばなおさら，そこに専門家によるアセスメントが不可欠なのではなかろうか。

　どちらが正しいかを裁定するのではなく，相互関係においてどのような力動が働き，お互いがその状況をどのように理解し受け止めているのか，客観的できめ細かなアセスメントができる専門家が裁判所などの現場で活躍でき

るシステムが必要である。できることならそのアセスメントを通して，両親がお互いに向けていた誤解や怒りをゆるめ，少しでも穏やかな関係を再構築できることが望ましい。それは，とりもなおさず子どもたちの幸福に直結することになると考えられる。しかし実際には無条件の面会交流の強制によって混乱し傷ついている親子は多いし，なかには致命的な心的外傷を負った事例や，仕事や学校へ行けなくなるなどして生活が破綻してしまうような事例もある。面会交流時に子どもが殺害されてしまう事件も起きてしまった。加害者との面会交流が子どもにどういった影響を及ぼすのか，あるいは加害者の心理はいったいどのような状態であり，どのような支援が暴力の抑止に繋がるのか，それらのメカニズムをわれわれはもっともっと研究し世に訴え，特に加害者支援の必要性を周知していくことに貢献していかねばならないと考えている。

　母子生活支援施設において，限られた利用期間のなかで，十分なワークスルーを経てパーソナリティの変化が起きるような個人心理療法を提供することができるケースは多くない。しかし，心理療法を体験することで，親子双方に，退所後も助けが欲しいときに心理療法を利用するという選択肢があることを知ることができるのは，意義あることと思われる。

　「真の『自立』とは，必用なときに必要な助けを求めることができるようになることである」といわれている。すべての利用者が，退所までにその意味での「自立」を果たせるような支援をどのようにしていけるのか，そのために心理アセスメントを活用することが，母子生活支援施設の心理職の仕事のすべてであるといえるかもしれない。

［文献］

子どもの虹情報研究センター（2014）．平成 26 年度研究報告書　母子生活支援施設における母子臨床についての研究　第 2 報――臨床実践に関するヒアリング調査．［http://www.crc-japan.net/contents/guidance/pdf_data/H26rinsho.pdf］（2019 年 9 月アクセス）

厚生労働省（2019）．資料集　社会的養護の推進に向けて（平成 31 年 4 月）．［https://www.mhlw.go.jp/stf/seisakunitsuite/bunya/kodomo/kodomo_kosodate/syakaiteki_yougo/index.html］（2019 年 9 日アクセス）

Lieberman, A. F., Ippen, C. G., & Van Horn, P. (2015). *Don't hit my mommy! A manual for child-parent psychotherapy with young children exposed to violence and other trauma. 2nd edition.* 渡辺久子（監訳）(2016). 虐待・DV・トラウマにさらされた親子への支援——子ども-親心理療法. 日本評論社.

社会福祉協議会ホームページ．〔https://www.shakyo.or.jp/〕（2019 年 9 月アクセス）

つながりの萌芽を見出すこと

【小野和海】

1. 事例の概要

開始時：母親：40代前半　ケンタ（仮名）：8歳

　ケンタの母親は東南アジア出身で慢性的な貧困から抜け出すために来日し，夜の店で働くなかで客として出会った父親と結婚した。しかし，結婚当初から父親の母親への理不尽な暴言や暴力は激しかった。それは生後間もないケンタへも向けられたが，母親は十分にケンタへ関心を持つことができず，夕方から朝方まで仕事に行くと，その間は定職につかない父親とケンタはふたりきりとなった。

　数年を経ても状況は変わらず，母親はケンタを父親から一時的に離すためにと3歳になったばかりのケンタのみを異国の実家へと預けた。しかし，詳細は不明だが，ケンタの体重が半減する事態に陥り，肺炎も併発したため1年ほどで急遽日本へと戻された。体重は回復したが，両親のケンタへの関わりに変化は生まれなかった。

　ケンタが6歳のときに父親から鈍器で頭を殴られ緊急搬送されたことや継続する父親から母親への暴力，および知人の強い勧めなどを経て，ようやく母親が警察に相談し，ケンタと母親は保護された。ケンタは一時保護所を経て，児童養護施設へと入所となった。2年ほどの離婚調停を経て，親権が母親へ移ると，母親はケンタを引き取り，母子生活支援施設にて生活を始めた。

　それまでケンタに対して関心の薄かった母親は，関わりを持とうとしたが，それは刹那的で，一貫性に乏しいものだった。すると，それまで従順で大人しかったケンタは統制を失い，暴言暴力などの対人関係上のトラブルを施設内で起こすようになった。さらに，小学校入学後は同級生のものを隠す，盗むといった行動も出現。物理的な整理もできず，ケンタの机やその周囲は，あらゆるものが散乱する状態となった。施設入所半年後，ケンタの言動を理

解できず対応に苦慮する職員らの希望もあり，プレイセラピーが導入された。

　導入前，母親を担当する別のセラピストにより，ケンタのプレイセラピーの必要性とその内容の説明が母親へなされた。母親は協力的ではあるものの，受け取りは楽観的で，その理解は十分とはいえなかった。

　プレイセラピーは，施設内（利用者の住居も含む）に設置されたプレイルームで頻度は週1回，時間は50分間。プレイルームは10畳ほどで，箱庭やそのアイテムといった共用のものと，筆記用具や自由帳などが入った個人ボックスとレゴボックスが各児童に専用として提供される。なお，筆者は週に1日勤務し，プレイセラピーと職員へのコンサルテーションを担当する非常勤職員である。

【第1回——出会い】

　初回，予定していた開始時間になってもケンタは現れなかった。私はケンタが抱えているであろうプレイセラピーへの躊躇や恐怖，抵抗などを想像してみたが，気が付くと，それらは感覚レベルの重苦しさや息苦しさに取って代わっていた。

　私が職員へ確認すると，10分ほどでケンタは職員に連れられ姿を現した。細身で肌は浅黒く，表情なく呆然と立ちすくむケンタがそこにいた。私は，プレイルームに誘導し，ごく簡単な自己紹介をすませ，自分自身が今，ここにいることをどのように理解しているのか尋ねると，ケンタは，「何も知らない」とだけ抑揚のない声でつぶやくのだった。

　どこかで見た……そのとき，私には既視感のようなものが惹起された。それは，紛争地の子どもで，唐突にすべてを奪われ，崩壊した家屋から“救出”という名目で眩い光の下へと引きずり出された瞬間を切り取った写真だった。その子どもは自身が助け出されたことはおろか，何が起こっているのかも分からず，無力感に圧倒され，小刻みに震えているように思えたのだが，まさにその姿と眼差しが目の前のケンタと重なって見えたのだ。

　私の促しによってソファに座ったケンタにプレイセラピーの設定について，ゆっくりと伝えていく。たとえば，そこには私が，こころについて考える専門家であることが含まれるが，ケンタは小さく首をかしげながらも自身の胸を指さし，こころというものの存在を想定することが可能なように私に

は感じられた。

　設定の説明後も依然としてケンタは身動きが取れず，沈黙とともに充満していく重苦しさにケンタは指示を求めるように私を見つめた。私が，再度，自由であることを促すと，ケンタは躊躇しながらも立ち上がり，さまざまなアイテムが並ぶ棚へと向かった。そして，その中のいくつかを選ぶと，私とケンタの間に設置されたテーブルに黙々と置いていくのだが，ケンタから生気は感じられず，音のない，時が止まったような空間で形作られていく内的世界に私は不気味さを抱いた。

　まず，トラやクマといった大型動物が円を描くように，そして，その中心に人間を１体置く。私は思わず，肉食動物に人間が貪り食われる残虐なシーンを想起し恐怖を抱くが，しばらくするとケンタは抑揚なく，「餌をあげてる」とつぶやいた。私は，飼育員による餌やりを想像することで，自身の恐怖を打ち消せたことに，ほんの一瞬，胸をなでおろした。しかし，実際にはケンタが何を餌と想定しているのか分からず，その分からなさに私が戸惑うなか，ケンタの内的世界はガラガラと崩れるかのように急激にまとまりを失っていった。

　ケンタは新たにクジラを親子のように並べるが，それらには大量のカエルがへばりつく。その隣ではゾウが死んだように横たわり，ゴリラは大量の蛇を貪り食い，その脇に軍用機が設置され，墓には人が遺体のように置かれた。何羽もの鳥たちが高みの見物を決め込むが，そこに恐竜が乱入し，もろとも崩れ落ちるといったものだった。それはあまりに断片的で，漠然とした恐怖や不気味さのようなものだけが私のなかで増幅し，表情なく，淡々と取り組むケンタの様子が，さらにそれらをあおっていく。

　しかし，徐々にではあるが，それまでの無音状態から，プレイルームに設置された掛け時計の秒針の音や，ケンタがアイテムを置く音が私には聞こえるようになっていく。すると，ケンタが時折，手を止め，私をじっと見つめるシークエンスがあることにも気がつくようになった。私は，その無言の眼差しから，私によって自分自身の何を，"知られてしまう"のか分からない恐怖や不安と，そのさらに奥に"知ってもらえる"ことへのほんのわずかな期待の萌芽を感じ取った。

　私は，ケンタの断片的な表現につながりを見出そうと，「この戦車の上に

あるビー玉は何かな」などと触れるが，ケンタは「……たま」などと，ぼそりとつぶやき，押し黙った。ケンタは何かを表現しているようなのだが，私は皆目見当がつかず，依然として恐怖や不気味さだけが私に感覚的に伝わってくるだけだった。

　そして，ケンタは終了時間を守るように自らソファに腰を下ろした。私はテーブルの上にあふれかえるアイテムの山にケンタの内的世界を重ねながら，「これはあなたの心の中なのかもしれない。あふれそうなくらい，分からないことがたくさんあるみたい」と伝えるが，私の言葉はケンタにはまるで届いてはいないかのようだった。それはやはり，紛争地にて救出されながらも，あらゆる感覚が麻痺したまま呆然と立ちすくむ少年のようだった。そして，そのこころは断片的な状態でなんとか存在しているものの，そこには情緒が付与されず，感覚レベルにとどまっているかのように思えた。終了時間となり，私が次回の日程を伝えると，ケンタは小さくうなずき，すっと姿を消すかのように無言のまま退室していった。

【第2回】

　開始前，ケンタがプレイセラピーに強い抵抗を示していると職員から報告を受ける。ケンタは，「嫌だ」とただ拒むのみで理由は語らないようだが，その一方で，相変わらず楽観的な母親に私は違和感を抱いた。

　時間通りに来室し，やや強引に母親によってプレイルームへ入れられるとケンタは，その場に立ちすくんだ。母親は片言の日本語でケンタが20分で帰りたいと言っていると告げ，そそくさと居室へと戻っていく。

　入室したものの，押し黙り，固まったままのケンタからは，緊張や不安，戸惑いや恐怖の存在がうかがえた。私は，来室のしづらさとして触れるが，ケンタは絞り出すように，「それはない」と否定したが，さりとて他に何かがあるようには思えなかった。

　その後も時間をかけてプレイセラピーという取り組みへの戸惑いや見通しの効かなさなどに私は触れていくが，ケンタは同意しないか，聞き流すことを繰り返した。しかし，しばらくすると唐突に，「ここに来るまでの道が暗くて嫌だった」とケンタは自ら言葉を発した。それは具象的でいながら内的世界を捉えているものと私は感じた。ケンタの語る道とは，居室のある3

階から１階のプレイルームまでの薄暗い階段を指しているようだったが，それはさながら内的世界への，そして無意識へのストロークのように私には思えたのだ。その点では，プレイセラピーが自身の内部の深淵に触れるものとケンタが体感していることも，この抵抗は示しているように感じられた。

　しかし，その後もケンタはソファに座ったまま，微動だにせず，かすかに聞こえる掛け時計の秒針の音だけが時間の流れを知らせていた。私は，その背後にあるであろう緊張や不安などにも触れるが反応はなく，プレイルームはすぐに静まり返った。私は，沈黙の重要性を抱きつつもケンタがそれに圧倒され，中断に至ることも想像できたことから，躊躇しつつも介入を試みることとした。

　まず，好きなものを尋ねてみたのだが，「……なにもない」と取り付く島もないような返答に私は困惑した。しかし，しばらくすると不意に「図工が好き」であるとケンタはつぶやく。創造的な回答ではあったが，好きであるはずのそれは，「まだ作っていない」と未だ手つかずの状態だった。

　そして，再び沈黙が生じる。それを避けるように，私は嫌いなものについても尋ねたが，やはり回答は「……ない」とすぐに沈黙に吸収される。だが，しばらくすると，「蹴られること」とケンタはつぶやいた。そこで私が過去の暴力について触れるとケンタは同意し，「２歳のときに蹴られた」と説明するものの，それ以上は語ろうとはしない。また，かつての両親の喧嘩や児童養護施設での生活などに関しても自ら話題にしながらも，「分からない」，「忘れた」などと，その中身は取り扱える状態にはないようだった。

　だが，初回に続き，このやり取りの間にも，ケンタが私をじっと見つめ続けることが何度かあった。互いにじっと見つめ合うなか，その眼差しは私を自身の内面を探る得体のしれないモノとして体験しているだけではなく，得体の知れないモノを抱える自分自身を私の瞳の中に見出し，それと対峙することへの恐怖があるようにも想像した。

　そこで私は，「私が信じることのできる人なのかどうかも分からないから怖かったり，心配だったり，信じられなかったりするんじゃないかな」と触れ，ケンタは反射的に頷いてみせたが，どれほど私の言葉が響いているかはつかめなかった。

　そして，残りの時間を意識し始めながらも，ケンタは無言のままブロック

を用いて，サッカー場にキーパーとそこにボールを蹴り込む人を作ってみせた。それは，十分な相互交流には至らないまでも，わずかではあるが，ケンタにとって私が受け止める人として存在しているようにも思えた。しかし，ケンタは，隠すようにサッカー場を木々で囲い，それはさながら施設内に併設されたプレイルームそのものだった。

そして終了時間が迫るなかで，新たに取り出した紙を青く色鉛筆で塗ると，「海」とケンタはつぶやいた。そこからは，何かを生み出そうとするケンタの心の健康さのかけらのようなものが，わずかではあるが垣間見れたように感じられた。

【長い沈黙】

しかし，第3回目となるセッション前にケンタは居室で，「セラピーに行きたくない」と泣きわめき，母親や職員が何度か働きかけるものの，あまりの抵抗，拒絶ぶりにプレイセラピーはキャンセルせざるをえなくなった。母親によると，プレイセラピーに行くたびにケンタの好きなものを購入してもよいという内々にしていた約束を母親が突如，取り下げたことにケンタが反応したのではないかということだった。だが，聞く限りにおいてケンタの様子は，それとは釣り合いのとれぬもので，治療への反応と考える方が自然であった。そこから1カ月間，ケンタはプレイルームに姿を見せなかった。

私は，毎週，時間通りにケンタを待ち，来室しないことを確認し，居室への連絡を職員に依頼する。職員が連絡すると，電話口からはプレイセラピーを拒み騒ぎ立てるケンタとそれを目の当たりにして次第に辟易し，トーンダウンしていく母親の声があり，キャンセル以外の選択肢が消滅すると，私は終了時間までプレイルームに取り残された。私は，いつケンタが訪れてもいいように身構えながらも，抵抗を示すケンタが抱いているであろう恐怖や不安，不信などに思いをはせ，時間を過ごしていた。しかし，キャンセルが繰り返されるたびに，その感覚は次第に麻痺し，考えるという行為を手放すと，毎回のそれは一連の流れ作業のように常態化し，私は自身がプレイルームで漫然と過ごしていることも見失いかけていた。

【第3回】

　1カ月が過ぎたあるセッション，私は，このまま中断になってしまうのではとわずかに焦りながらも，"どうせ無理だろう"といった漠然とした無力感に飲み込まれ，予定時間を大幅に過ぎても職員に居室への連絡を依頼することそのものを失念していた。しかし，15分が過ぎた頃だろうか，唐突にプレイルームの扉が開くと，そこにはケンタと母親の姿があった。

　呆然と立ちすくむケンタのすぐ後ろで母親は，「今日で最後って，ケンタには言ってる」と私にささやきながら，小さく×とジェスチャーをすると居室へと戻っていく。明らかな嘘だったが，それはケンタにも筒抜けだった。

　なんとか入室し，自らソファに座ったケンタに久しぶりであると触れるが，ケンタはやや緊張った表情のまま黙り続けた。緊張感が徐々に高まるなか，私はプレイセラピーへの抵抗感について，「プレイセラピーに行くことが，とても怖いと思って行きたくないと思うかな」などと触れていった。すると，何度目かの私の言葉に小さくうなずくと，「くること」とケンタはつぶやくように言葉を発した。その瞬間，私は，"くること"が嫌だとケンタが抵抗感を表明したのだという感覚を抱いたが，その理解が妥当であるのか見失うほど，ケンタの真意がつかめないでいた。だが，ここで，"くること"をさらに掘り下げてもケンタからの反応がないのは明らかで，さりとて，ケンタと私との間で何か手ごたえのある交流がなければ，プレイセラピーそのものが立ち消えるような感覚も抱き，困惑した。

　沈黙がプレイルームの音を奪い，ふたりの間には掛け時計の秒針の音しかないかのようだった。だが，私はここで迫りくる中断に怯えるのではなく，改めて私としての姿勢や思いを伝える以外に方法はないのではないかという考えに至ると，焦りに代わってわずかに余裕が生まれてくるのを感じた。

　私は沈黙のなかで少しずつ形作られた言葉をケンタに伝えていく。ケンタは友人などとの対人交流で困難さを抱えていること，それは時に暴言や暴力という形にもなるが，その多くはケンタ自身もどうすればいいのか分からない状態であること。そこには，やはりケンタのこころが関係していると私は考えており，ケンタが自分のこころを知っていくことが大切な作業になること。しかし，それはひとりでは辛く困難なため，私と一緒にもう一度やっていきたいと思っているということだった。

私の言葉にケンタは反応することはなく，その乏しい表情からも何かを読み取ることは難しかった。しかし，ケンタは私の言葉を受けて，個人ボックスから色紙セットを取り出すと，何十枚とあるさまざまな色を一枚ずつ確認し始めたのだ。それは，答えのない答えを懸命に探しているかのようで，最終的にはあきらめてしまうのだった。私は，それを目の当たりにし，ケンタは自分自身の色，"こころ" を探しているのではないかという考えを抱いた。

　さらにケンタは新たに個人ボックスからカレンダーも取り出し，当月を開くと，何かを確認し始めたのだ。私は，ケンタが今日の日付を探しているのではないかと思い，触れると，ケンタはしばらく考えながらも，そっと今日を指さしたのだった。それは，初めてケンタと私が，"いまここ" を共有した瞬間でもあるように感じた。

　さらにケンタはレゴブロックにも手を伸ばす。はじめはレゴボックスに記載された見本の模倣だったが，それを手放し，オリジナルの車を作ると運転手を探し出した。しかし，見つけ出した人形の腕がはずれていることに気がつくと，小さな腕も見つけ出し，懸命に修復を試みた。しかし，うまくはめることができないとケンタは途方に暮れたように固まってしまう。ケンタは固まったまま，私に助けを求めることはなかったが，ここは私が主体性を発揮し，つなげることが，今後のケンタのつながる体験に必要ではないかとの思いを抱いた。そこで，私から，「私ならできるかもしれない」とケンタから人形とその腕を受け取り，結合し再び渡した。ケンタは小さな声で「ありがとうございます」とつぶやくと自身が作った車に乗せた。そして，終了までケンタは家を作り，途中までのそれを名残惜しそうに見つめながら退室した。

　終了後に分かったことだが，この日，職員から居室への連絡がないことに気づいたのは他でもないケンタだった。職員からの連絡がないことで，プレイセラピーが無くなってしまったのかと母親に確認をとっていたのだ。ここで私は改めてケンタのこころには，姿を見せない1カ月の間もプレイセラピーが存在していたということに驚かされた。なお，このセッションを契機にケンタはプレイセラピーを拒むことはなくなった。

2. 見立て

　ただただ呆然と立ちすくむケンタから唐突にあふれる表現は不連続で混沌としたものだった。ケンタのこころは，断片的な状態にあり，麻痺のような無自覚な様子を，筆者は紛争地の子どもを重ねて体験していた。

　その一方で，可能性も見出すことができた。何よりもケンタは，自身の胸を指さすなど，こころという存在を想定することがおぼろげながら可能であり，そのこころがプレイセラピーにおいて突き動かされることも感じているようだった。それゆえ，1カ月ものキャンセルという抵抗が生じたが，その間もケンタがプレイセラピーをこころに保持していたことは，自らプレイセラピーがなくなってしまったのかと母親に尋ねていたことからも明らかだった。また，色紙を1枚ずつ探すように見つめるといった行為も探求心の萌芽であり，なによりも，ケンタの「何も知らない」というつぶやきは，「何かを知っていた」ことや「何かを知ろうとしている」ことを基盤として成り立つ言葉のようにも考えられた。

　しかし，「何も知らない」断片的なこころの状態であること自体が，ケンタの唯一の延命術でもあるようだった。その投影を受けることで，筆者は目の前のケンタではない，異国の紛争地の子どもを想起することにつながり，ケンタも1カ月間，プレイルームから遠ざかることにつながったのかもしれない。異国ではないプレイルームで，他でもないケンタと筆者が交流し，知ることを巡って，得体の知れないモノという真実やさまざまな情緒と遭遇し，体験を積み重ねていくことが，ケンタのこころの成長には必要ではないかと考えられた。

子どもの心理療法を促進する
母親支援の提案

【代　裕子】

1. 極めて特殊かつ複雑な構造下のアセスメント

　アセスメント事例を拝読し，まずは同じフィールドで働く仲間として大変心強く感じた。そして重篤な外傷を多数体験し，関わるのが非常に困難なケースであるケンタを，なんとかセラピーに乗せることのできた小野氏の丁寧な仕事に敬服した。また，筆者自身の臨床実践について改めて問い直し学ぶ機会となったことに感謝申し上げたい。

　このケースは，事前情報も含めて，非常に衝撃的で圧倒的な事実や謎が次々に湧き出してくるかのようで，まさに「あふれそうなくらい，分からないことがたくさんある」（第1回，セラピストの最後の言葉）と筆者も感じ，気持ちが大きく揺れ動くのを禁じえなかった。しかし，施設臨床の現場では，このように複雑で重篤な外傷体験を経て入所してきているケースが珍しくないことも事実である。まさに「小説よりも奇」であり，新規の入所者を迎えるたびに新たな衝撃に圧倒されながら，われわれはそれに持ちこたえ，彼らと共に歩む覚悟を，施設職員全員と共に新たにせねばならないのである。

　以下，いくつかの質問も含めて，同じ現場での経験からコメントさせていただく。スタンダードなセラピーのセオリーからは外れる観点もある。それは，この現場が専門相談機関や児童養護施設などに比べると短い利用期間（2～3年で退所しなければならない場合が多い）のなかでしか関われないことや，生活の場での臨床であり，母親やきょうだい，施設職員らとの現実的な関わりも見聞きし，場合によってはそうした周囲への介入も可能な現場であることによるとご理解いただきたい。それがよいかどうかは，筆者にもまだはっきりと分かってはいない。ただ，自分の知識と経験の範囲では，そのようにすることしか思いつかず，そうすることが最善であり，そのようにすることが利用者に対して最も誠実であると感じるのである。みなさんから，もっ

とスマートで理論的なご意見を頂けるのを期待してやまないことを申し添えて本論に入りたい。

2.「今，ここ」の体験と生育歴を照合すること

　まず，ケンタ本人のことについて。「それまで従順で大人しかった」とあるが，児童養護施設での2年間もそうだったのかどうか。そこではセラピーは行われなかったのだろうか。小学校でも盗む，隠すなどしているが，保育園等での問題行動の情報はないので，おそらく保育士などの専門家に出会うこともなく，自宅で過ごしていたのだろう。もしそうなら，ケンタ親子は母子生活支援施設に来て初めて，暴力を受ける心配のない健康な他者と出会い，自分を表現する決意をしたと考えられる。ケンタの自己治癒の試みは，セラピー開始前にすでに動き出していたようだ。

　セラピストが，ケンタを「紛争地の子どもで，唐突にすべてを奪われ，崩壊した家屋から"救出"という名目でまばゆい光の下へと引きずり出された瞬間を切り取った写真」と重ねて感じたことは，読み手の私にも鮮烈な映像として浮かび上がる。そしてそれは，ケンタに「奪われた」なんらかの確かな体験があったことを示唆する。つまりケンタは，ウィニコット（Winnicott, D. W.）のいう「剥奪児」なのかもしれないということであり，それはすなわち回復への「希望がある」ということにつながる。学校で隠したり盗んだりする症状があることも，その証拠といえそうだ。それは，彼が「こころ」と聞いて指さした胸の奥の記憶ともつながるかもしれない。初回の「くじらの親子」にそのような希望を見てとることもできるだろう。

　では，その「確かな体験」はどこにあったのか。児童養護施設でのケアもなんらかの補強になった可能性は高いが，「剥奪児」で，それ以前の乳児期にもなんらかの愛着対象があったとすればそれはどんな体験であっただろうか。母親とだろうか。父親とだろうか。あるいは他の誰かが世話をしてくれたことがあったのだろうか。母親にそのようなことが果たしてできただろうか。ケンタは母親の実家で体重が半減しているが，それはそこでネグレクトされていたからなのか。そして母親自身も乳幼児期に実家でネグレクトされていたのだとすれば，母親との愛着関係を体験することは難しかったかもしれない。しかし，母親から剥奪されたための抑うつないしは絶望により拒食

状態だったと考えれば，母親との愛着関係があったことになる。母親を担当する別のセラピストがいるということなので，そのあたりは確かめておきたいところである。母親担当者との定期的な情報交換は当然なされていると思うが，それは非常に重要なことと考えられる。

3. 子どものセラピーを支える構造としての母親機能の アセスメントと支援

　さて，ここで，小野氏のセラピーの助けとなるための母親セラピストの役割について考えたい。母親はケンタのセラピーの必要性についての理解が確かでないようだが，それは何故なのか。部屋ではケンタはいまだに従順で大人しく，問題性を感じていないのだろうか。ケンタは母親に見捨てられるのが怖くて大人しくしているのだろうか。施設内や学校でケンタが問題を起こしていることを，母親はどのように考えているのか。母親が母子生活支援施設入所後にケンタと関わりを持とうとしたのは，主体的な要求だったのか，施設の支援員の助言を受けてしぶしぶそうしただけなのか。言葉の壁を越えて，気持ちの細かいニュアンスまで共有することは非常に難しい場合が多いが，これらはできるだけ細かく聞き取っておきたいところである。外国籍の母親の場合，子育て文化の違いや，信仰する宗教があればその思想や習慣についても理解し尊重する必要があるし，日本の子育て文化や学校システム，保護者としての常識について伝え，理解を求め，うまく溶け込めるよう支援することも重要になってくる。これらを治療的な面接と並行して行うことが子どものセラピーの促進にもつながるからである。

　前段で述べた，乳幼児期の母親との愛着関係があったということが面接の中で判明すれば，その重要性と，その基盤があればこそ，今後のケンタの成長に希望があるのだということを母親にしっかり伝えたい。それは，母親自身の母親としての意識を高め，母子の絆を強くし，「刹那的で一貫性のない」関わりをいくばくかでも改善する可能性がある。もし，そうした愛着関係があったという証拠が見いだせなかった場合でも，筆者なら「ケンタにとって，そういう温かく美しい記憶をきっとあなたは与えていたはずだ。そうでなければケンタがプレイセラピーでこれだけよい仕事ができるはずもない。あなたはもっとそのことを誇りに思い，今からもっとケンタとそうした時間を

作ってほしい。あなたならそれができるはずだと私は信じている」というような内容を伝えるかもしれない。もちろん、そうした介入を受け入れる準備が母親にあるかというアセスメントがあったうえでの話になるが。また、もし母親がそうしたいと望むのであれば、居室におもむいて、日本の家庭料理を一緒に作るなどの支援もできるかもしれない。

　子どもの柔軟で急速な変化、成長に比べると、母親のそれは動きにくく、ゆっくりとしか進めることができないことが多い。このようなセラピストの強い情緒を伴った自己開示や、生活場面での温かい情緒体験を伴い具体的に役に立つ体験を用いることが、母親としての誇りや喜びを強め、養育機能を高める効果を発揮することがある。2～3年後に退所すれば、インテンシブなセラピーや細やかな見守りから離れてしまうことを考えると、それまでに最大限の支援をし、母子ができるだけスムーズに地域で適応できるような力をひとつでもふたつでもプラスして持つようになってほしいと願うとき、どうしてもこうした支援を付け加えたいと思ってしまうのである。

　最後に、セッションの内容について。3回目で「セラピストとしての姿勢や思いを伝える以外に方法はない」と感じたセラピストに筆者も大賛成である。これは1回目で伝えられてもよかったのではないかと思ったのだが、待ったことでケンタの主体性が活かされ、セラピストへの依存に陥らずに済んだのかもしれないとも思い改めたがどうであろうか。ふたりの間に起きていたことは大変内容豊かで興味深いことばかりであるが、別のコメンターが詳細に取り上げてくださっていると思うので、字数も尽きたことであるし、筆者はここまでにとどめておくことにする。小野氏は週1日の勤務とのことだが、ぜひ、細く長く、この現場での実践を続け、その力を母子生活支援施設の子どもたちのために発揮し続けてほしいと心から願う。

子どもに携わる関係者の協働関係の重要性

【津田真知子】

1. はじめに

　子どもについてアセスメントする際には，子どもの生育歴，現在の問題行動，対人関係，適応状態等についての間接的に得られた情報と，セラピストが子どもと直接関わることで得られた情報とを総合して，その子の心の世界を推測し，どのような支援体制が適切であるのかを見立てる必要がある。

　本事例の男児ケンタは，乳児期より重篤な虐待とネグレクトを受け続け，甚大な心的損傷を負っていると推測される 8 歳の男の子である。いくつか挙げられている間接的な情報も手がかりにして，まず，最も紙幅を割かれているケンタのプレイルーム内でのセッションを取り上げ，彼の心的世界について考えてみたい。

2. セッション内容から推測できる子どもの心の世界

　この 3 回のセッションの特徴は，全般が無ともいえるような静寂さに覆われていることであり，その静寂さは，ケンタが生きているのか死んでいるのか，ケンタが何者か，ケンタがどのような心的世界をもっているのかうかがい知ることのできない不気味さである。ただはっきりと分かることは，最初に彼が能動的に表現したように，またセラピストも恐怖を感じたように，彼の心の世界には，圧倒的に迫害的な対象が存在していることである。彼は，それに餌をあげることで対処しているようだ。しかし彼の「餌をあげてる」の言葉にセラピスト自身の恐怖が消された途端にその世界は，死と破壊の崩壊した世界に変容する。そして，その後ケンタは入室を拒んだ。ここから明確に分かるのは，彼がこの部屋を極度に恐ろしい閉所（Meltzer, 1992）だと感じていたということである。

　治療に入って「最初にすることは，（支えてくれる）対象がなかったとき

がどんなだったかを，対象に語ること」だとピック（Pick, 1992）は述べているが，初回の状況は，彼がいかに恐ろしい世界に住んでおり，その世界の迫害する対象に対処する試み（餌をやる）を表現したと思われる。餌とは何だったろうか，毒だったのか，ケンタ自身だったのか。その後の展開は，対処の試みに失敗するとさらに恐ろしい世界が現れることを意味しているように私には思えた。捕食する動物たちは何だったろうか，この場のセラピストも表していたのかもしれない。そうだとすると彼の精一杯の象徴的表現はセラピストに届かなかったようだ。そのためにさらに混沌とした恐ろしい世界が生じたのではないだろうか。

　その後，セラピストには時計の音だけが妙に耳に入り，ケンタがセラピストを見つめることが主になってくるが，それは子どもの投影（セラピストとの交流）が生じなくなり，見つめる行為によってなんとか自分を保ち，その場を維持しようとしたと考えられるのではないかと思う。それ以降も見つめることは大きなテーマである。2回目以降は，意味ある投影的な交流は生じていない。来ることを拒絶する彼は，「ここに来る道が暗くて嫌だった」（第2回）とつぶやく。この部屋は彼にとって圧倒的に脅かされる閉所と感じられ，重苦しく暗い抑うつ的な気持ちを抱えて部屋に向かったように思われる。

　それ以降1カ月間，彼が入室を拒否することで，セラピストは，放られたままの状態が続く。セラピストは彼が来ることの期待さえも失いかけ，職員もまた忘れた頃，彼だけがセラピーの存在を覚えていてやってくる。このことは何を意味しているのだろうか。彼は，放られたままの無力感，期待のなさが圧倒的な状態にあることをこうした形でセラピストに投影した。その投影がセラピストに伝わったときに彼は現れたようだ。緊張したまま座っているケンタは，セラピストの問いに「くること」とつぶやいた。筆者は，来ること，つまり自分が行かせられるのは，これまで彼が行かせられた一時保護所や母親の実家や養護施設や今の母子支援施設等，自分の予想もつかない場所にやられることの恐怖をやっと伝えたように思えた。また，彼がセラピーを覚えていたのは，セラピストが推測しているようにセラピールームでの体験を良いものとして保持していたためなのか，自分の存在をまったく無視される恐怖にかられたためなのか，自分の投影が伝わったことを無意識に捉えていたためなのかよく分からない。しかし，その後のセラピストの懸命な介

入に，色紙を1枚ずつめくったり，車に乗る運転手や腕を探したり，家を作り始める動きが出てくる。これらに象徴的な意味があるのか，単にくっつくもの，付着するものを求めていたのかよく分からない。

　こうしてケンタのセッションを見ていくと，彼にどの程度投影できる力があるのか，微弱ながらもよい内的対象が存在しているのかもよく分からない。この分からなさだらけが，ケンタの特徴であるが，恐らく彼自身にもわけの分からない不気味さでしか投影できない内的世界があり，彼はそれを無防備にさらすこともできず，ただセラピストを見つめることで脆弱な自己を保持しようとしているように思われる。

　セラピストは，セラピーやセラピールームを救済する場，ケンタがセラピストと交流を望んでいる場として捉え，象徴的に意味を汲み取ろうと試みて治療を進めているようであるが，このことは，ケンタの分からなさや無の感覚に耐えるのが困難であるために，ケンタの断片的な言葉や行為に意味づけしたくなり，ある意味で理想的なセラピー像を描くことになっているのかもしれない。今後，この分からなさに耐え，ケンタから生じてくるものを感知するセラピストの逆転移を吟味しながら時間をかけて見ていく必要があると思われる。

　このような壮絶な虐待体験をもった子どもの場合，子どもが被った無力で絶望的な状態をセラピストも同様に体験し，それを痛みとも感じることのできない子どものあり方を心底理解していくことが必要である。それには，かなりの年月とセラピストの苦闘を強いられる。またセラピストの逆転移を精査して介入を工夫する必要があると思われる。たとえば第3回でケンタが運転手の腕をくっつけようとしたのは何を意味していたのだろうか。セラピストは自分がすぐにやってあげているが，それはどういうことなのだろうか。微弱ながらよい対象を求めるケンタの期待をセラピストが感知しそれを体現したのか，それともつながらなさの訴えを無視することになったのか，あるいは彼の付着的防衛を尊重する必要に迫られたのか，そうしたことをセラピストは吟味する必要があると思われる。

3. 子どもを取り巻く環境と母親のアセスメント

　アセスメントの作業は，その子を取り巻く現在の環境，親の対処能力，親

のモチベーションもアセスメントする必要があり，関係者が協働して対応することが重要である。虐待やネグレクトを受けた子どもにおいては，過去の外傷体験が関係者の間でも繰り返されることになる。最初にケンタに何も知らせずプレイセラピーを導入したことや（記載からはそのように読みとれた），3回目にセラピストも施設職員もセラピーのあることを忘れるというネグレクト状況が起きているが，外傷体験はこのような形で再演される。そうした事態を関係者は協働して認識する必要がある（Tsaintis, 2000）。

　また，この報告で読みとれる限りでは，これまでの母親のケンタの扱いは，彼を心や意志のあるひとりの子どもとしてではなく，とりあえず飼育箱を与えておくようにまるで小動物を扱うように場当たり的である。この母子生活支援施設でも母親の場当たり的な対応は変わらず，心理療法に臨んでも同様で，セラピールームに入れておければなんとかなるかのように（なんとかなるとすらも考えられていないようだが），場当たり的態度は変わらない。これをケンタはどのように体験しているのだろうか。

　ケンタの心理療法を始めるに当たって，施設ではこの母子にどのような支援が必要であると考えられたのだろうか。ケンタの問題行動に職員が苦慮したために入所半年後に心理療法が導入され，母親担当者が母親にその説明をしたとされているが，母親はその必要性を十分に理解しているわけではなく，これまでのスタンスと同様に誰かに預けることでなんとかしてもらえるという「楽観的」な態度であり，「協力的」なのは，人任せには進んで応じるという母親の基本的な態度を表しているようである。場当たり的な対応は，子どもに期待させたり絶望させたりする混乱を招く。それは彼の問題行動と連動していると思われる。

　この事例をアセスメントするにあたって，母親のこの軽薄さ，思慮のなさについても十分にアセスメントする必要がある。筆者が推測するに母親は，自身もひとりの人として尊重されずに育ち，その痛みをスプリットして表面的な行動でマニックに対処してきた人のように思える。彼女の軽薄で思慮のない行動や態度の裏に何があるのかを推測し，母親として機能できるような援助を模索する必要がある。アセスメントの段階から子どものセラピスト，母親面接者及び施設職員とが協働し，それぞれの持ち場で母子についての理解を補い合っていくことが，今後の支援のあり方を模索するためには非常に

重要である。

4. おわりに

　虐待やネグレクトをうけた子どもの心理療法を引き受けるセラピストは，子どもが崖っぷちに立たされたのと同様な状況を治療のなかで体験することになる（飛谷, 2018）。

　しかし，こうした子どもが被った過酷な苦痛と，それへの対処のために長年の間身につけてきた強固な防衛のあり方は，セラピストひとりが素手で立ち向かうことのできるような安易なものではない。それは，親はもちろん，現在子どもを取り巻く大人たちの理解と守りの協働作業が不可欠なものである。

　したがってアセスメントは，親の心の状態や態度，施設や学校での状況を十分に把握し，かつ関係者が理解を共有することが必要である。この対応が欠如した場合，セラピストの負担感や不毛感が増し，子どもの予後にも影響が及ぶことが予想される。

　この事例においてもアセスメントを行うに当たりこうした協働関係をしっかりと築くことが重要であることを再度強調したい。母子生活支援施設の環境はそれを可能にする希望があることを筆者は期待したい。

［文献］

Meltzer, D.（1992）. *The claustrum*: *An investigation of claustrophobic phenomena*. Clunie Press.

Pick, I. B.（1992）. The Emergence of Early Object Relations in the Psychoanalytic Setting. *New Library of Psychoanalysis*, 14, 24-33. 佐藤理香（訳）（1996）. 精神分析場面における早期対象関係の出現. 小此木啓吾（監訳）. クラインとビオンの臨床講義. 岩崎学術出版社, pp.32-45.

飛谷　渉（2018）. 崖っぷちを生き残る力とその支え──被虐待児のセラピーとセラピストの養育環境としてのトレーニングについて. 平井正三・西村理晃（編）. 児童養護施設の子どもへの精神分析的心理療法. 誠信書房, pp.62-70.

Tsaintis, J.（Ed.）（2000）. *Work with Parents*: *Psychotherapy with children and adolescents*. Karnacs. 津田真知子・脇谷順有（監訳）（2019）. 子どもと青年の心理療法における親とのワーク──親子の支援・発達のための取り組み. 金剛出版.

おわりに

　長年，日本における児童青年の精神分析的心理療法の「アセスメント」についての本の必要性を感じてきたため，本書の出版を非常に嬉しく思っている。

　本書は，認定 NPO 法人子どもの心理療法支援会（サポチル）主催で 2018 年度に関東で開催された「子どもの精神分析的心理療法セミナー」の講義と事例検討が土台になっている。5 つの領域における「精神分析的アセスメント」を年間テーマとして 6 回開催されたセミナーに新たにもう一つの領域，並びに事例の提示，およびコメントを加える形で構成されたものである。

　英国における児童青年の心理療法のアセスメントについて書かれた『こどものこころのアセスメント』（Quagliata & Rustin, 2000）は，現在でも読み継がれており，学べることは多い。しかしながら，日本と英国では医療制度や訓練のあり方などが異なっており，日本における児童青年の心理療法，および心理療法に携わる人たちの状況と，『子どものこころのアセスメント』の主な執筆者たちが受けてきた訓練と彼らの臨床の場の間にはさまざまな相違がある。たとえば，『こどものこころのアセスメント』の執筆者たちは，主にはタヴィストックセンターにて児童青年の精神分析的心理療法の訓練を受けた心理療法士であり，NHS[*12] のクリニックや病院の多職種協働チームの一員として，児童青年と家族や養育者の心理療法に携わっている。日本では，心理療法の十分な訓練を受けることができる場はごく限られており[*13]，多職種協働チームのある場もまだ少なく，心理士が一人のみという職場もめずらしくない。そうした状況のなか，現時点ではさまざまな困難さや限界があることは否めず，児童青年や家族の心理療法に携る臨床家個人の努力がかなり必要である。本書は，そうしたなかで，子ども，青年，家族，養育者の

[*12]　英国の国民健康サービス。国公立の医療機関では基本的に窓口負担は無料である。

[*13]　NPO 法人子どもの心理療法支援会（サポチル）では乳幼児観察コースと臨床訓練コースを設けており，訓練コース修了時に児童青年心理療法士の認定資格が取得できる。

心に関心を向け，彼らとの言語的，および非言語的なやりとりを通して心の世界や，家族やグループ力動を知っていくプロセスに，さまざまな工夫をしながら取り組んでいる臨床家の知見や実践が書かれている。

　同じ領域であっても，職場による相違はさまざまにあると思われるが，異なる領域や場であっても，「アセスメント」には共通のこともあるだろう。そのひとつは，心理士は，相談の場や医療機関にやって来た子ども，青年，家族や養育者に直接会い，彼らがどのような状況で，どのようなことで困っているのか，彼らにとってどのようなことが助けになりそうなのかについて，彼らとやりとりしながら探索していくということであろう。"はじめに「心理療法」や「親子並行面接」ありき"ではないのである。また，保護者の話す「主訴」に基づいてのみ，あるいは医師や教師の紹介というだけで，子どもや青年の心理療法をすぐに始めたりもしない。そして，アセスメントはパッケージ化されたものではなく，常にオーダーメイドなのである。心理士は，たとえば，子ども，青年，親，家族の誰と会うのか，どのような組み合わせで会うのか，何回会うのか，セッションとセッションの間隔はどうするのか，誰とどのようなことを共有するのかなど常に考えていく。アセスメントは，心理士の主体性や能動性が必要不可欠な取り組みなのである。

　ロンドンのナショナルポートレイトギャラリーの公募展を見たときのことを思い出す。応募作品についていくつかの決まりはあるのだろうが，展示された作品は「ポートレイト」ということ以外は，対象，描き方，キャンバスのサイズ，用いる材料などは，実に多様であった。誰をどのような材料を用いてどのくらいのサイズのキャンバスにどのように描くのかはすべて描き手が決めるという，アートの世界では「当たり前」のことが私にはとても新鮮に感じられた。また，展示された「ポートレイト」を見ていると，描き手と描かれた人物との間の関係性や両者の間に交わされたであろう言語的，および非言語的コミュニケーションが想像され，「ポートレイト」は両者のやりとりを通して創造されるものなのだと実感した。人のこころを対象とする心理療法の一部であるアセスメントは，双方向的なコミュニケーションによって成り立つアートワークという性質をもっているようにも思う。

　「はじめに」で平井正三氏が述べているように，本書で書かれていることは，決して「完成形」ではない。それぞれの臨床家がそれぞれの臨床の場でアセ

スメントのやり方を模索し，アセスメントが創造的なワークになっていくことに，本書が少しでも役立つようであれば幸いである。

　末筆ながら，辛抱強く原稿をお待ちくださり，大変ていねいに原稿を読んでくださり，本書の出版にご尽力をくださいました誠信書房の楠本龍一氏に心からの謝意を表したい。

　2021年4月

編者　脇谷順子

［文献］

Quagliata, E. & Rustin, M.（Eds.）（2000）. *Assessment in Child Psychotherapy*. Duckworth. 木部則雄（監訳）（2007）. こどものこころのアセスメント——乳幼児から思春期の精神分析アプローチ. 岩崎学術出版社.

■編者・著者紹介■

●編者●

平井正三（ひらい　しょうぞう）
1992 年　京都大学大学院教育学研究科博士課程研究指導認定退学
1997 年　タヴィストック・クリニック児童青年心理療法士資格取得
現　　在　御池心理療法センター代表，認定 NPO 法人子どもの心理療法支援会（サポチル）
　　　　　理事長，大阪経済大学客員教授
主著訳書　『児童養護施設の子どもへの精神分析的心理療法』（共編）誠信書房 2018 年，『学
　　　　　校臨床に役立つ精神分析』（共編）誠信書房 2016 年，『精神分析から見た成人の
　　　　　自閉スペクトラム』（共編）誠信書房 2016 年，『自閉スペクトラムの臨床』（共監
　　　　　訳）岩崎学術出版社 2016 年，『子どもの精神分析的心理療法の経験』金剛出版
　　　　　2015 年，『児童青年心理療法ハンドブック』（共監訳）創元社　2013 年　ほか多
　　　　　数

脇谷順子（わきたに　じゅんこ）
2009 年　The Tavistock Centre, Child & Adolescent Psychotherapist 取得
2011 年　The Tavistock and Portman NHS Foundation Trust, Professional Doctoral
　　　　　Course in Child Psychotherapy 修了
現　　在　杏林大学保健学部臨床心理学科教授，サポチル関東地区担当理事
主著訳書　『乳幼児観察入門』（共監訳）創元社 2019 年，『子どもと青年の心理療法におけ
　　　　　る親とのワーク』（共監訳）金剛出版 2019 年，『児童青年心理療法ハンドブック』
　　　　　（共監訳）創元社 2013 年，『自閉症の精神病への展開』（共監訳）明石書店 2009
　　　　　年　ほか多数

●著者●

認定 NPO 法人子どもの心理療法支援会（サポチル）

2005 年 10 月発足
活動内容　①児童養護施設の子ども，児童福祉領域の子ども，発達障害を持つ子どもたち
　　　　　　への心理療法実践の支援活動
　　　　　②児童養護施設の職員の研修活動
　　　　　③子どもの精神分析的心理療法の研修と訓練
連 絡 先　〒 604-8187　京都市中京区東洞院通御池下ル笹屋町 444 初音館 302
　　　　　TEL&FAX：075-600-3238　MAIL：info@sacp.jp　URL：http://sacp.jp/

●分担執筆者● （執筆順）

平井正三（ひらい　しょうぞう）　【はじめに，第6章，第6章事例へのコメント1】
〈編者紹介参照〉

脇谷順子（わきたに　じゅんこ）　【第1章，おわりに】
〈編者紹介参照〉

生地　新（おいじ　あらた）　【第2章，第2章事例へのコメント1】
1986年　山形大学大学院医学研究科博士課程修了
現　在　北里大学大学院医療系研究科 教授

河邉眞千子（かわべ　まちこ）　【第2章事例】
2000年　愛知教育大学大学院修了
現　在　愛知県医療療育総合センター小児心療科 心理臨床室専門員，サポチル認定子ど
　　　　もの精神分析的心理療法士，臨床心理士，公認心理師

吉沢伸一（よしざわ　しんいち）　【第2章事例へのコメント2】
2004年　青山学院大学大学院文学研究科博士前期課程修了
現　在　ファミリーメンタルクリニックまつたに，臨床心理士，公認心理師，サポチル
　　　　認定子どもの精神分析的心理療法士

鈴木　誠（すずき　まこと）【第3章，第3章事例1へのコメント1，第3章事例2へ
　　　　のコメント1】
1988年　名古屋大学医学部精神医学教室卒後研修修了
現　在　くわな心理相談室 セラピスト，サポチル監事

廣内雄一郎（ひろない　ゆういちろう）　【第3章事例1】
2011年　東京国際大学大学院臨床心理学研究科博士前期課程修了
現　在　新百合ヶ丘こころのクリニック，臨床心理士，公認心理師

人見健太郎（ひとみ　けんたろう）　【第3章事例1へのコメント2】
1997年　茨城大学大学院人文科学研究科修士課程修了
現　在　みとカウンセリングルームどんぐり 所長，臨床心理士

藤森旭人（ふじもり　あきひと）　【第3章事例2】
2011年　京都府立医科大学大学院医学研究科博士課程修了
現　在　Tavistock and Portman NHS Foundation Trust. Working with children, young
people & families: a psychoanalytic observational approach course 訓練生, 臨
床心理士, 公認心理師, 医学博士

ガヴィニオ重利子（がびにお　えりこ）　【第3章事例2コメント2】
2003年　Webster University M. A. in Counseling 修了
現　在　Child-Parent Counselling（個人開業）, 臨床心理士, サポチル専門会員

鵜飼奈津子（うかい　なつこ）　【第4章, 第4章事例コメント1】
2004年　The Tavistock Centre, Child & Adolescent Psychotherapist 取得, University
of East London, Master in Psychoanalytic Psychotherapy
現　在　大阪経済大学人間科学部人間科学科 教授, サポチル顧問

松本拓磨（まつもと　たくま）　【第4章事例】
2012年　京都大学大学院教育学研究科単位取得退学
現　在　三重県総合教育センター 臨床心理相談専門員

小笠原貴史（おがさはら　たかふみ）　【第4章事例コメント2】
2007年　東京国際大学大学院臨床心理学研究科博士前期課程修了
現　在　こうぬま心理相談室, 臨床心理士, 公認心理師, サポチル認定子どもの精神分
析的心理療法士

飛谷　渉（とびたに　わたる）　【第5章, 第5章事例へのコメント1】
1996年　大阪市立大学大学院医学研究科博士課程修了
2008年　タヴィストック・センター思春期青年期臨床過程修了
現　在　大阪教育大学保健センター 准教授

上田順一（うえだ　じゅんいち）　【第5章事例】
1996年　慶應義塾大学大学院修了
現　在　大倉山子ども心理相談室 代表, 公認心理師, 臨床心理士, 日本精神分析学会認
定心理療法士

松本拓真（まつもと　たくま）　【第5章事例へのコメント2】
2013年　大阪大学大学院人間科学研究科博士後期課程単位取得退学
現　在　岐阜大学教育学部 准教授

中島良二（なかじま　りょうじ）　【第6章事例】
2010年　帝京大学大学院文学研究科修士課程修了
現　在　社会福祉法人 六踏園 調布学園 心理療法担当職員

西村理晃（にしむら　まさあき）　【第6章事例へのコメント2】
2005年　大阪大学大学院人間科学研究科博士後期課程単位取得認定退学
2014年　タヴィストック・クリニック児童青年心理療法士訓練課程修了・児童青年心理
　　　　療法士資格取得
現　在　ロンドン医療センター 心理療法士, Camden Psychotherapy Unit 心理療法士,
　　　　London Clinic of Psychoanalysis 精神分析家候補生（英国精神分析協会）, サポ
　　　　チル専門会員・元セラピー支援事業担当理事

代　裕子（だい　ゆうこ）　【第7章, 第7章事例へのコメント1】
1985年　東京都立大学人文学部卒業
現　在　臨床心理士, 臨床動作士, 公認心理師

小野和海（おの　かずうみ）　【第7章事例】
2005年　中京大学大学院心理学研究科修了
現　在　もりやま総合心療病院 臨床心理士, 日本精神分析学会認定心理療法士, 公認心
　　　　理師

津田真知子（つだ　まちこ）　【第7章事例へのコメント2】
1988年　奈良女子大学大学院修士課程修了
現　在　大阪心理臨床研究所・京橋心理相談室 代表, サポチル副理事長

子どもと青年の精神分析的心理療法のアセスメント

2021 年 5 月 15 日　第 1 刷発行

編　　者	平　井　正　三
	脇　谷　順　子
著　　者	認定 NPO 法人子どもの心理療法支援会（サポチル）
発 行 者	柴　田　敏　樹
印 刷 者	日　岐　浩　和

発 行 所　株式会社　誠 信 書 房

〒112-0012　東京都文京区大塚 3-20-6
電話 03（3946）5666
http://www.seishinshobo.co.jp/

印刷/中央印刷　製本/協栄製本　落丁・乱丁本はお取り替えいたします
ⓒ Shozo Hirai & Junko Wakitani, 2021
Printed in Japan
ISBN 978-4-414-41679-4 C3011

児童養護施設の子どもへの精神分析的心理療法

平井正三・西村理晃 編
認定ＮＰＯ法人子どもの心理療法支援会
（サポチル）著

過酷な生育歴をもつ施設の子どもが、セラピーで心を取り戻し自ら育みだす過程を、事例を通して解説。各事例のコメントも理解を促す。

A5判並製　定価(本体3800円＋税)

心理療法に先立つアセスメント・コンサルテーション入門

仙道由香 著

患者本人のみならず多様な要因を鑑みた上で治療方針の合意に至るために、心理療法家は何を観、聴き、話し合うのか。そのプロセスを詳述。

A5判並製　定価(本体2800円＋税)